죽음이
삶에게

The End of the Christian Life

The End of the Christian Life
© 2020 by J. Todd Billings

Originally published in English under the title
The End of the Christian Life by Brazos Press,
A division of Baker Publishing Group
P.O. Box 6287, Grand Rapids, MI 49516, U. S. A.

죽음이 삶에게

지은이 | 토드 빌링스
옮긴이 | 홍종락
초판 발행 | 2023. 3. 28
등록번호 | 제1988-000080호
등록된 곳 | 서울특별시 용산구 서빙고로65길 38
발행처 | 사단법인 두란노서원
영업부 | 2078-3333 FAX | 080-749-3705
출판부 | 2078-3332

책값은 뒤표지에 있습니다.
ISBN 978-89-531-4426-2 03230

독자의 의견을 기다립니다.
tpress@duranno.com www.duranno.com

두란노서원은 바울 사도가 3차 전도 여행 때 에베소에서 성령 받은 제자들을 따로 세워 하나님의 말씀으로 양육하던 장소입니다. 사도행전 19장 8-20절의 정신에 따라 첫째 목회자를 돕는 사역과 평신도를 훈련시키는 사역, 둘째 세계선교TIM와 문서선교단행본·잡지 사역, 셋째 예수문화 및 경배와 찬양 사역, 그리고 가정·상담 사역 등을 감당하고 있습니다. 1980년 12월 22일에 창립된 두란노서원은 주님 오실 때까지 이 사역들을 계속할 것입니다.

죽음이 ________ 삶에게

끝을 기억하는 삶,
진정한 오늘을 살다

**The End of
the Christian Life**

토드 빌링스 지음
홍종락 옮김

두란노

이 책을 권하며

구원받은 성도의 삶이 질병으로 파괴되어 갈 때 신앙은 무엇을 할 수 있는가? 말기 암 진단을 받은 그리스도인은 어떻게 이후의 삶을 정리해야 하나? 저자는 모르스 아르엔디, '죽음의 기술'을 펼쳐 보인다. 그의 통찰은 극히 성경적이다. 우리가 죽을 수밖에 없다는 사실을 받아들이는 과정 자체가 제자도이자 복음을 증언하는 수단임을 깨달은 것이다. 역설적이지만 필멸의 피조물이라는 한계를 수용함으로써 비로소 우리는 전심으로 영생을 사모하는 출발점에 서게 된다.

저자는 날마다 직면해야 하는 깊은 고통 속에서 죽어 감이 삶의 일부라는 사실을 직시하고, 수많은 환자들을 사로잡고 있는 우상숭배적 소망의 현실을 애통한 마음으로 바라본다. 그는 당연히 그와 같은 헛된 소망이 아니라 부활의 약속에 깃든 참된 소망을 붙잡도록 격려한다. 또한 숱한 두려움과 유혹의 위기 앞에 섰을 때 십자가에 달린 그리스도께서 형언할 수 없는 영혼의 괴로움을 겪으며 자신을 지옥의 고통에서 구원하셨음을 증언한다.

저자처럼 암에 시달리지 않는 건강한 사람이라 해도 그들 또한 예외 없이 죽어 가는 자들 속에서 '죽어 가면서' 산다. 자신의 한평생은 얼마나 될지 날마다 마음 졸이며 살지는 않아도 인생은 덧없어 몇 차례 입김에 불과하다는 것을 그들도 안다. 그러면 어떻게 살아야 하나? "작게 사는 법을 배우십시오." '너무나 작고 무력하며 이 우주에 꼭 필요하지도 않은 존재인데 어떻게 호흡을 주셨지?' 점점 작아지면서 저자는 갈수록 더 견디기 어려운 통증마저 감사한다.

죽어 가는 사람의 '죽음의 기술' 이야기를 통해 우리는 감사하게도 '삶의 기술'을 배운다. 그는 우리 몸이 더없이 건강해서 죽음이 나와 아무 상관없는 일처럼 느껴질 때에도 죽음과 교제하며 친밀감을 쌓으라고 조언한다. 그는 왜 날마다 죽음을 초대하라고 조언할까? 죽음은 지독한 자기중심성이 지배하는 세상으로부터 우리를 비켜서게 할 뿐만 아니라 인간의 불치병인 교만의 숨을 멈추게 하기 때문이다. 그렇다. 인간이 하나님께 유일한 소망을 두게 하는 죽음이야말로 놀라운 선물이다. 그리고 이 책은 그 죽음이 날마다 우리 곁에 누울 수 있는 친밀한 것임을 귀띔해 주는 또 하나의 선물이다.

조정민 • 베이직교회 담임목사

오늘 강단에서 선포되는 복음은 여러모로 왜곡되고 변질되어 있다. 그 왜곡과 변질이 오늘날 한국 교회의 위상을 참담하게 추락시켜 놓았다. 그 왜곡과 변질은 세속 문화에 영향을 받은 까닭이기도 하지만 믿는 이들의 은밀한 결탁에 따른 결과이기도 하다.

복음은 하나님과 같이 되고 싶어 했던 첫 사람의 욕망을 죽이고 피조물의 원래의 자리로 돌아가도록 요청하는데, 우리는 그 부름에 귀 막고 첫 사람의 욕망을 근사해 보이는 이름으로 미화하고 하나님의 능력을 끌어들여 그 욕망을 성취하려 분투한다. 우리는 한때 한국 교회의 폭발적 성장을 자축하고 자랑했는데, 그것은 다름 아닌 하나님과 같아지려는 욕망의 실현이었다. 그리하여 높음, 강함, 부함, 유명함, 존귀함, 건강함, 성공, 번영, 승리 같은 것들이 믿는 이들의 미덕이 되었다. 반면, 낮음, 약함, 가난함, 무명함, 비천함, 연약함, 실패, 패배 같은 것들은 불신앙의 증상으로 간주되었다. 그것이 한국 교회를 사이비가 창궐하는 온상이 되게 했다.

그런 점에서 토드 빌링스의 이 책이 발간된 것은 얼마나 다행한 일인지 모른다. 그도 자신이 완치 불가능한 암으로 투병을 시작하기 전까지 미국식 복음이 얼마나 왜곡되어 있는지를 잘 인식하지 못했다. 하지만 죽음을 등지고 하루하루 살아가는 과정에서 그는 복음의 진수가 '강해지고 부해지는 것'에 있지 않고 '약해지고 가난해지는 것'에 있다는 사실을 체험으로 깨닫는다. 인간됨의 본질이 피조물로서의 한계를 인정하는 데 있음을 알게 되면서, 고통 중에서 하나님을 더 깊이 알게 되고 인간됨을 더 깊이 축하할 수 있음을 깨닫는다.

그는 자신이 언제라도 죽을 존재라는 사실에 눈뜨면서 하나님의 종말을 더 신뢰하고 소망하게 되었고, 그로 인해 매일을 새롭게 살아갈 힘을 얻는다. 인간 존재의 연약함과 덧없음을 늘 인식하고 작게 사는 법을 터득하면서 그는 복음의 진수를 경험한다. 이는 언제 죽을지 알 수 없는 저자 같은 사람들만을 위한 삶의 방법이 아니다. 하나님을 진실로 믿는 사람은 누구나 그렇게 살도록 힘써야 한다. 알고 보면 누구나 시한부 인생을 살고 있기 때문이다. 그것이 복음의 위로이며 해방이다.

부지불식간에 우리의 의식 안에 침투한 왜곡된 복음의 요소들을 제거하고 순전한 복음을 살기를 원한다면 마음 담아 정독할 책이다. 그리고 매일 작게 살기를 힘쓸 일이다.

김영봉 • 와싱톤사귐의교회 담임목사

19세기 키에르케고어가 '한 번 고난당하지만 영원히 승리하는 기쁨'을 포착했고, 20세기 본회퍼가 '덧없는 죽음의 세상 한가운데로 뻗으신 그리스도의 손'을 붙잡았다면, 21세기 빌링스는 '황량한 스올의 어둠에서 비로소 목도하는 환히 빛나는 하나님의 얼굴'을 노래한다. 그는 죽음을 회피하는 현대 문명의 '우상숭배적 소망'의 유람선을 십자가의 어뢰로 격침시킨다. 그리고 필멸의 인생들을 '진정한 소망'의 항구로 인도할 구명보트에 태운다.

본래 조직신학자의 소명은 교회사에 빛나는 신앙고백서들을 오늘의 생생한 언어로 새로이 풀어내는 일이다. 저자에게 소명은 숙명이 되었다. 현재진행형인 암 투병이 400년 전 하이델베르크 신앙고백의 진액을 짜내는 압축기 같아 자꾸만 눈물이 난다.

일찍이 미로슬라브 볼프에게 전수받은 '선물 신학'의 씨줄과 세라 코클리에게 이어받은 '교부 신학'의 날줄을 하버드에서 치밀하게 짜내어 '칼뱅 신학'의 신선한 지평을 열고 템플턴 신학상에 빛나던 소장 신학자! 하지만 북미의 유서 깊은 신학교의 아늑한 캠퍼스를 뒤로하고 분연히 에티오피아 외딴 선교지로 떠났던 그를 어째서 주님은 암이라는 스올의 자리에서 맞이하신 걸까?

그 풀리지 않던 질문의 실마리가 비로소 풀린다. “살아서나 죽어서나 당신의 유일한 위로는 무엇입니까? 살아서나 죽어서나 나는 나의 것이 아니요, 몸도 영혼도 나의 신실한 구주 예수 그리스도의 것이라는 사실입니다.” 하이델베르크 교리문답의 첫 번째 질문과 대답……
그 생생한 실재가 빌링스의 체험과 성찰에서 고스란히 드러난다. 순간의 사람으로 지내온지라 스올의 자리는 고사하고 그 언저리에도 속수무책인 현대 문명 속 그리스도인들에게 영원의 사람이 되게 하는 스올의 신비를 자신의 피와 땀과 눈물로 써 내려간 비망록이 예사롭지 않다.

무엇이든 끝까지 가 보지 않은 이는 끝을 말할 수 없는 법. 하지만 저자는 끝의 자리만 아니라 그 너머에 계시는 그리스도의 소망을 통해 무의미한 끝을 두려워하는 우리 인생의 포물선에 유의미한 신학의 위안을 선사한다. 저자의 처방은 어설픈 밧줄도, 작은 손전등도, 일시적 연고도 아니다. 위대한 교부들 못지않게 진리의 단맛과 신맛, 생명의 부드러운 맛과 톡 쏘는 맛까지 자아내는 이 역작(力作)을 음미하는 자마다 덧없는 번영(prosperity)으로 허기진 땅의 흙먼지와 눈물 말고, 영원한 번성(flourishing)으로 가득한 하늘의 빵과 물을 먹고 마시리라!

송용원 · 장로회신학대학교 조직신학 교수

토드 빌링스의 이 책을 기다려 왔다. 필멸성과 실존적 만남의 산물이자 그의 독보적인 신학적 감각이 배어 있는 이 책은 죽음의 부정과 죽음의 문화 모두에 오염된 사회(와 교회!)에 이의를 제기한다. 이 책은 우리가 지닌 필멸성을 받아들이는 데서 생명을 찾으라는 초대장이다. 거기서 거룩하신 하나님이 우리를 만나시기 때문이다.

제임스 K. A. 스미스 • 캘빈대학교(Calvin University) 교수, 《습관이 영성이다》 저자

토드 빌링스는 내가 아주 좋아하는 신학자다. 그는 깊이 있는 개인적인 경험과 심원한 기독교 전통에서 우러난 글을 쓴다. 이 놀라운 책에서 빌링스는 죽음을 필사적으로 회피하는 우리 문화 특유의 태도를 떠나 죽음을 기억하는 기독교적 실천으로 들어오라고 촉구한다. 그는 이 과정에서 참된 번성의 길을 그려 내고 우리의 필멸성, 유한성, 한계의 한복판에서 하나님을 발견할 수 있는 방법을 보여 준다. 빌링스는 뛰어난 신학자의 지성과 목회자의 마음으로 글을 쓰기에, 그가 쓴 책은 실제적이면서도 이해하기 쉽다. 이 책에서 독자는 길동무로서 우리와 동일한 죽을 존재를 만나게 될 것이다. 하나님을 향한 깊은 사랑과 교회를 향한 헌신, 심오한 지혜가 페이지마다 선명하게 묻어난다.

티시 해리슨 워런 • 북미 성공회 사제, 《오늘이라는 예배》 저자

기독교 전통은 아르스 모리엔디(죽음의 기술)를 배우는 일을 오랫동안 가치 있게 여겼는데, 기독교 신앙이 지나치게 부정적이거나 비관적이어서가 아니라 장래의 죽음과 현재 삶이 떼려야 뗄 수 없이 이어져 있음을 이해했기 때문이다. 현대 서구 세계에서는 죽음을 무시하고 경시하기 위해 있는 힘을 다한다. 그러나 이렇게 죽음을 부정하며 살다 보니 미처 깨닫지도 못하는 여러 방식으로 상처를 입는다. 토드 빌링스는 이런 우리에게 현대의 아르스 모리엔디라는 커다란 선물을 건넨다.

이 안에는 개인적인 이야기들과 지혜로운 신학적 사색이 한데 엮인 풍부한 서사가 넘친다. 토드의 도움으로 우리는 아프지만 현실적이고, 솔직하기에 해방감을 주며, 궁극적으로는 소망이 넘치는 방식으로 죽음의 그늘 아래에서 사는 법을 배울 수 있다.

켈리 M. 카픽 • 《고통의 신학》 저자

와! 잘 몰랐는데 나는 이 책이 반드시 필요한 사람이었다. 우리 문화는 죽음을 피해 달아나고 있다. 하지만 보물 창고 같은 이 책에는 신학적 풍요로움이 넘쳐흐르고 하나님 앞에서 우리의 필멸성을 수용할 때 따라오는 힘에 대한 시적 사색이 가득하다. 빌링스는 소망의 성경적 '지리'를 관통하는 여행, 즉 스올 속 무덤의 구덩이에서 성전 안 하나님의 임재까지, 죽음부터 부활에까지 이르는 여행의 믿음직한 안내자다. 이 책을 읽다 보면 독자는 '작지만 하나님의 사랑받는 자녀'라는 자신의 정체성을 경이롭게 여기게 될 것이다. 이 정체성은 심지어 죽음 앞에서도, 어쩌면 죽음 앞에서 더욱 분명해진다.

조슈아 라이언 버틀러 • 리뎀션교회(Redemption Tempe) 목사

토드 빌링스는 우리가 잊고 싶어 하는 사실, 즉 우리 삶이 언젠가 끝날 수밖에 없다는 사실을 안다. 그럼에도 소망으로 가득한 이 책은 죽음에 대한 우리의 침묵이라는 빈자리에 기독교적 언어를 쏟아붓는다. 독자는 이 책에서 어떤 진부한 답변도, 우리의 취약성에 대한 어떤 비난도 발견하지 못할 것이다. 친절하면서도 목회적인 이 책은 필멸성을 실패로 보는 우리 문화의 고통스러울 만큼 잘못된 해석에 대한 교정책을 제시하고, 죽음이 삶에 대해 정말로 가르쳐 줄 수 있는 것이 무엇인지를 묻는다.

케이트 보울러 • 《모든 일에는 이유가 있어 그리고 내가 사랑한 거짓말들》 저자

contents

part 2.

성전으로

열정을 다해 '영생'을 사모하다,
그리스도를 통해

들어가며

위대한 잔치는
아직이며,
오늘도 순례 길을 걷는다

영혼의 열정을 다해

영생eternal life을 사모하라.

죽음을 매일 눈앞에 두라.

— 성 베네딕투스 수도 규칙서[1]

우리는 모두 죽어 간다. 이 말은 적어도 이론상으로는 명백한 사실처럼 보인다. 하지만 우리 시대에는 이런 명백한 사실마저도 부인하는 이들이 있다. 실리콘밸리 연구 재단 센스(SENS)는 "노화와 관련된 질병을 예방하고 나이를 거꾸로 돌리는" 야심 찬 과제를 추구한다.[2]

"나는 사람의 신체 연령이 20세와 25세 사이를 무기한 오갈 수 있다고 보는 것이 합리적이라고 생각한다." 이 재단의 수석과학책임자(CSO) 오브리 드 그레이가 한 말이다. 그는 지금 살아 있는 사람 중 일부는 천 년을 살게 될 거라고 주장한다. 그러나 그는 이런 설명을 덧붙인다. "내 목표는 천 살까지 사는 것이 아니다. 내 목표는 사람들이 원하는 만큼 오랫동안 죽음을 피하게 해 주는 것이다."[3] 드

그레이는 죽음을 감당하기 힘든 종말로 볼 것이 아니라, 적절할 때 도구상자에서 꺼내 쓸 수 있는 도구로 인식해야 한다고 생각한다. 과연 우리는 죽음을 인생의 모든 계절에 영향을 주는 개인의 종말로 보고 매일매일 죽음을 의식하며 살아야 할까? 드 그레이는 그렇게 죽음을 의식하는 것은 온전한 인간 번영에 배치된다고 본다.

한번 상상해 보라. 신체 연령이 20세에서 25세 사이를 오가는 몸으로 천 년을 살 수 있다면, 당신은 언제부터 죽음을 생각하기 시작할까? 처음 990년 동안은 저렴한 비용으로 즐기는 디즈니랜드처럼 안전하면서도 즐거울지 모른다. 노화로 인한 죽음을 더 이상 두려워하지 않아도 된다면, 아마도 우리는 자신이 수백 년의 인생을 누릴 자격이 있다고 생각하게 될 것이다. 하지만 잘 생각해 보면 번영에 대한 이런 관점은 환상에 불과하다는 것을 알 수 있다. 그렇게 오래 살려면 얼마나 많은 부와 자원이 필요할지의 문제는 제쳐 두고라도 말이다. 폭력, 바이러스 팬데믹, 자동차 사고, 자연재해는 어쩔 셈인가? 이런 것들로 죽는 것에 대한 두려움이 오히려 커지지 않을까? 영원히 죽지 않을 것처럼 사는 것이 가능하기는 할까?

천 년이라는 수명을 가능하게 만든다는 드 그레이의 과제는 의료계 주류 주장과는 거리가 있지만, 많은 이들이 일상에서 당연하게 여기는 인간의 번영에 대한 관점을 구체화하고 있다. 그 관점에서는, 죽음은 우리와 상관이 없고 우리가 사랑하는 이들에게도 그렇다. 사정이 이렇다 보니, 우리는 죽음을 할리우드 영화나 뉴스 매체의 주제로 남겨 두고 죽음의 현실이 '삭제된' 세상에서 살 수 있다고 생각한다.

하지만 가까운 사람이 뜻밖의 죽음을 맞거나 불치병 진단을 받으면 어떻게 될까? 아마 이런 망상에서 깨어나는 과정이 시작될 것이다. 자신이 죽어 간다는, 또는 질병에 시달리는 몸으로 살아야 한다는 엄연한 사실은 자신에게 주어졌다고 생각했던 인생, 어쩌면 자신이 누릴 권리가 있다고 생각했던 인생에 대한 우리의 희망을 끝장내거나 꺾어 버린다. 이에 우리는 큰 상처를 입는다. 그 결과, 서둘러 상처를 봉합하려 하고, 죽을 존재라는 우리의 한계와 삶의 종말을 정기적으로 숙고하지 않아도 되는, 죽음을 부인하던 이전 삶으로 돌아가려고 애쓰기도 한다.

하지만 그리스도인이 이 벌어진 상처를 받아들일 때 피조물로서 합당하게 살아가고 소망을 품는 법을 제대로 배울 수 있다. 자신이 죽어 간다는 사실을 아는 사람만이 영생에 대한 하나님의 약속을 제대로 신뢰할 수 있기 때문이다. 그리스도인은 자신이 죽을 존재임을 일상생활에서 부정하는 자기기만적인 성향을 여러 세대에 걸쳐 인식해 왔다. 그들은 "메멘토 모리"(죽음을 기억하라)라고 말했다. 6세기에 누르시아의 베네딕투스는 수도 생활을 하는 그리스도인들에게 다음과 같이 명령을 내렸다. "죽음을 매일 눈앞에 두라." 그로부터 천 년이 넘는 시간이 지나 뉴잉글랜드의 목사 조나단 에드워즈는 자신의 죽음을 구태여 정기적으로 묵상했다. 그는 "내가 죽게 될 모

든 경우와 죽음에 이를 수 있는 일반적인 상황을 많이 생각"하기로 결심했다고 밝혔다.[4]

한때 나는 그런 결심은 병적인 사람이나 하는 일이라고 생각했다. 최신 좀비 영화나 스티븐 킹의 신간 소설을 간절히 기다리는 이들에게나 어울린다고 말이다. 그러다 나는 말기 암 진단을 받았다.[5] 치료를 받고 암 공동체에 속한 다른 이들을 알아 가는 여정에서 나는 인간이 필멸의 존재임을 받아들이는 과정이 세상에서 예수님의 제자로 살아가고 복음을 증언하도록 하나님이 주신 수단임을 깨달았다. 이상하게 들릴지 모르지만, '죽어 가는 피조물'이라는 우리의 한계를 받아들일 때 비로소 우리는 생명을 주는 길에 들어서게 된다.

베네딕투스가 옳았다. 나이가 많든 적든 우리는 다 영원이라는 지평선을 앞에 두고 살고 죽는 일시적인 피조물이고, 이 땅에서의 존재 의미를 매일 재발견해야 한다. 베네딕투스는 우리의 필멸성을 숙고하는 일이 "영혼의 열정을 다해 영생을 사모"하는 일과 분리될 수 없다고 봤다.

이 책의 명제는 당신의 나이가 열아홉이든 아흔아홉이든, 건강하든 병들었든, 미래가 밝아 보이든 암울하든, 참된 소망은 죽음의 상처를 덮어 버리는 데 있지 않다는 것이다. 오히려 그 상처는 우리의 정체성을 떠올리게 할 수 있다. 우리는 사랑받지만 작고 죽음을 피할 수 없는 하나님의 자녀들로서 마지막 날에 세상을 바로잡으실 창조주를 증언하는 존재다. 우리 삶은 영원하신 하나님에 비하면

티끌과 같고, 세상의 진정한 영웅일 수 없다. 하지만 우리는 죽음의 공포에 지배를 받지 않으면서 하나님과 이웃을 사랑하며 섬기는 삶을 살 수 있다.

수많은 문화 세력은 우리가 매일의 삶에서 죽음을 주변부로 몰아내야 참으로 번성할 수 있다고 말한다. 그러나 그리스도인은 그렇지 않음을 알아야 한다. 사도 바울이 말한 대로, 하나님의 선한 창조 세계는 "이제까지 함께 탄식하며 함께 고통(산고, 진통)"을 겪고 있다(롬 8:22). 이것은 부인할 수 없는 사실이다. 바울은 그리스도 안에 있고 "성령의 처음 익은 열매를 받은" 사람들이 "속으로 탄식하여 양자 될 것 곧 우리 몸의 속량을 기다"린다고 말한다(롬 8:23). 다시 말해, 우리가 다른 피조물과 함께 탄식하며 양자 된 자녀로서 최후의 구속을 기다리는 것은 성령의 사역에 합류하는 일이다. 성령은 "말할 수 없는 탄식으로 우리를 위하여 친히 간구하시"므로(롬 8:26) 아파하고 탄식하는 것은 우리 기도의 중요한 특징이 된다. 죽을 존재임을 인식하면서 기도하고 살아가는 일(우리가 하나님의 충만한 사랑을 받는 의존적 피조물임을 받아들이는 일)은 우리 삶이 결코 끝나지 않을 것처럼 살라고 말하는 이 세상을 향한 증언의 행위다.

불행히도, 현대 서구 교회는 자주 이와 다른 길을 간다. 주변 문화에서 볼 수 있는 현상과 다를 것 없이, 우리도 빈곤과 높은 범죄율로 씨름하는 동네에서 멀리 떨어진 지역으로 교회를 이사해서는 창조 세계의 탄식이 들리지 않게 할 수 있다. 우리는 교회의 미래를 재정적으로 지원할 수 있는 사람 중심으로 교인 수가 증가하는 상(賞)에 시선을 고정함으로써 다른 이들의 탄식에 귀를 막을 수 있다. 개인적으로는 이력서에 경력을 쌓고 자신의 삶에서 영광스러운 영화 주인공 역할을 하면서 하나님을 격려만 하시는 분으로 여기고 살아갈 수 있다. 우리는 병든 사람과 노인들을 격리 기관에 수용하는 사회 관행에 동참하여 그들의 탄식이 들리지 않도록 우리의 관심 영역 바깥으로 보내 버릴 수 있다. 우리는 주 교인이 대체로 젊은 세대로 이루어진 교회에 출석하여 죽음(death)과 죽어 감(dying)을 수수께끼 같은 것으로, 구세대가 선택한 불행한 생활 방식의 결과로 여길 수 있다.

창조 세계의 탄식이 들리지 않게 되면 현실과 분리된다. 다른 이들의 탄식에 귀를 막을 때, 우리에게 찾아오는 탄식의 시간을 준비되지 않은 상태로 맞게 된다. 사랑하는 이의 무덤 앞에서 슬픔을 표현할 언어가 없게 된다. 왜 다른 방식으로 살지 않았는지, 왜 인생이 참으로 짧다는 사실을 이해하지 못했는지 의아하게 여기게 된다. 이런 존재 방식은 우리 모두가 흙으로 된 탄식하는 피조물이라는 현실을 부인하는 일인 동시에, 더 심각하게는 우리의 가장 깊은 기독교적 소망을 가리는 일이다. 이 방식은 아름다움과 눈물 한가운데서 누리는 기쁨을 거부하고, 죽음이 배제된 쾌락을 선택한다.

그러나 기독교적 제자도라는 길에서는 죽을 존재인 우리의 한계와 우리가 사랑하는 이들 및 이웃의 한계를 주기적으로 정직하게 떠올려야 한다. 기독교 제자도라는 길에서는 죽을 운명이라는 상처에서 멀어지는 것이 아니라, 그 상처 가까이 다가가야 한다. 역설적이게도, 이것이 생명을 주는 길, 자유와 사랑의 길이다. 죽음의 현실을 밀어내는 것이 실제로는 일시적인 것에 매이는 노예 상태의 한 형태이고, 이런 상태에서는 필멸의 삶이 영원히 계속될 것처럼 또는 우리의 궁극적 필요를 채워 줄 것처럼 그 삶에 집착하게 된다.

최근 들은 데이비드·카린 유뱅크 부부 이야기는 노예 상태를 극복하는 것이 어떤 모습으로 나타날 수 있는지를 알게 해 주었다. 데이비드는 미 육군에서 10년 가까이 복무하고 제대한 후 풀러신학교(Fuller Theological Seminary)에 입학했다. 그는 거기서 하나님의 다음 부르심을 분별하기를 바랐다. 데이비드는 "하나님이 이끄시는 곳으로 가는 자유"를 원했다. 그러다 카린을 만나 결혼했고 두 사람은 함께 '프리버마레인저스'(Free Burma Rangers; 자유 버마 수호대)를 설립했다. 이곳은 버마를 시작으로 전쟁으로 피폐해진 여러 지역 사람들을 돕는 인도적 지원 단체다. 그들은 지금 세 자녀와 함께 이라크에서 산다.

그들의 활동은 초기에는 그다지 주목받지 못했다. 그러다 몇몇 언론인이 이라크 모술에서 데이비드가 IS[이라크레반트이슬람국가. 이슬람국가, ISIS라고도 한다. 국제테러단체-옮긴이]의 무차별 총격 한복판에서 어린 소녀를 구하는 모습을 본 이후로 달라졌다. 사람들은 충격을 받았다. 그는 총에 맞아 죽는 일이 두렵지 않았을까? 가족이 IS에게 노출되는 것이 두렵지 않았을까? 그러나 옴짝달싹 못 하는 소녀를 봤을 때 데이비드의 머릿속에는 한 가지 생각뿐이었다. '내가 이 일을 하다가 죽어도, 아내와 우리 아이들은 이해할 것이다.'

카린은 〈로스앤젤레스 타임스〉(*Los Angeles Times*)와의 인터뷰에서 자녀들을 이라크로 데려온 이유를 밝히며 그녀의 가족이 분쟁 지역 한복판에서 사랑을 베풀고자 노력하는 과정에서 오히려 더 큰 사랑을 받았다고 고백했다. "우리는 25년 전에 '우리 아이들을 IS 교전 구역으로 데려가자'고 생각한 게 아니에요. 그러나 버마에서 함께 일했던 사람들은 우리에게 한없는 사랑을 쏟아부었고, 그 사랑은 나 혼자서 아이들에게 줄 수 있는 것보다 훨씬 컸습니다."[6]

유뱅크 부부는 죽음을 좇는 게 아니다. 오히려, 죽음을 어느 정도 두려워한다. 그러나 죽음에 대한 두려움이 그들을 지배하지는 못한다. 그들은 자신들이 전쟁을 그치게 할 수도, 지구적 난민 위기를 해결할 수도 없다는 것을 안다. 그래도, 위기 상황의 현장에서 깊이, 희생적으로 사랑을 주고받는다. 심지어 기뻐하면서 말이다.

유뱅크 부부처럼 실제 전쟁의 현장에 아주 가까이 있든 멀리 떨어져 있든, 우리는 사랑이 아닌 두려움의 노예가 되기 아주 쉽다. 우리의 죽을 운명을 의식적으로 숙고하지 않을 때조차, 죽음에 대한 두려움은 우리의 시야를 좁히고 스스로 정한 목표에만 몰두하게 할 수 있다. 자신과 가족의 안전이나 안정, 남기고 싶은 유산 등등. 우리는 스스로 해결할 능력이 없는 쇠퇴와 죽음을 맡아 주실 구세주를 신뢰하지 않고, 지금 이곳에서 인생을 보다 풍요롭게 하는 자신의 노력을 신뢰한다. 하지만 우리가 성육신하신 주님의 제자라면 또한 우리는 죽음의 궁극적인 힘을 깨뜨리신 그분의 소유다. 바울은 "사나 죽으나 우리가 주의 것이로다"라고 선언한다(롬 14:8). 더 이상 죽음을 두려워하고 부정하는 것에 휘둘려 살지 않아도 된다.

이 책에서 나는 우리가 죽을 존재라는 인식을 되찾는 일이 어떻게 진정한 부활의 소망을 기르도록 돕는 성령의 훈련이 될 수 있는지를 탐구한다. 나는 말기 암 환자로서, 그리스도를 따르는 제자로서, 순례 길의 신학자로서 이 책을 쓴다.

2012년에 불치성 암 진단을 받고서 나는 죽음을 재정의하게 되었다. 당시 나는 서른아홉 살이었고, 우리 아이들은 한 살과 세 살에 불과했다. 그때 이후 나는 집중 항암 화학요법과 줄기세포 이식을 받았고, 저용량 화학요법을 계속해서 받는 중이다. 이 책을 쓰는 동안에도 매일 신체적 통증 및 극심한 피로와 싸워야 했는데, 둘 다 남은 평생 동안 계속될 가능성이 높다. 때때로 나는 암 환자로서 경험한 일들을 짤막하게 소개한다. 이 책의 전반적인 내용에는 이런 경험이 서려 있다.

하지만 이 책은 회고록이 아니다. 나는 2015년에 쓴 《슬픔 중에 기뻐하다》(*Rejoicing in Lament*)에서 내가 암 진단을 받은 일과 초기 치료에 대한 이야기를 회고록 비슷하게 소개했다.[7] 삼위일체 하나님이 어그러진 세상에서 펼치시는 심오한 드라마에 내 개인적인 암 이야기가 어떤 자리를 차지하는지 살피는 성경적·신학적 탐구와 암 환자 초기 시절을 회고하는 이야기를 한데 엮었다.

이번에 쓴 이 책은 적어도 직접적 의미에서는 《슬픔 중에 기뻐하다》의 후속편이 아니다. 그보다는 한 여행자가 다른 문화에 대해 성찰한 기록이라고 할 수 있다. 나는 암 진단을 받기 전과 같은 도시에서 살고 같은 학교에서 일한다. 그러나 내가 친숙하게 느꼈던 것들이 이제는 낯설어졌다. 재발견의 길에 들어선 것이다. 새로운 눈으로 이전에 놓쳤던 사실을 보게 되었는데, 바로 내가 죽어 가는 이들 사이에서 살아간다는 것이었다. 암 공동체에서는 부모 노릇, 나이 듦, 운동, 기도를 대하는 자세가 모두 다르다. 이 공동체에 합류한 이후 나는 새로운 이들과 친구가 되었는데 그중에는 지금도 살아 있는 이가 있고 죽은 이도 있다. 나는 학술 문헌을 폭넓게 탐독했고, 덕분에 죽어 감(dying)이 현대라는 문화적 순간에 무엇을 의미하는지, 특히 암 환자에게 어떤 의미인지를 이해하는 데 도움을 받고 있다.

또 나는 그리스도인으로서 이 책을 쓴다. 내가 믿는 내용뿐만 아니라, 공동체적 정체성 면에서도 나는 그리스도인이다. 나는 기독교 신앙을 공유하지 않는 이들도 모든 죽을 인간과 관련된 주제를 탐구하는 이 책의 내용을 한번 들어 보시라고 초청하고 싶다. 철학자 찰스 테일러가 "세속 시대"라고 부르는 지금을 살아가는 많은 이들이 "양쪽에서 오는 압력"을 느낀다. 우리 문화는 여러 방향에서 우리를 끌어당긴다. 우리는 분열된 상태에 있고, 어려운 질문들을 밀쳐 내는 단순화된 무신론도, 근본주의 종교도 편치 않다. 우리 시대의 많은 무신론자들은 신앙의 가능성에 시달리고, 많은 신자들은 끈질긴 의심에 시달린다.[8] 신자와 불신자 모두 "우리가 뭔가를 놓치고 있고 무언가로부터 단절되었으며, 가림막 뒤에서 살고 있다는 느낌을 쉽게 받을 수 있다."[9]

나는 독실한 기독교인으로서 이 글을 쓰고 있지만, 다른 많은 사람처럼 나도 죽음을 대할 때 정체성에 대한 이중(二重)의 압력을 느낀다. 교회와 더불어 나는 죽음이 최종 결정권을 갖지 않을 거라는 하나님의 약속을 신뢰한다. 그러나 한편으로는 우리가 틀렸을 수도 있다는 인식이 있고, 다른 길을 따르는 사람이 많다는 사실 또한 알고 있다. 필멸의 존재들은 죽음에 직면할 때 온전한 실체를 파악할 수 없는 신비 앞에 서게 된다.

양쪽에서 누르는 압박과 우리를 겸허하게 만드는 이 신비에 내가 접근하는 방식은 기독교적 확신을 제쳐 두는 것이 아니라, 그 확신에 따라 살아가면서 진리는 다른 존재가 아닌 바로 하나님께 있음을 믿는 것이다. 내 궁극적 소망은 내가 '진리이신 예수 그리스도께 속한 자'라는 데 있지, 내가 진리의 소유자가 되는 데 있지 않다. 나는 '사람들이 죽음과 죽어 감을 만날 때 우리 문화가 제시하는' 많은 종교적·비종교적 선택지를 호기심으로 바라본다. 그러나 궁극적으로는, 이 어렵고 답 없는 질문과 씨름할 때도 하나님의 약속(나 스스로는 결코 생각해 낼 수 없을 너무나 놀라운 약속)을 신뢰하는 힘을 기르려고 한다.

그래서 나는 양쪽에서 짓누르는 압박의 한복판에서도 성경 안에서, 그리고 기독교 전통의 풍부한 증언 안에서 생명을 끄집어낸다. 나는 이 책을 쓰면서 죽을 수밖에 없는 피조물인 우리 삶에 양분을 공급하는 성경의 능력에 거듭 놀랐다. 성경을 통해 주어지는 성령의 말씀은 '영접 기도'를 드린 다음 마침내 하늘(천국)에 이를 때까지 하나님의 호감을 잃지 않으려고 노력하는 그리스도인의 전형적인 이야기보다 훨씬 더 깊이가 있고 넓다.

사실, 독자들은 내가 이 책의 마지막 몇 장을 제외하곤 천국에 관해 거의 말하지 않는 것에 놀랄지도 모르겠다. 여기에는 성경적 근거가 있다. 우리는 주기도문을 통해 "하늘에서와 같이 땅에서도" 하나님 나라가 임하고 그분의 뜻이 이루어지기를 기도한다. 하지만 이 말은 무엇을 의미할까? 신학적으로 말하면, 하늘은 하나님이 온전히 거하시는 곳이다. 성경은 하나님의 창조 세계가 그분이 온전히 거하시는 곳이 되어 "땅에서"의 상황이 "하늘에서"의 상황과 실제로 같아지기를 원하신다고 가르친다. 그런데 하늘과 관련해서 우리가 갖고 있는 개념들(이를테면 구름 위에 앉아 있는 연약한 아기 천사)은 종종 제대로 된 이해에 도움이 안 되고 편견에 사로잡혀 있어서 나는 하늘의 신비와 영광을 입증해 가면서 서서히 하늘에 관해 말하고자 한다.

당장에 하늘(천국)부터 말하는 대신, 나는 하나님이 어떻게 우주를 성소로 창조하시고 그 안에서 그분의 피조물과 함께 거하려 하시는지 보여 주는 성경 이야기로 당신을 초대한다. 그런데 우주는 죄로 인해 소외되고 깨어진 곳이다. 이 맥락에서 우리는 "구덩이"("스올")에서 부르짖고 성전을 갈망하는 시편 기자와 합류하게 된다. 하나님은 타락한 세상 한복판에 있는 성전에서 아름답고 거룩하게 거하시겠다고 약속하셨다. 시편 기자와 함께 기도하는 일은 우리 마음이 궁극의 성전(예수 그리스도)과 앞으로 다가올 새 창조를 소망하도록 훈련시킨다.

그 날, 그리스도가 다시 오셔서 심판하시고, 회복하시고, 그분의 백성과 함께 거하실 것이다. 이런 성경의 특별한 맥락에서 우리는 하늘을 갈망하고 하나님 나라가 "하늘에서와 같이 땅에서도" 임하게 해 달라고 계속 기도한다. 우리는 그 마지막 날을 간절히 기다리며 그 날을 위해 기도한다. 십자가에 못 박혀 죽으시고 부활하신 주 예수 그리스도 앞에 모든 피조물이 무릎을 꿇고 하나님이 그들과 온전히 교제하며 거하시는 날.

내 접근법은 성경의 영향을 받았을 뿐 아니라, 교회의 적극적인 구성원으로서 살아가고 그 예배와 섬김에 참여하는 일상적이고도 즐거운 현실에서 흘러나온 것이다. 나는 교인들과 함께 모여 설교와 성찬 가운데 말씀을 받는다. 다른 이를 위해 기도하고 또 그들에게 기도받는다. 아픈 사람에게 병문안을 가고 내가 아플 때 병문안을 받는다. 나는 개인적인 교회 생활의 경험을 넘어, '회중의 삶에서 나타나는 죽음과 죽어 감'에 관한 일련의 세 대담을 다른 목사들과 함께 1년 동안 인도하면서 부활 소망의 의미를 탐구할 기회도 가졌다. 나는 그들에게서 죽어 가는 젊은이들과 나이 든 어르신들을 심방한 이야기를 들었다. 교인과 교회를 떠난 이들을 위해 치른 장례식에 대해서도 들었다. 죽음의 고난 앞에서 용감하게 반응한 이야기와 무력하게 무너진 이야기도 들었다. 그 모든 경험이 이 책에 고스란히 반영되었다.

끝으로, 나는 순례의 행위로서 이 책을 쓴다. 나는 이 책에서 다루는 실재, 곧 죽음과 새 생명의 신비, 죽을 운명을 타고나 허물어지는 인간들 사이에서 하나님과 복음이 역사하는 신비를 결코 다 파악할 수 없다. 에이브러햄 링컨의 전기 작가들은 링컨의 모든 연설 원고와 그가 썼던 모든 편지를 읽으려 하겠지만, 그것들을 다 읽고 난 후에도 링컨의 생애를 온전히 파악하지는 못한다. 그러나 전기 작가가 전기의 주제를 링컨 생애의 '누구, 무엇, 어디'에 초점을 맞출 경우, 작가는 자신이 갖게 된 확신에 대해 일련의 그럴듯한 설명을 내세울 수 있다.

나 역시 하나님에 관해 말할 때, 나는 내가 도무지 다 알 수 없는 분에 관해 말하는 것이다. 4세기에 히포의 아우구스티누스가 담대하게 진술한 것처럼, "여러분이 다 이해할 수 있었다면, 하나님이 아니라 뭔가 다른 것을 이해한 것입니다."[10] 나는 이 책에서 다루는 실재들을 하나님이 보시는 것처럼 볼 수가 없다. 지금은 사도 바울이 말한 것처럼 "거울로 보는 것같이 희미"하게 보고 장차 "얼굴과 얼굴을 대하여 볼" 날을 고대하기 때문이다(고전 13:12).

나는 미래의 그 영광스러운 날을 고대하지만 지금은 알 수 없는 신비와 더불어 산다. 나는 일상적이고 평범한 관심사를 지닌 피조물에 불과하다. 내 관심사는 내 차의 찌그러진 부분을 어떻게 할지, 어떻게 딸아이를 등교 시간에 늦지 않게 깨울지, 주일학교에서 초등학교 3학년 아이들에게 요나서를 어떻게 가르칠지 등이다.

이처럼 내 모든 신학적 숙고는 제자의 길, 순례의 길에서 이루어진다. 나는 16세기 훌륭한 개신교 신학자 프란시스쿠스 유니우스를 생각한다. 그는 모든 기독교 신학은 그리스도 안에서 우리와 하나님의 교제가 깊어지게 할 목적으로 그리스도와 연합한 상태에서 일어난다고 가르쳤다. 하나님에 관해 아는 우리의 지식은 진짜지만 일부에 지나지 않는다. 우리는 그리스도를 통해 이 땅에서의 순례길을 가기에 충분한 정도로 하나님을 알지만, 그 지식은 "우리가 소망하는 천상의 신학과 비교하면 불완전하다." "내세"에 그리스도 안에서 "하나님의 영광스러운 모습을 보게" 될 때 비로소 우리는 얼굴과 얼굴을 마주한 지식을 얻게 될 것이다.[11]

달리 표현하면, 나는 궁금한 사람들, 혼란스러운 사람들, 죽음의 한복판에서 진정한 소망을 추구하는 사람들에게 그리스도와의 더 깊은 교제로 들어오라고 초대하는 불완전한 신학서를 쓰고 있다. 독자들은 내가 추상적인 신학적 주장을 제시하고 그것을 '증명'

하는 식으로 진행하지 않는다는 것을 곧 알게 될 것이다. 나는 경험적·사회적 난제와 성경적·신학적 성찰을 엮어, 성공회 기도서가 제안한 아주 오래된 실천을 감행한다. "영생의 복된 소망을 받아들이고 굳게 붙들 수 있도록" 기도 가운데 성경을 "읽고, 표시하고, 배우고, 내적으로 소화"하려는 시도 말이다.[12]

성경을 '먹는' 이 과정을 통해 나는 스올과 성전과 그 외 성경의 다른 모티프들을 말하는 성경의 증언을 '단순한 정보로 환원될 수 없는 훌륭한 영혼의 양식'으로 받는다. 이것은 그리스도 안에서 하나님과 '지식에 근거한 교제'를 누리게 하는 양식이다. 달고도 쓴 성경 말씀은 내세에 하나님이 그분의 백성과 함께 거하실 거룩한 도성으로 가는 순례 길에서 우리를 강하게 한다.

이 책을 쓰는 내내 절박함을 느꼈다. 책을 마무리할 수 있을 때까지 살게 해 달라고 몇 번이나 기도했다. 목사든 교인이든 장의사든 배관공이든 교사든 우리 모두는 죽음의 두려움에 매인 노예 상태의 무게를 짊어진다. 의료적·기술적 경이로 가득한 이 시대에는 위조된 부활의 소망이 우리를 유혹한다. 우리는 어떤 대가를 치르고서라도 생명을 연장하고 죽음을 미루려 한다. 이 순간에 어떤 탄식도 필요 없는 "지금 최고의 삶"이라는 번영의 약속을 추구한다.[13] 그러나 우리가 기독교의 제자도를 진지하게 받아들인다면, 개인으로서, 가족으로서, 한 교회의 회중으로서 진정한 부활의 소망으로 더 깊숙이 들어가야만 한다.

그 부활의 소망은 무엇인가? 그것은 마지막 날에 그리스도가 온 우주를 심판하시고 새롭게 하시리라는 소망이다. 우리를 죄에서 건지신 구원자이자 사랑의 교제의 근원이신 분에 대한 황홀하고 현세적이며 구체적이고 영광스러운 소망이다.

이 책의 전반적 흐름은 우리의 필멸성에 관한 상당히 은폐된 진실을 폭로하고 매일같이 우리를 몰아붙이는 우상숭배적 소망들을 드러내는 것으로 시작한다. 나아가서 아름답고, 그리스도 중심적이고, 하나님을 드러내는 부활의 약속에 깃든 진정한 소망을 점점 더 강렬하게 탐구한다. 몸이 아픈 상태에서 이 책을 펼쳐 든 사람이라면 이 책 끝부분에 이르러서도 여전히 아플 가능성이 높다. 하지만 나는 그가 이 책을 읽고 나서, 그리스도 안에 있는 새 창조의 소망에 매인 존재이자 하나님의 사랑받는 자녀라는 우리의 정체성이 점점 더 분명해지는 가운데 그 통증과 탄식을 바라보게 되기를 기도한다.

사도 바울의 경우는 탄식마저 소망의 분위기를 띤다. 그는 우리가 부활을 기다리며 "속으로 탄식"한다고 말한 뒤에(롬 8:23) 더 나아가 이렇게 말한다. "우리가 소망으로 구원을 얻었으매 보이는 소망이 소망이 아니니 보는 것을 누가 바라리요 만일 우리가 보지 못하는 것을 바라면 참음(patience)으로 기다릴지니라"(24-25절). 우리는 소망으로 기다리고 참을성 있게 갈망한다. 영어에서 "페이션스"(patience)에는 원래 수동성이라는 뜻도 있지만 여기서 이 단어의 의미는 '오래 참음'(long-suffering)에 더 가깝다.

우리는 하나님 나라를 불러올 수 없다. 우리의 현재 몸은 쇠퇴하고 있다. 우리는 지금 부활을 온전히 경험하지 못하고, 그럴 수도 없다. 하지만 우리의 일상생활(습관, 우선순위, 모험을 감수하는 의지)은 앞으로 이루어질 일에 대한 굳건한 소망의 영향을 받는다. 우리는 시련 한복판에서 오래 참음으로 부름받는다. 세상의 불행에 대한 궁극적 해결책은 우리가 아니기 때문이다.

우리는 이 사실을 소망 중에 안다. 그래서 우리의 노력이 부질없어 보일 때조차 사랑과 감사로 행할 수 있다. 아브라함, 모세, 다윗과 언약을 맺으신 이스라엘의 하나님은 이방인을 풍성한 "이 비밀의 영광"에 들어가게 하셨다. "이 비밀은 너희 안에 계신 그리스도시니 곧 영광의 소망이니라"(골 1:27). 그리스도는 우리 안에 계시고 우리는 그분께 속한 사람이다. 우리는 그리스도 안에서 하나님의 자녀다. 그리고 이 현실은 언제나 "영광의 소망", 곧 그리스도의 부활에 참여하고, 성자가 성령을 통해 성부와 함께하시는 완전한 교제에 참여할 영광스러운 소망을 고대하게 한다. 간절한 오래 참음 가운데 우리는 그리스도 안에서, 그리스도를 통해 우주가 회복될 소망을 바라본다.

이 책은 이런 식으로 당신을 아픔과 기쁨, 절망과 소망의 여정으로 초대한다. 자신의 필멸성을 받아들이고 영광의 참된 소망을 향해 마음을 높이 들라. 우리는 그 영광을 지금 미리 맛보는 중이다. 그러나 전채 요리가 잔치는 아니다. 위대한 잔치는 아직 열리지 않았다.

그때까지 우리는 순례 길을 간다. 때로는 햇볕 속을 때로는 그늘 속을 걷고 또 비틀거린다. 그 길을 따라가며 기뻐하고 애통하고 사랑하기를 배운다. "하나님의 영광이 비치"기에 "해나 달의 비침이 쓸 데 없"는 도성에 마침내 이를 때까지(계 21:23).

part 1.

스올에서

'죽음'을 매일 눈앞에 두다,
그리스도 안에서

1

스올에 오신 것을 환영합니다

죽은 것은 죽은 것이다. 절반만 죽었거나 약간 죽은 사람은 없다. 그런 존재는 세계 멸망을 다룬 영화에서 비틀거리며 등장하는 좀비뿐이다. '약간 임신한 상태'나 '어느 정도 쌍둥이'가 존재하지 않는 것처럼, 일부만 죽은 상태도 불가능하다. 심장이 멎고, 뇌 기능이 멈추고, 중환자실 의사가 사망 선고를 하기 전까지는 살아 있는 상태다. 그러나 육신에 아무런 움직임이 없고 몸에서 썩는 냄새가 난다면 죽었다는 것을 확신할 수 있다. 사람에게는 두 가지 상태밖에 없다. 세상을 떠났거나 여전히 여기 있거나, 죽었거나 살아 있거나. 내 사무실의 환한 형광등이 켜졌거나 꺼졌거나 둘 중 하나인 것과 같다.

적어도 나는 그렇게 생각했다.

스올로 떠나는 여행: 구덩이 속에서 사는 삶

죽음의 그늘이 산 자들의 얼굴을 덮고 있다. 암 환자 세계에 들어선 이후 내 눈에 들어온 광경이다. 내 심장은 여전히 뛰고 온몸에 피가 돌지만, 어쩐 일인지 나는 스올에 이르렀다. 히브리어 단어 "스올"은 구약성경에 나오는 한 무리의 연관 용어들과 함께 '빛에서 멀리 떨어진 깊고 더러운 구덩이'를 묘사한다. 스올은 어둠의 장소요, 생명에서 끊어져 침묵하게 된 이들의 감옥이다.

기분이 좋고 그늘이 멀게 느껴지는 날에는 시편으로 기도할 때

"스올"이라는 단어가 눈에 들어오지 않는다. 시편 기자는 "가난하고 궁핍"한 자로서 주님께 부르짖은 후에 "〔주님이〕 내 영혼을 깊은 스올에서 건지셨"다고 말한다(시 86:1, 13). 우리는 어떤 경우에 시편 기자의 외침에 공감해야 할까? 버림받고 단절된 느낌이 들 때 나는 스올에 있는 것일까? 아니면 심장이 멎고 호흡이 멈춘 후에야 스올로 가는 것일까? 이것이 언제나 분명하지는 않다.

때때로 시편 기자들은 스올이 죽은 자들, 생물학적으로 사망한 자들의 땅이라고 말한다. 시편 88편의 절박한 기도에서 기자는 "무릇 나의 영혼에는 재난이 가득하며 나의 생명은 스올에 가까웠사오니"라고 탄식하고는 더 나아가 이렇게 호소한다. "흑암 중에서 주의 기적과 잊음의 땅에서 주의 공의를 알 수 있으리이까"(3, 12절). 여기서 우리는 죽음에 대한 두려움과 함께 흑암 속으로 미끄러져 들어가는 괴로움을 발견한다.

스올의 이 구체적 용례는 고대 메소포타미아인들과 이집트인들이 상상했던 저승의 모습과 비슷하다. 산 자들에게서 끊어져 되돌아올 수 없는 죽은 자들의 땅이다. 그들의 어휘에서 죽은 자들의 땅은 심장이 더 이상 뛰지 않고, 사후경직으로 팔다리가 뻣뻣해진 모든 사람을 위한 곳이다. 예를 들어, 고대 이집트의 상형문자는 망자들에게 죽은 이들의 땅인 저승길을 안내했다. 죽을 때 영혼이 육체를 떠나는데 영혼이 자기 몸을 인식하지 못하면 저승에서 몸과 합류하여 여행을 계속할 수 없다. 그래서 엘리트층 이집트인들은 죽은 부모와 고양이와 새를 미라로 만들고 저승의 여러 곳에 이르는 데 필요한 암호와 주문을 상형문자로 새겨 넣었다.

죽은 사람들은 떠났고, 그들의 부재는 사라지지 않는 상처라는 이집트인들(그리고 시편 88편 기자)의 기본적 확신은 옳다. 아버지나 어머니, 딸이나 아들, 형제나 자매를 먼저 보낸 사람은 누구나 그것을 알 수 있다. 죽은 사람은 말이 없고 우리와 단절되었다. 다가올 부활을 믿는 신자도 죽은 자들의 부재가 주는 아픔을 경험한다. 우리 교회의 한 어르신은 50년을 해로한 아내와 사별한 지 1년쯤 지났을 무렵 이렇게 나지막이 탄식했다. "아내가 그립습니다. 그 사람이 더 나은 곳에 있다고 생각해야 하는 줄 압니다. 하지만 아내가 여기 있으면 좋겠어요." 그의 몸은 떨렸고 눈물이 볼을 타고 흘러내렸다. 그는 당혹감에 몸을 움츠렸다. 자신의 상실이 상처가 아니라 유익일 뿐임을 믿지 못하는 모습을 자책하고 있었다.

하지만 이스라엘 민족은 죽은 자들의 땅, 스올의 개념에 대한 다른 시각도 갖고 있었다. 그들은 이집트인과 메소포타미아인과 달리, 생물학적으로 죽은 자들만이 스올의 거주민은 아니라고 거듭해서 말했다. 어찌 된 일인지 나는 신학교에서 구약성경 수업을 받을 때 그 사실을 놓쳤다. 그리고 암 환자가 되어 스올에 있는 자의 입장에서 말하는 시편들로 기도하기 전까지는 그 중요성이 제대로 다가오지 않았다. 가령, 시편 107편 기자는 "곤고와 쇠사슬에 매인 포로들"이라는 말로 이스라엘의 바벨론 유배 경험을 회상하며(시 107:10,

NRSV) 이렇게 선언한다.

> 그 고통 가운데서 여호와께 부르짖었더니 그분이 그들을
> 구원해 주셨다. 그분이 말씀을 보내 그들을 고쳐 주시고 그들을
> 파멸〔스올〕에서 구해 주셨다.
> 시편 107편 19-20절, 우리말성경

유배지로 끌려간 이스라엘 사람들은 주님께 부르짖었고, 주님은 그들을 스올에서 구해 주셨다. 여기서의 스올은 기독교적 의미의 '지옥'이 아니고, 죽은 자만을 위한 곳도 아니다. 이 스올은 구덩이고, 발언권을 빼앗기고 끊어진 산 자와 죽은 자들이 주님께 구해 달라고 부르짖는 곳이다.

시편에 나오는 이 장면이 너무 막연하게 느껴진다면, 선지자 요나를 참고할 수 있다. 그는 스올에서 살아 숨 쉬는 존재에 대한 생생한 이미지다. 요나서 서두에서 요나는 달아난다. 주님은 이방인인 니느웨 사람들을 찾아가 그들의 사악함을 경고하는 대담한 사명을 그에게 맡기셨다. 요나는 오늘날의 이라크에 해당하는 번화한 그 도시로 떠날 생각이 없었기에 달아났다. 그러나 그는 그 도시를 피해 달아났을 뿐 아니라, 요나서가 거듭 주장하는 것처럼 "주의 임재를 피하여" 달아났다(욘 1:3, KJV).

요나서 2장에서 그는 자신이 바라던 바를 이룬 것처럼 보인다.

그는 주님에게서 멀리 떨어졌다. 그러나 그곳은 흑암의 장소, "물고기 뱃속"이다(욘 2:1). 그는 이렇게 부르짖는다.

> 이르되 내가 받는 고난으로 말미암아 여호와께 불러 아뢰었더니 주께서 내게 대답하셨고 내가 스올의 뱃속에서 부르짖었더니 주께서 내 음성을 들으셨나이다.
>
> 요나 2장 2절

이처럼 물고기 뱃속은 곧 스올의 뱃속이다. 어둡고 끈적끈적하고 덫에 빠지게 한다. 요나는 시편의 패턴에 따라 하나님께 호소하며 기도를 이어 간다.

> 주께서 나를 깊음 속 바다 가운데에 던지셨으므로 큰 물이 나를 둘렀고 주의 파도와 큰 물결이 다 내 위에 넘쳤나이다 내가 말하기를 내가 주의 목전에서 쫓겨났을지라도 다시 주의 성전을 바라보겠다 하였나이다.
>
> 요나 2장 3-4절

요나가 있는 곳은 어두울 뿐 아니라, 바다와 큰 물과 파도와 큰 물결이 넘실대며 요동치는 혼란한 곳이다. 그는 주님을 피해 달아나기를 간절히 바랐다. 무엇이 최선인지 자신이 안다고 생각했다.

하지만 지금 그는 어리석은 소원을 이룬 쓰라린 결과로 주님 목전에서 멀리 떨어진 스올의 뱃속에 갇혀 있다. 이 흑암의 장소에서 요나는 자신에게 구원이 필요하다고 부르짖는다. 그는 주님의 성전을 다시 보길 원한다.

언뜻 단순해 보이는 단어 "성전"에는 많은 의미가 담겨 있다. 요나는 주님의 성전을 다시 보길 바라면서 자신의 고통이 해소되기만을 구하지 않는다. 그는 우주의 왕이신 거룩한 주님의 임재 앞에 나아가기를 담대하게 갈망한다. 성전은 하나님이 그분의 백성과 함께 거하시는 곳이었다. 히브리 민족이 광야를 방황할 때 그들 사이에 성막이 있었고, 창조의 새벽에 에덴동산이 있었다. 요나는 하나님의 거처인 에덴, 성막, 성전을 갈망한다. 의로우신 주님은 소멸하는 불이시며, 그러므로 성전은 거룩한 땅이다. 주님을 피해 달아났던 요나는 성전에 들어가기를 두려워해야 마땅하다. 그런데도 그는 여전히 성전을 갈망한다.

요나가 "하나님, 날 좀 내버려 두세요. 하나님이 날 이런 엉망진창 상황에 던져 넣으셨잖아요"라고 기도하지 않는 것이 특히 눈에 들어온다. 밀실 공포증을 유발하는 위험한 물고기 뱃속에서 벗어나게 해 달라고 부르짖으면서 그가 간절히 원한 것은 주님이 임재하시는 장소, 두렵지만 치유를 안겨 주는 성전으로 나아가는 것이었다.

내 영혼이 내 속에서 피곤할 때에 내가 여호와를 생각하였더니 내 기도가 주께 이르렀사오며 주의 성전에 미쳤나이다.
요나 2장 7절

스올의 구덩이에서 요나는 회개한다. 반항적인 길에서 돌이켜 주님의 임재를 갈망한다. 니느웨는 언급조차 하지 않고, 시편 기자가 시편 27편 4절에서 바란 "한 가지"를 달라고 기도한다. 바로 "여호와의 집에 살면서 여호와의 아름다움을 바라보며 그의 성전에서 사모하는" 것이다. 요나는 주님의 성전, 주님의 거룩하고 아름다운 집을 갈망한다. 스올은 거기서 아주 멀다. 시편 27편 기자가 그랬듯, 요나에게 가장 근본적인 대립 쌍은 생물학적 삶과 죽음이 아니라, 주님의 임재와 주님이 부재하신 듯한 상황이다. 스올(버림받은 기분이 드는 장소, 구덩이, 주님의 임재로부터 몇 광년 떨어진 곳)은 주님이 거하겠다고 약속하신 성전과 정반대 장소다. 주님은 빛과 생명 안에 거하신다. 반면, 스올에 있는 사람들은 구덩이 속 흑암과 소외 가운데 거한다.[1]

현대의 의사, 사회복지사, 온갖 광고 캠페인은 생물학적 죽음을 앞에 둔 암 환자들에게 '영성'을 받아들이라고 한목소리로 조언한다. 내가 파악한 바로는, 이런 맥락에서의 '영성'이란 각 사람을 위해 맞춤 제작한 일련의 기도나 종교적 실천을 말한다. 그것은 각자가 선호하는 목표를 이루게 하는 수단이다. 그 목표가 차분해지는 것이든 평화를 찾는 것이든 의미를 발견하는 것이든 관계없다. 여기서 영성을 받아들이는 일은 우리 삶이 산 자들과 점점 더 단절되고 심지어 하나님과도 끊어지는 것처럼 느껴지는 스올의 구덩이 속에서 우리 자신을 파내기 위한 삽을 고르는 것과도 비슷한 작업이다. 사람들은 우리가 그날그날에 집중하고 우리 통제력 안에 있는 일에 초점을 맞추면 스올에서 빠져나올 수 있고 아마도 '좋은 죽음'을 맞이하게 될 거라고 말한다.

그러나 요나서가 그리는 스올의 상황은 이와 너무나 다르다. 요나는 스올에서 꼼짝도 못 한다. 여기서는 하루하루에 집중하며 살아가는 것은 도움이 안 된다. 스스로를 도우라는 진부한 말도 소용이 없다. 요나의 자기 보존 본능은 강력했다. 그에게는 니느웨로 가는 위험한 사명을 회피할 만한 합당한 이유가 있었다. 그러나 지금 그는 물고기 뱃속에 갇혀 있고 구해 달라고 부르짖는다.

> 내가 산의 뿌리까지 내려갔사오며 땅이 그 빗장으로 나를 오래도록 막았사오나 나의 하나님 여호와여 주께서 내 생명을 구덩이에서 건지셨나이다.
>
> 요나 2장 6절

어떤 삽도, 외과용 메스도, 자기 계발 계획도 요나를 구할 수 없다. 주님만이 그를 이 덫에서 구해 내실 수 있다. 요나는 수명 연장

대신, 주님의 임재 앞으로 돌아가기를 구한다. 그의 기도가 이루어진다면 주님의 말씀을 사악한 니느웨 사람들에게 전해야 하는 힘겨운 임무도 수행해야만 한다. 물고기 뱃속이라는 스올에 갇혀 있는 일은 고통스럽지만, 성전으로 다가가는 일 또한 만만찮다. 성전으로 가려면 회개해야 하고 하나님의 목적을 위해 구별된 거룩함이 있어야 한다. 시편 기자는 성전에 대해 말하며 이렇게 물었다.

> 여호와의 산에 오를 자가 누구며 그의 거룩한 곳에 설 자가 누구인가
> 곧 손이 깨끗하며 마음이 청결하며 뜻을 허탄한 데에 두지 아니하며
> 거짓 맹세하지 아니하는 자로다.
> 시편 24편 3-4절

성전은 우리에게 여러 가지를 요구하지만 그래도 성전은 고동치는 심장이다. 반면에 스올은 힘없고 박동이 멈춘 심장이다. 유대교학자 존 레븐슨의 표현을 빌리자면, "스올에서 성전으로 이동하는 것은 죽음에서 생명으로 나아가는 일이다. 성전 바라보기를 갈망하는 것은 생명 자체를 갈망하는 일이다." 이 움직임, 즉 죽음에서 구조되어 생명으로 향하는 일은 하나님께 달려 있다. 레븐슨 말에 따르면 "하나님의 정의롭고 은혜로운 구출이 없다면" 스스로를 구해낼 힘이 없는 이들은 "파멸하게 될 것이다. 죽음에서 구출되어 성전에서 사는 사람들은 생명 자체가 하나님과의 관계로 좌우된다."[2]

참으로, 구출하시는 하나님에게서 멀리 떨어져 있는 요나는 생명으로 나아가는 일에 철저히 무력하다. 스올의 빗장이 길을 막고 있고, 구덩이는 너무나 깊고, 자력 구원의 노력은 아무 쓸모가 없다.

구덩이 속에서 드리는 기도

우리가 이집트인이 아니라 요나와 시편 기자들의 생각을 따른다면, 온 세계 사람들은 물리적 위치와 상관없이 스올에서 살고 있는 것이다. 보스톤에서 벵갈루루, 매디슨에서 모술, 내 어린 시절의 드넓은 캔자스 밀밭에서 정확히 계산된 국제 우주 정거장 주변까지, 스올의 지리는 광범위하다. 스올의 구덩이가 반드시 생물학적 죽음을 포함하는 것은 아니다. 성 인신매매나 감옥, 외로움, 수치심도 얼마든지 사람을 구덩이에 던져 넣을 수 있다.

구약성경의 시편은 구체적인 현실성을 띠면서도 아주 폭넓은 상황에 적용된다. 그래서 이스라엘도, 예수님도, 교회도 시편으로 기도할 수 있었다. 하나님이 구덩이에서 건져 주시길 구하는 시편 기자들의 부르짖음에는 흔히 외로움과 두려움이 가득하다.

> 내가 밤을 새우니 지붕 위의 외로운 참새 같으니이다 내 원수들이 종일 나를 비방하며 내게 대항하여 미칠 듯이 날뛰는 자들이 나를 가리켜 맹세하나이다 나는 재를 양식같이 먹으며 나는 눈물 섞인

물을 마셨나이다.

시편 102편 7-9절

생물학적 죽음의 위협이 당장 임박한 것은 아니어도 멀지 않은 경우가 많다. 시편 기자들이 처한 원래 상황이 무엇인지는 추측만 할 따름이다. 가끔은 전쟁과 폭력이 가까이 있었던 듯하고, 질병에 시달리는 상황도 보인다. 시편 기자들은 성전에서 주님을 보게 해 달라고 부르짖는 데 더해, 때 이른 죽음의 구덩이에서 건져 달라고 자주 소리쳐 구한다. "나의 말이 나의 하나님이여 나의 중년에 나를 데려가지 마옵소서 주의 연대는 대대에 무궁하니이다"(시 102:24).

가끔 나는 스올을 태양을 가리는 대형 차양으로 상상해 본다. 그 차양의 그늘 아래에는 더 작은 천막들이 무리지어 있다. 속박과 침묵의 장소, 하나님이 완전히 부재한 것처럼 느껴지는 곳에 있는 모든 사람은 스올의 그늘 아래 특정 천막에서 산다고 할 수 있다. 부모나 자녀, 형제자매나 가까운 친구를 잃고 단절의 고통을 느끼는 사람이 한 천막을 차지하고 있다. 떠난 이가 산 자들과 끊어지고 분리될 때 그의 일부도 잘려 나갔다. 그 옆 천막에는 나 같은 암 환자들이 있다. 그들은 생물학적 쇠퇴와 죽음이 임박했다는 느낌에 온 신경을 곤두세우고 스올에 거한다. 거기서 우리와 함께 지내는 여섯 살배기 아이와 아흔여섯 살 어르신은 '암과의 전쟁'에서 진전을 알리는 보도가 무색하게 서서히 죽어 간다. 그들의 죽음을 보면서 우리는 그들을 죽인 산(acids)이 우리의 생물학적 생명과 미래의 꿈도 갉아먹고 있음을 느낀다.

황량한 풍경의 스올에는 이외에도 많은 천막이 죽 늘어서 있다. 그 안에는 집에서 쫓겨난 피난민, 학대를 당한 뒤 수치심을 안고 사는 남녀, 상실과 두려움과 외로움의 어둠 속에서 부르짖는 수많은 이들이 가득하다. 그 천막 수는 얼마나 될까? 나는 아주 많다고 생각한다.

사실, 내가 "구덩이" 속에 있는 암 환자라고 말하는 것이 오만해 보일 수도 있다. 전 세계 수많은 사람이 살던 지역에서 쫓겨나 난민이 되고 있고, 정당한 이유 없이 자주 투옥, 박해, 심지어 죽음을 당하는 상황이기 때문이다. 주변에서 가해진 폭력과 따돌림 때문에 인도를 걷는 일조차 두려워하며 살아가는 이들도 있다. 내가 가르친 학생 한 명은 서부 해안가에 자리한 거친 도심에서 자랐다. "우리는 스올에서 벗어난 적이 없습니다. 열아홉 살 때까지 저는 몇 번이나 총에 맞고 칼에 찔렸어요." 그 학생의 친구와 지인 수십 명이 살해당했다. 갱들이 주도하는 보복이 난무하는 상황, 죽음이 도처에 도사리는 현실에서 주로 받는 유혹은 자신이 죽을 존재임을 부인하는 것보다는 스올의 흑암 속에서 절망에 빠지는 것이다.

나처럼 특권적인 배경과 문화에서 자란 사람들이 스올의 구덩이에서 고통을 겪는다고 주장하는 것은 잘못일까? 나는 놀라운 복을 다양하게 누렸다. 40년 넘게 평화로운 환경에서 살았다. 병원 치료를 받을 수 있었고 나를 아끼는 가족과 교회라는 복을 누리고 있다. 정말이지 내가 자기 연민에 빠질 여지는 전혀 없다. 매 호흡은 창조주가 주시는 선물이기 때문이다. 내가 교전 지역이 아닌 다른 곳에서 태어날 거라는 보장은 전혀 없었으며, 어머니 배 속에서 나와 숨을 쉴 수 있을 거라는 보장 역시 없었다.

하지만 사람마다 나름의 고통이 있고, 죽음과 마주하면 우리 가운데 누구라도 곧바로 스올로 옮겨질 수 있다. 페이스북(Facebook) 부사장인 억만장자 셰릴 샌드버그는 휴가 도중 남편의 갑작스러운 죽음을 겪었고 이후 구덩이에 빠진 자신을 발견했다. 그녀의 부, 사회적 자본, 경력, 그 어느 것도 그녀를 보호해 주지 못했다. "시간은 아주, 아주 느리게 흘렀다. 매일 아이들의 울음소리와 비명이 공기를 채웠다. …… 그리고 내 흐느낌과 비명이 (대부분은 머릿속에서 울려 퍼졌지만) 때때로 큰 소리로 터져 나와 나머지 공간을 채웠다. 나는 '공허' 속에 있었다. 거대한 허무가 내 마음과 폐부를 가득 채워 아무 생각도 할 수 없고 숨쉬기조차 힘들었다."[3]

질병의 고통, 중독의 속박, 가까운 이의 죽음, 압제의 경험, 이 중 어떤 것이라도 우리를 구덩이로 끌어내릴 수 있다. 그리고 시편은 거기, 가장 낮은 곳에서 우리와 만난다.

시편은 우리가 처한 가장 끔찍한 비참함을 표현하며 기도하고 부르짖도록 가르친다. 이것은 누구의 스올 경험이 더 극심한지, 누구의 괴로움이 더 큰지를 놓고 경쟁하라는 것이 아니다. 하나님이 시편 속 애통하는 외침들을 통해, 구덩이 속에서 드리는 그 기도들 가운데 우리를 만나신다는 의미다.

게다가 스올은 그 정의상 하나님께 버림받았다고, 하나님의 임재에서 멀리 떨어졌다고 느끼는 장소지만, 바로 이 부분에 놀랄 만한 위로가 있다. 바로 예수 그리스도시다. 진정 아무 죄 없이 고난받으신 그분이 스올에 있는 우리와 함께하러 오셨다. 그분은 십자가 위에서 시편 22편에 나오는 버림받은 이의 부르짖음을 입에 담으셨다. "내 하나님이여 내 하나님이여 어찌 나를 버리셨나이까"(시 22:1; 마 27:46; 막 15:34 참조). 그리스도는 우리를 창조하시고 부르시는 바로 그 하나님께 버림받고 끊어졌다고 느끼셨다.

하이델베르크 교리문답(*Heidelberg Catechism*)에서는, 그리스도가 받으신 고난의 이 측면이 우리에게 위로를 안겨 준다고 진술한다. 그리스도는 버림받은 이 길을 먼저 가심으로써 "내가 깊은 두려움과 유혹의 위기에 처할 때 나의 주 그리스도가 그분의 온 삶을 통하여, 특별히 십자가에서 형언할 수 없는 영혼의 괴로움과 고통, 두려움을 당하시면서 나를 지옥의 괴로움과 고통에서 구원하셨음을 확신하게" 하셨다.[4]

예수 그리스도가 성전에서 멀리 떨어진 죽을 인간들이 느끼는 소외를 친히 경험하셨다. 하지만 요한복음 1장 14절이 말하는 것처럼, 하나님의 영원한 말씀이 "육신이 되어 우리 가운데 거하"셨다. 헬라어 원문의 의미를 문자적으로 살리자면, "우리 가운데 거처를 정하셨다." 하나님은 우리의 고난받는 육신을 입으시면서 우리 가운데 거처를 정하시고 머무셨다. 실제로, 요한복음은 그리스도를 이동식 성전(성막)만이 아니라 성전 그 자체로도 묘사한다(요 2:18-22). 이렇듯 숨 막히는 역설 가운데, 성전이신 분이 십자가 위에서 성전에서 멀리 소외됨을 경험하셨다. 세상의 빛이신 분이 흑암으로 들어가셨다. 생명을 주는 하나님의 임재가 스올의 깊은 구덩이로 내려갔다.

우리는 이 눈부신 신비를 뒷부분에서 다시 살펴볼 것이다. 지금은 약간의 위로만으로도 우리의 미각을 새롭게 하고 올바른 음식을 맛볼 준비를 갖추기에 충분하리라 생각한다. 우리 삶의 일부를 스올의 그늘에서 살게 된다 해도, 최소한 우리에게는 아주 훌륭한 동행이 있다.

필멸의 인간이라면 누구나 삶에서 스올을 경험하기 마련이다. 그리고 부활의 날을 고대하는 우리가 동굴 같은 스올의 구덩이를 인생이라는 편안한 포장도로에 생긴 작은 균열 정도로 취급한다면, 우리의 소망은 설 자리가 없을 것이다.

죽어 가는 이들 사이에서 살아가기

많은 세대에 걸쳐 전 세계 인류는 흑암의 구덩이 속에서 사는 삶이 어떠한지를 알게 되었다. 구덩이의 모습과 냄새와 소리를 알면 필멸의 피조물로서 살아가는 일의 의미를 현실적으로 파악할 수 있을 것이다. 하지만 서구 세계 중상류 계층을 차지하는 대부분의 사람은 죽음을 알리는 일말의 암시까지도 삶에서 지우고, 이전 시대 같으면 기괴하다고 느꼈을 법한 방법으로 일상생활에서 죽음을 몰아내려 했다.

가령, 우리가 지금 "리빙룸"(living room; 거실)이라 부르는 공간을 이전 세대에는 '가족들의 공유 생활 공간'이라는 뜻의 "팔러"(parlor)라고 불렀다. 자녀들은 바로 그 공간에서 죽어 가는 부모나 조부모를 보살폈다. 예전의 가족 구성원들은 이런 식으로 같은 방(parlor)에서 살고 또 죽었다. 그러나 이제 현대인들은 팔러가 장례식장에만 있는 공간으로 알고 있다. "집 안 거실(family parlor)처럼 보이도록 꾸며진", "속을 가득 채운 가구, 화분대, 장식품, 휘장, 망자"가 있는 "빈소"(funeral parlor)는 죽은 사람을 보기에 거북한 공간이다.[5]

1940년대에는 대부분의 미국인이 자기 집에서 죽었다. 1980년대에 이르면 17퍼센트만이 집에서 죽었다.[6] 이전 시대의 많은 사람은 죽어 가는 이들 돌보는 것을 어린아이가 하는 일의 일부로 여겼고, 그 일은 집 안 거실에서 이루어졌다. 그에 반해, 오늘날 우리는 죽어 가는 사람을 위생 처리된 병원과 요양 시설에 격리시키고, 자녀들을 죽음이라는 가혹한 현실에서 보호하려고 최선을 다한다.

지금도 우리는 이렇게 생각한다. '죽음의 악취를 제거할 수 있다면, 내 일상생활과 삶의 모든 순간을 죽음과 관계없이 보낼 수 있을

지도 몰라.' 한때는 이런 마음가짐이 내게도 익숙했으나, 죽음을 격리시키는 환경에서 암 환자가 되고 난 후에는 감당할 수 없는 사치가 되어 버렸다.

이상은 우리 집 거실 바닥에 앉아 있는 열세 살 된 우리 개 맥스의 목줄을 잡고 내가 했던 생각이다. 수의사는 통제 불능의 만성 통증이 생기고 벽과 문에 머리를 부딪치기 시작한 맥스에게 치매 진단을 내렸다. 아내 레이첼과 나는 당시 네 살과 여섯 살 두 아이가 있는 우리 집에 맥스의 죽음을 위한 공간을 마련해야겠다는 결정을 내렸다.

털이 많고 붉은색과 흰색이 섞인 웰시 코기인 맥스는 지구상에서 가장 다정한 동물 중 하나였다. 녀석을 처음 만났을 때가 기억난다. 맥스는 소파로 기분 좋게 뛰어올라 우리 가족의 무릎 사이에 폭 안겼고 우리는 녀석의 따뜻하고 두터운 털을 어루만졌더랬다.

이제 나는 맥스의 목줄을 잡은 채로 나무 바닥에 누워 있는 녀석의 자꾸만 빠지는 털을 부드럽게 쓰다듬고 있다. 왕진을 오는 수의사가 이미 도착해 있었고, 그는 개 환자를 상대로 늘 그렇게 하듯 몸을 숙여 맥스와 눈높이를 맞추었다. 그리고 부드럽게 말했다. "맥스, 넌 착한 개야. 살짝 따끔하겠지만, 많이 아프진 않을 거다." 그는 맥스가 궁금해하기라도 한 것처럼 말했다. 주사를 맞은 맥스는 깊은 잠에 빠졌다. 또 다른 주사와 함께 모든 것이 끝났다. 맥스의 가슴이 몇 번 더 부풀었다 가라앉았다. 그다음 녀석의 몸이 늘어지는 게 느껴졌다. "그리스도인이시라고 알고 있습니다. 지금 기도를 해도 될까요?" 수의사는 축복기도를 제의했다.

하지만 우리에겐 이제 시작이었다. 수의사는 떠났고, 나는 맥스의 등을 계속 쓰다듬었다. 10분 후, 장인어른·장모님이 우리 아이들, 네티와 너새니얼을 데리고 들어오셨다. 아이들은 처음에는 차분했다. 우리 부부는 몇 주 동안 아이들에게 맥스가 아주 나이가 많이 들었고 곧 죽을 거라고 말해 왔다. 그날 아침 이른 시각, 너새니얼은 집을 뒤져 맥스를 찾아내고는 크게 안도했었다. 네 살배기에게 죽음은 사라짐이 분명했다.

맥스는 사라지지 않았다. 하지만 녀석은 죽었고, 우리와 단절된 상태였다. 나는 눈물을 머금고 말했다. "맥스는 죽었어."

"죽어요?!" 너새니얼은 겁에 질려 소리쳤다.

"그래."

내가 흐느끼는 두 아이를 두 팔로 안고 있는 동안, 장인어른이 뒤뜰에서 맥스를 묻으려 구덩이를 파는 아내를 도우러 가셨다. 우리는 맥스의 등, 옆구리, 짧고 뭉툭한 다리를 계속해서 쓰다듬었다. 그러나 녀석은 축 늘어져 있었다. 다시는 일어나서 우리 무릎 사이에 어색하게 눕지 않을 것이고, 먹을 것을 던져도 좇아가지 않을 것이고, 갈색 눈을 반짝이지도 않을 터였다. 우리는 큰 소리로 울며 눈물을 쏟았다. 슬픔과 분노의 경계가 희미했던 너새니얼은 장난감들을 막 던지기 시작했다. 나는 눈물을 흘리면서 미리 준비해 둔 기도문으로 기도했다.

우리는 하나님께 소망을 둘 수 있다. 그러나 죽음은 슬프다. 죽음은 현실이다. 우리 가족 상담사는 아이들에게 그 사실을 말해 주라고 미리 일러두었다. 나는 네티나 너새니얼이 고등학교 졸업하는 모습을 볼 때까지 살지 못할 가능성이 크다. 맥스의 죽음은 내가 죽기 전에 아이들이 죽음을 이해하도록 제대로 도울 유일한 기회일 수도 있다. 장인어른이 작업용 장화 차림으로 집 안에 들어와 맥스의 사체를 들어 올리셨을 때, 아이들과 나는 여전히 울고 있었다.

맥스의 죽음을 계기로 이후 며칠 동안 많은 질문이 쏟아졌다. "맥스는 지금 어디 있어요?" "맥스는 천국에 있나요?" 나는 "천국에 있는 개" 질문을 피하면서 이렇게만 대답했다. "맥스는 하나님이 알아서 하실 거다. 맥스는 몸이 아팠고 혼란스러운 상태였어. 이제 맥스는 더 이상 아프지 않아." 몇 주가 지나면서 이런 질문들은 점점 뜸해졌고 아이들은 죽음의 의미를 약간이나마 이해한 듯했다. 아동용 만화영화에서 죽음은 종종 웃기 위한 소재로 등장한다. 캐릭터의 눈이 돌아가고, 픽 쓰러지고, 다시 꽃이 피어난다. 그러나 만화영화 속 죽음이 현실과 전혀 다르다는 것을 아이들은 서서히 깨닫게 되었다. 아이들은 죽어 가는 이들 사이에서 살고 있었다.

2년 전, 우리 동네 친구인 올리버가 여섯 살의 나이에 암으로 죽었다. 올리버는 내 딸아이에게 레고 놀이와 산수 가르치기를 좋아했던 유쾌한 소년이었다. 그리고 그 아이는 아무렇지 않은 얼굴로 통증을 숨길 줄도 알았다. 올리버는 그와 내가 특별한 사이라고 말했다. 우리는 둘 다 암 환자였고, 둘 다 줄기세포 이식술을 받았다. 그래서 면역 체계 없이 한 계절을 보낸다는 것이 무엇을 의미하는지 알았다.

올리버는 한동안 상태가 좋아졌지만, 암이 강력하게 역습해 왔다. 우리 아이들과 내가 생전의 올리버를 마지막으로 보았을 때, 아이는 아빠에게 안긴 채로 아이스크림 트럭을 쫓아가고 있었다. 트럭에서 나오는 음악이 간식거리를 사라고 동네 아이들을 초대하고 있었다. 한때는 올리버도 트럭을 따라 달려가곤 했었지만, 암 때문에 힘이 다 빠져 버린 터였다. 올리버는 고개를 들어 우리를 바라봤는데, 몸이 많이 말라 뼈마디가 훤히 드러나 보일 정도였다. 장인어른 품에 안겨 있던 맥스처럼 거의 축 늘어진 상태였다. 네티와 너새니얼은 뒤뜰에서 다시 놀았지만, 둘 다 무슨 일이 벌어지는지 제대로 이해하지 못했다.

올리버의 죽음을 기리는 2주기 추모식 날, 우리는 다른 이웃과 함께 모여서 그를 기념하여 레고 세트를 모았다. 너새니얼이 물었다. "언제 올리버 형을 다시 볼 수 있어요?" 우리는 올리버가 맥스와 같은 상태라고 말했다. 올리버는 죽었다. 그는 되돌아오지 않는다. 하지만 하나님이 올리버를 돌보신다. "하나님이 천국에서 올리버 형에게 장난감을 주셨을까요? 형은 장난감 갖고 노는 걸 좋아했거든요." 너새니얼은 천국에 장난감이 없으면 올리버가 심심할까 봐

염려했다. 아내는 올리버가 심심할 일은 없다고, 하나님과 함께 있으면 절대 심심하지 않다고 말해 주었다. 장난감에 대한 질문에 답이 되었는지는 잘 모르겠다.

좋든 싫든 우리 아이들은 구덩이의 그늘을 보기 시작했다. 우리는 하나님께 소망을 둘 수 있고 그래야 마땅하다. 그렇지만 죽은 자들은 말이 없고, 우리와 끊어졌고, 우리를 떠나갔다. 그들은 돌아오지 않을 것이다.

우리 가족은 죽어 감이 삶의 일부라는 사실을 여전히 배우는 중이다. 아내와 내가 맥스의 죽음을 기념하는 의식을 지나치게 극적인 행사로 만든 것인지도 모른다. 시신을 매장하기 전에 딸아이를 불러 죽은 어머니 볼에 입 맞추게 하는 것처럼 말이다. 하지만 그 의식 덕분에 죽어 감과 죽음이 조금이나마 덜 추상적인 것이 되어서 우리는 함께 두려움을 이야기하고 기도를 올릴 수 있었다.

"나는 죽는 것이 겁나지 않아!" 너새니얼은 맥스가 죽은 지 18개월 후에 이렇게 선언했다.

그 말에 네티는 깜짝 놀랄 통찰력을 발휘하여 이렇게 응수했다. "죽는 것을 겁낼 필요가 없어. 죽으면 여기 없을 테니까." 단언컨대 나는 그 아이에게 루트비히 비트겐슈타인을 억지로 읽히지 않았다. 하지만 아이의 말은 그 철학자의 다음 논평을 그대로 반영하고 있다. "죽음은 인생의 한 사건이 아니다. 우리는 살아서 죽음을 경험하지 못한다."[7]

나중에 너새니얼은 다시 진지하게 물었다. “죽으면 하나님이 지켜 주시나요?” 나는 잠시 멈춰 그 질문을 생각했다. 그리고 천천히 말했다. “그래, 우리가 죽으면 하나님이 지켜 주실 거다.”

죽은 사람이 우리를 떠나고, 우리와 끊어지고, 침묵에 잠길 때 우리는 눈물을 흘리고 슬퍼하고 분노하며 운다. 우는 쪽은 죽은 이들이 아니라 우리다. 마치 그들이 아니라 우리가 스올에 간 것처럼.

아무리 발버둥 쳐도 옴짝달싹 못 하는

산 채로 스올에 떨어진 사람들은 수수께끼와 마주한다. ‘내가 어쩌다 여기에 이르렀지? 나갈 수나 있을까?’

앞에서 봤다시피, 스올에 있으면 갇힌 느낌이 든다. 그러나 죽은 자들의 땅에서 통제력을 행사할 수 있을까? 기어올라 빠져나갈 수도 있겠지만, 유사(quicksand)에 빠진 것처럼 애를 쓰면 쓸수록 더 깊이 빠져들지도 모른다. 구덩이에 떨어지면 빠져나가려고 힘껏 애써야 하는 걸까? 아니면 그것은 우리 같은 생물이 보이는 병적인 본능일까?

지적이고 열정적인 피조물인 우리가 통제력에 집착하는 것은 우리가 누구인지를 규정하는 원초적 행동이다. 여러 면에서 이 행동은 자연스럽고 옳다. 출생 직후부터 본능대로 행동하는 다른 동물들과 달리 인간의 아기는 무력하고, 성장과 발달에 오랜 시간을 들인다. 그리고 그 성장에는 통제력의 성장도 있다. 나는 막 태어난 아들이 식탁을 치우거나 식기세척기에 그릇을 집어넣기를 기대하지 않겠지만, 일곱 살이 되었는데도 그런 일들을 하게끔 하지 않는다면 그건 자녀에게 사랑을 베푸는 것이 아니다. 혼자 옷을 입고, 신발 끈을 매고, 화가 났을 때 자기 감정을 통제하는 일은 자신감을 길러 준다.

신학적으로 볼 때, 실제로 우리는 특정한 통제력을 발휘하도록 만들어졌다. 창세기를 보면, 인간이 하나님의 형상을 따라 창조되었다는 선언이 나온 직후, 하나님은 그들에게 "바다의 물고기와 하늘의 새와 가축과 온 땅과 땅에 기는 모든 것을 다스리"는 일을 맡기셨다(창 1:26). 이 "다스림" 또는 "통치"가 자연계의 착취로 이어져서는 안 된다. 참된 왕의 대리자인 인간은 오리너구리와 아메바와 우리 은하를 만드신 창조주의 비범한 창조성과 돌보심이 잘 드러나도록 통치해야 한다.[8] 그리고 이 통치에는 분명히 수고가 든다. 개인과 집단이 정신과 근육을 적절하면서도 적극적으로 활용해야 하는 것이다.

궁극적으로, 인간의 수고에는 자신이 속한 환경에 모종의 통제력을 행사하는 일이 깃들어 있고, 그 통제력은 숙명론이 주는 두려움에 마비되지 않는 방식으로 행사된다. 1950년대 이래 일부 심리학자들은 이것을 일반 공리 같은 것으로 정리했다. 찰스 두히그는 《1등의 습관》(*Smarter Faster Better*)에서 이 생각을 이렇게 요약한다. "인간은 자신의 운명을 자신이 책임지고 있다고 느끼고 성패의 원인을 자기 노력에서 찾게" 하는 "내적 통제 소재"(internal locus of control)가 있어야 번영한다. 이런 "내적 통제 소재"는 보다 광범위한 목표의 성취와 연결되어 있다. "내적 통제 소재를 지닌 사람이 돈을 더 잘 벌고 친구가 더 많으며 결혼 생활을 더 오래 유지하면서 직업적으로 더 성공하고 만족한다." 그에 반해, "외적 통제 소재"를 지닌 사람들은 자신의 "삶이 자신의 통제력을 벗어난 사건들에 주로 영향을 받는다"고 인식한다.[9] 통제권이 자기 바깥에 있다고 인식할 경우, 사람은 더 열심히 일하고 목표를 추구할 힘을 얻지 못한다.

두히그가 말한 내적 통제 옹호론은 많은 상황에서 신중하고 심지어 지혜롭게 느껴진다. 그러나 성경이 스올을 묘사한 내용을 생각할 때, 우리는 다음과 같이 궁금해해도 될 것 같다. 구덩이에 갇힌 시편 기자에게 "외적 통제 소재" 말고 다른 게 과연 있을까? "어떤 것이 되었건 통제력을 행사하게 해 주는 선택지를 찾으라"는 두히그의 실제적 조언을 일반 원리로 받아들여야 할까?[10] 만약 그렇다면, 두히그가 다루는 지형에 스올의 깊은 구덩이는 없는 것 같다.

하지만 어쩌면 두히그의 설명은 인간이 행동하도록 만들어졌다는 단순한 의미인지도 모른다. 우리는 구덩이에 빠지고 일이 엉망이 된 상황에서도 여전히 행동하려고 준비하는 피조물이다. 차분하게 길을 가던 우리 선조들이 자기 쪽으로 달려드는 곰을 보는 순간, 그들의 대뇌변연계는 즉각적이고 강렬한 신체 반응을 활성화했을 것이다. 심장박동이 빨라지고, 소화력이 떨어지며, 피가 근육으로 쏠려 신체 움직임을 자극해 위급한 상황에 대응하게 한다. 다행히도, 우리는 위험을 하나의 개념으로 인지하는 데 그치지 않고 구체적이고 급박한 위협으로 인식해서 심신이 반사적으로 행동에 나선다. 변연계의 도움으로 어머니가 달려오는 차량에서 아이를 구하려고 도로로 돌진하기도 한다. 변연계 덕분에 아이가 불이 난 집에서 즉시 뛰쳐나온다.

다윗왕이 아들 압살롬이 이끄는 군대를 피해 달아났을 때도 변연계가 작동했을 것 같다. 다가올 위험에 대한 경고를 받은 후, 다윗은 신하들에게 말했다. "일어나 도망하자 그렇지 아니하면 우리 중 한 사람도 압살롬에게서 피하지 못하리라 빨리 가자 두렵건대 그가 우리를 급히 따라와 우리를 해하고 칼날로 성읍을 칠까 하노라"(삼하 15:14). 일어나라! 달아나라! 피하라! 다윗은 행동에 돌입하며 통제력을 발휘하고자 했다.

"다윗이 그의 아들 압살롬을 피할 때에 지은 시"라는 부제가 붙은 시편 3편에도 이와 같은 변연계의 투쟁-도피 반응이 드러나 있다.

> 여호와여 일어나소서 나의 하나님이여 나를 구원하소서 주께서 나의 모든 원수의 뺨을 치시며 악인의 이를 꺾으셨나이다.
>
> 시편 3편 7절

안전한 환경에서 차분하게 호흡하는 이들에게 이 시는 지나치게 냉혹하고 극단적으로 다가온다. 시편 기자가 어떻게 하나님께 "원수의 뺨을 치"고 "악인의 이를 꺾"어 달라고 기도할 수 있단 말인가. 그러나 자신을 죽이려는 칼을 피해 살아남으려고 애쓰는 사람이 드리는 시편 3편의 기도는, 두려움에 빠진 몸이 드리는 기도가 분명하다.

우리는 분명 구해 달라고 부르짖을 수 있고 또 그래야 한다. 위험한 상황에 처한 도로 위 아이를 향해 달려가고, 학대자를 피해 달아나고, 불이 난 집에서 도망쳐 나올 수 있고 또 그래야 한다. 우리는 행동하도록, 모종의 통제력을 발휘하려 하고 확보하도록 지어졌다.

그러나 스올에서는 상황이 다르다. 스올의 구덩이에서 우리는 꼼짝도 못 한다. 우리는 "멸망의 구덩이"와 "진흙탕"(어느 번역에서는 "진흙 수렁")에 갇혀 있다(시 40:2, 새번역). 뛰어오르고 달리며 몸을 움직이려 하지만, 우리는 여전히 구덩이 속에 있고 진창 때문에 발이 흙바닥에서 꼼짝도 하지 않는다. 그 속에서 우리는 두려움을 느낀다. 맹렬한 분노와 극심한 슬픔에 빠진다.

시편 137편에는 두려움, 분노, 슬픔이 모두 작용하는 것 같다.

> 우리가 바벨론의 여러 강변 거기에 앉아서 시온을 기억하며
> 울었도다.
> 시편 137편 1절

침략을 받아 정복당하고 유배지로 끌려간 민족에게 내적 통제 소재라는 개념은 잔인한 망상처럼 보인다. 오늘날 압제받고 무력하게 느끼는 이들에게는 내적 통제에 대한 언급이 허튼소리처럼 들릴 수 있다. 이 시에서 기자는 포로와 죄수가 된 그의 민족을 대변하고 있다.

> 이는 우리를 사로잡은 자가 거기서 우리에게 노래를 청하며 우리를 황폐하게 한 자가 기쁨을 청하고 자기들을 위하여 시온의 노래 중 하나를 노래하라 함이로다.
>
> 시편 137편 3절

바벨론 사람들은 그들이 잡아 온 이스라엘 백성과 그들의 하나님을 조롱한다. 그 하나님은 약속받은 민족에게 약속하신 도성인 시온, 예루살렘 성전에 거하시겠다고 약속하신 분이다. 심장박동이 빨라지고 호흡이 가빠진다고 해서 이 구덩이에서 빠져나갈 길은 없다. 시편 기자는 이 성난 슬픔의 에너지를 하나님 앞에 가져간다.

> 여호와여 예루살렘이 멸망하던 날을 기억하시고 에돔 자손을 치소서 그들의 말이 헐어 버리라 헐어 버리라 그 기초까지 헐어 버리라 하였나이다 멸망할 딸 바벨론아 네가 우리에게 행한 대로 네게 갚는 자가 복이 있으리로다 네 어린 것들을 바위에 메어치는 자는 복이

있으리로다.

시편 137편 7-9절

시편 3편처럼 시편 137편도 두려움에 빠진 몸이 드리는 기도다. 또한 살던 곳에서 쫓겨나고 물려받은 땅에서 끊어지고 다른 사람들 앞에서 수치를 당하고 하나님께 버림받았다고 느끼는 사람들의 기도이기도 하다. 하나님은 성전에 거하시겠다고, 예루살렘에서 그분의 백성과 함께하겠다고 약속하셨다. 그러나 예루살렘은 폐허가 되었고, 이스라엘 백성은 유배되어 눈물을 삼켰다. 성전에서 멀리 떨어진 이 백성이 드리는 기도는 곧 스올에서 올리는 기도다. 두려움이 슬픔과 분노와 뒤섞여 만들어지는 말들이 괴이하고 불편하게 다가올 수 있으나, 나는 스올에서 바치는 기도들이 시편에 있다는 것에 감사한다. 이 시들은 분노로 긴장한 몸의 기도요, 뜻대로 되지 않는 두려움과 슬픔에 갇혀 통제력을 잃고 진흙 수렁에서 뒹굴며 미끄러지는 정신의 기도다.

"슬픔은 두려움과 같은 느낌이라고 아무도 내게 말해 주지 않았다." C. S. 루이스가 아내 조이 데이빗먼이 죽은 뒤에 쓴 구절이다. 그는 두렵지 않다고 스스로에게 말했지만 몸은 다르게 움직이고 반응했다. "무섭지는 않으나, 그 감정은 무서울 때와 흡사하다. 똑같이 속이 울렁거리고 안절부절못하며 입이 벌어진다. 나는 연신 침을 삼킨다."[11]

작가 조앤 디디온도 남편이 갑자기 죽은 후에 당시에는 의식적으로 깨닫지 못했지만 동일한 반응을 겪었다. "목이 멤. 숨 막힘. 멈추지 않는 한숨."[12] "그날 밤, 음식을 생각하기만 해도 토할 것 같았다."[13] 디디온은 마치 곰을 피해 달아날 때처럼 소화력이 급격하게 떨어졌고, 심장이 고동치며 숨이 가빠졌다. 마치 그녀의 몸만 다스리는 정신이 따로 있는 듯했다. 비통함은 결국 남편에 대한 생각과 그리움, 아침에 깨어났을 때 그가 있어서 식사도 같이 하고 결정도 같이 내릴 수 있기를 바라는 마음 이상의 상태가 되었다. 슬픔과 두려움과 분노가 그녀 안에서 한데 뒤엉켰고 그 결과가 고스란히 몸의 반응으로 나타났다.

디디온은 남편이 죽은 뒤 슬픔에 대한 의료 문건을 숙독했고 현시대의 많은 조언이 슬픔을 대단히 불편하게 여기는 문화의 산물이라는 사실을 알게 되었다. 그녀는 제프리 고러가 1965년에 쓴 책 *Death, Grief and Mourning*(죽음, 슬픔, 애도)에서 죽음과 슬퍼함이 비정상이 된 과정에 대한 연대기를 발견했다. 고러가 말하길, 과거에는 죽음이 "어디에나 있었지만", 1930년대부터 대부분의 서구 국가들이 "애도를 방종으로 취급하고, 사별을 겪고도 무슨 일이 있었는지조차 아무도 모를 만큼 슬픔을 완전히 감추는 사람들이 사회에서 칭찬받기" 시작했다.[14] 이런 현상은 백신 개발 및 현대 의학의 힘이 커지는 현상과 함께 나타났다. 그리고 그로 인해 새로운 윤리가 만들어졌다. 바로 "즐겁게 지내야 한다는 윤리적 의무"와 "다른 사람

들의 즐거움을 조금이라도 빼앗을 법한 일은 어떤 것도 하지 말라는 명령"이었다.[15]

디디온은 스올에, 구덩이에 있었지만, 친구들이 보낸 수많은 미세한 신호들은 그녀에게 슬픔을 삼키고 해가 환하게 비치는 것처럼 행동하라는 메시지였다. 디디온의 몸은 두려움과 슬픔으로 위축되었지만, 주위 사람들은 그녀가 스스로를 위해 또 자기들을 위해 슬픔을 극복하기를 원했다. 하지만 디디온이 아무리 생각을 바꾸고 슬픔에서 빠져나오려 애써도, 그녀의 몸은 여전히 고통과 슬픔에 잠겼다. 그녀는 1922년에 나온 예의범절을 다룬 에밀리 포스트 책의 장례식 부분에서 묘한 위로를 받았다. "진정으로 고통의 충격 아래 있는 사람들은 마음이 상할 뿐 아니라, 신체적으로도 온통 불균형 상태다. …… 혈액순환에 문제가 생겨 몸이 차가워지고, 괴로운 나머지 기력이 쇠해지고 잠도 이루지 못한다. 평소에 좋아했던 사람들과도 거리를 두는 경우가 많다."[16]

포스트는 깊은 슬픔에 빠진 사람들의 몸 상태를 묘사한다. 식욕이 없는 몸, 사랑하는 사람을 외면하는 몸, 일상의 즐거움에서 위안을 얻지 못하는 몸이다. 포스트는 스올, 구덩이에 있는 상태를 말하는 것이다. 이것은 "여호와여 일어나소서"에 담긴 투쟁-도피 반응이 아니라(시 3:7), 주저앉아 울었던 이들의 저릿한 슬픔이다(시 137:1). 시편 88편은 이 경험을 다음과 같이 묘사한다.

나는 무덤에 내려가는 자같이 인정되고 힘없는 용사와 같으며 죽은 자 중에 던져진 바 되었으며 죽임을 당하여 무덤에 누운 자 같으니이다 주께서 그들을 다시 기억하지 아니하시니 그들은 주의 손에서 끊어진 자니이다.

시편 88편 4-5절

우리는 통제력을 원한다. 그러나 행동하려고 아무리 발버둥쳐도 스올에서는 옴짝달싹할 수가 없다. 선택의 여지가 있다면, 스올의 구덩이에 갇히느니 차라리 곰에게 쫓기는 쪽이 낫지 싶다. 장담할 수는 없다. 적어도 곰을 피해 달아날 때는 몸이 즉각적으로 반응해 바로 일어나 달아나고 목숨을 보존하는 데 집중한다. 반면, 몸이 구덩이 속에서 슬퍼할 때는 선택의 열기가 차가운 암흑 속으로 쭉 떨어지는 것 같다. 그러나 걸음아 날 살려라 하며 앞으로 내달리든 목이 메 먹을 수도 마실 수도 없는 상태로 슬픔 가운데 얼어붙든, 스올에서의 결과는 동일하다. 우리는 거기서 빠져나올 수 없고, 통제력을 행사하려 애쓸수록 유사(流沙)에 빠진 것처럼 더 깊이 잠긴다.

산 채로 사람을 삼키다

이상하게도, 구약성경에 나오는 스올은 구덩이 속 사람들의 발을 단단히 옭아맬 뿐 아니라 삼켜 버리기도 한다. 이사야 선지자는 이스라엘이 굶주리고 목마른 상태로 유배되었다고 말하면서 "스올이 욕심을 크게 내어 한량없이 그 입을 벌"렸다고 언급한다(사 5:14). 유배자들이 스올로 "빠져들어 가"는 상황인데도, 스올은 그들을 적극적으로 구덩이 속으로 끌어들인다. 스올은 "만족함이 없"으며(잠 27:20), "산 채로" 사람을 삼킨다(잠 1:12).

이처럼, 구덩이 속에서의 삶은 급성질환보다는 만성질환을 앓는 것과 비슷하다. 친구들은 급성질환에 걸린 친구를 위해 빵이나 꽃을 들고 병문안을 온다. 1년 후에는 병에 관한 모든 것이 잊힌다. 어쩌면 아팠던 사람마저 다 잊어버릴지 모른다. 그러나 만성질환은 병문안이 끝나고, 꽃이 모두 시들고, 빵이 곰팡이로 푸르스름하게 변한 뒤에도 몇 달이고 몇 년이고 계속된다.

나는 암 진단을 받기 몇 년 전 폐렴으로 입원했다. 통증이 극심했고, 폐에 물이 차서 가쁜 숨을 헐떡이는데 생생한 두려움이 밀려왔다. 그러나 몇 주 후 내 심신은 거의 회복되었다. 짧은 시간 동안 여러 계획이 틀어졌지만, 결국 내 일상생활과 미래를 향한 희망은 전반적으로 앞을 향해 나아갔다.

그에 반해, 구덩이에 있는 사람들의 세상은 산산조각이 나고 그 조각들은 다시 이어 붙일 수가 없다. 미래를 향한 소중한 희망은 공격을 받았고 이내 빼앗긴다. 공격자 스올은 곧 산 자들을 삼킨다.

불치성 암 환자들은 이 경험을 너무나 잘 안다. 암이 공격하면 몸의 투쟁-도피 반응이 작동한다. 호흡이 얕아지고 몸은 바짝 긴장한다. 우리는 다가오는 곰을 피해 달아날 준비가 된다. 그런데 이 상황에서는 곰 대신에 눈앞에서 죽음이 등장한다. 우리의 정신은 죽음이 삼킨 다른 이들에 대한 부분적 지식에 근거하여, 죽음의 식욕이 만족을 모른다는 것을 감지한다. 그러나 어디로 달아난단 말인가? 두려워하며 스올, 구덩이를 피해 달아나려고 애써 봐야 우리 발은 진흙 수렁에 더욱 단단히 박힐 따름이다. 무덤 같은 구덩이의 벽은 한없이 높고 가파르다.

구덩이에 빠진 사람에게 밧줄을 던지는 행위는 비록 어설픈 밧줄이라 해도 자비롭게 느껴진다. 구덩이 바깥에 있는 사람 입장에서는 아무것도 안 하는 것보다는 차라리 나아 보인다. 그러나 이는 지극히 외부자의 관점이다. 크리스티안 와이먼은 말기 암 진단을 받고서 들었던 생각을 이렇게 적어 놓았다. "어쨌든 인생은 짧다고 하지만, 실제로 우리는 죽음이 들이닥치기 전까지는 자신의 죽음을 상상할 수 없어서, 다른 사람들만 죽는 땅에서 살아간다."[17] 스올 속 암 환자는 절박하다. 호흡을 하고 안전을 확보하려고 숨을 헐떡인다. 끊어질 밧줄이라 해도 우리에게 통제권이 있다는 느낌을 단 몇 분만이라도 가지려고 그 밧줄을 붙잡을 수 있다.

내 암은 치료법이 전혀 없고 말기다. 내가 앓는 형태의 암은 아무도 원인을 모른다. 어쩌면 그래서 사람들이 내게 그토록 많은 '항암 수프'와 특별 식단, 또 기존 의료 체제에 강하게 반대하는 수십 가지 '대체' 치료법을 열렬히 추천하는 건지도 모르겠다. 어떤 면에서 나는 의학적 증거가 전혀 없는 암 치료제를 판매하는 수백만 달러 규모의 산업이 왜 존재하는지 잘 모르겠다. 그러나 나 같은 환자들이 그런 치료제를 받아들이는 이유만은 분명하다. 절박해서다. 희망의 빛을 완전히 포기하고 우리가 이 구덩이에서 옴짝달싹 못 한다는 사실을 인정하는 것보다는 치료법을 자처하는 엉터리 주장에 소망을 두는 것이 차라리 낫다고 여기기 때문이다.

젊은 암 환자 에이미가 생각난다. 그녀는 나를 한쪽으로 데려가 최근 '대체 의학' 요법에 대해 들려주었는데, 그중에는 아주 엄격한 항암 식단도 있었다. 직장을 다니는 젊은 엄마 에이미는 재정적으로 이미 어려운 상황이었다. 그녀 수중에 있는 돈은 둑이 터진 강물처럼 보험사로 흘러들었다. 그녀는 치료의 여러 부작용을 견디면서 직장에서 힘껏 버텨 왔다. 그런 그녀의 눈이 흥분하며 생기가 돌았고 목소리는 나긋나긋해졌다. 바로 그 특별 식단을 추천하는 글을 온라인에서 읽었기 때문이다. 그렇다. 어쩌면 그것으로 상황이 바뀔 수도 있을 것이다. "내가 이 암에 대해 뭔가 할 수 있는 게 있는 거라고요!" 그녀가 말했다. 그녀는 마냥 앉아서 죽음을 기다릴 생각이 없었다.

1년 후 에이미와 다시 만났을 때 그녀의 어깨는 굽어 있고 지쳐 보였지만, 파란 눈은 여전히 반짝였다. "암 수치가 다시 올랐어요. 그래서 다시 화학요법을 받아요. 특별 식단을 석 달 만에 중단해서 암이 재발한 것 같아요. 다시 보통 식단을 먹기 시작했더니 몇 달 만에 암이 돌아왔어요." 에이미는 식단을 중단한 것에 죄책감을 느끼면서도 다시 시작할 수 있다는 사실에 안도하는 듯했다. "다음번, 다음번에는요. 그 식단을 유지할 거예요! 정말이에요! "

나는 에이미를 지지한다고 밝힌 뒤 병의 재발에 대한 그녀의 자책에서 자연스럽게 화제를 돌렸다. 지구상 그 어떤 암 전문가도 그녀가 그 식단을 유지하지 못해서 암이 재발한 거라고 말하지 않을 것이다. 그러나 내가 식단에 대한 기대를 꺾어 버리면 그녀에게 어떤 희망이 남을까? 암 치료와 재발이 그녀의 통제를 완전히 벗어났다는 현실을 직시할 때 그녀가 버틸 힘이 있을까?

어쩌면 이것이 구덩이에서 사는 가장 힘든 점일 것이다. 우리는 어둠 속에서 말문이 막혔다. 어둠이 우리를 삼켰다. 피해야 할 곳도 없고, 맞서 싸워야 할 공격자도 없다. 이런 처지에 있는 사람에게 사탕발림식 조언이나 예측을 내놓는 것은 부질없다.

"아뇨, 그렇게 나쁜 결과로 끝나지는 않을 겁니다."

('올해 이 암으로 죽은 제 세 친구에게도 그렇게 말했나요?' 환자는 이렇게 생각한다.)

"새로운 뉴스를 방금 봤는데, 캐나다에 있는 한 환자를 대상으로 치료법을 발견한 것 같아요."

('내가 아는 암 전문의들은 왜 그렇게 생각하지 않을까요?')

"마음만 먹으면 해낼 수 있다는 것을 알아요."

('정확히 뭘 해낸다는 겁니까?')

하지만 우리는 통제력을 얻으려고 노력한다. 우리 몸에서는 치료가 주는 피로와 고통을 통해서라도 상황을 '고치고', 우리를 구덩이에서 구해 내려는 신경 에너지가 치솟아 오른다. 내가 걸린 암은 면역 체계가 약해지면서 그 모습을 드러내기 시작했다. 나는 폐렴으로 입원했고, 그다음에는 기관지염으로 맥을 못 췄다. 감기가 기관지염으로 이어진다 싶더니 다시 폐렴에 걸렸다. 암 진단을 받기 전 여름에 의사가 내게 말했다. "손을 자주 씻으세요. 그것이 환자분이 할 수 있는 전부입니다." 잠시 후 내가 물었다. "너무 과하게 씻지 않으려면 어떻게 해야 하나요?" "음, 화장실 다녀와서, 악수 같은 신체 접촉 이후, 식사 전에, 뭐 그런 상황에서만 씻으세요."

그전에는 별다른 생각 없이 습관적으로 청결을 유지했다. '이제 손을 씻을 거야'라고 의식하거나 '손을 씻었던가?' 하고 자문하지 않았다. 대부분의 사람처럼, 나도 무의식적인 계기가 작동하여 손을 씻어야 할 것 같은 느낌이 들 때 씻었다. 그러나 이제는 내면의 '청결 감독관'과 내면의 '청결 시험관', 그리고 얼마 뒤에는 내면의 '청결 걱정꾼'을 온전히 만족시켜야 한다는 생각이 들었다. '손을 씻었던가? 충분히 오래 씻었던가? 광고를 보면 손을 정말 오래 씻으라고 하는데, 그만큼 오래 씻었던가? 방금 악수하고 나서 수염과 입을 만졌나? 기억이 안 나네. 이제 얼굴을 씻어야 하나? 손을 다시 씻어야 할 것 같아.' 이런 내면의 규제자들이 내 변연계를 작동하게 하고 나는 원수와 싸울 힘을 얻는다.

암 진단이 나온 후 의사들은 화학요법으로 내 면역 체계가 더 약해질 거라고 경고했다. 간호사들은 말했다. "손 소독제를 항상 가지고 다니세요. 악수를 꼭 해야 한다면 바로 소독제를 쓰세요." 이제 내면의 청결 감독관, 시험관, 걱정꾼 모두가 경계 태세에 돌입했다. 에이미가 암이 완전히 그녀의 통제 아래 있는 원수처럼 보이게 만든 항암 식단에 집착했던 것처럼, 나는 내 손과 손의 청결함, 그리고 손을 씻고 닦는 일을 제대로 기억하는지에 집착했다. 암이 내 위생 습관, 키, 몸무게, 인종, 경제 수준을 완전히 무시하고 스올처럼 나를 완전히 삼켰는데도 내 몸은 여전히 싸울 여지가 남은 것처럼 행동했다. 싸우고, 싸우고, 또 싸웠다. 무력해지는 것, 속수무책이라고 느끼는 것, 그것이야말로 정말 감당하기 어렵기 때문이다.

조앤 디디온의 남편이 죽은 그날 아침에 그녀에게 애도는 "방종"이라고 말했던 문화 세력들은 암 환자들에게 자신이 구덩이 속에 있음을 부인하라고 말한다. 우리 지역 암 센터는 환자 유치 경쟁 차원에서 영감을 주는 게시물을 올리며 바로 이런 생각을 홍보한다. 각 게시물은 턱을 치켜들고 어딘가를 뚫어질 듯 쳐다보는 자신만만한 성인의 모습을 보여 준다. 그들은 NBA 선수가 불운한 상대 선수에게 기죽이는 말을 늘어놓듯이 '암'에게 말한다. "암 양반, 날 건드리는 게 아니었다고 후회하게 해 주겠어!" 그런 게시물은 자신을 죽게 만들 질병 앞에서 무력함과 무기력함을 느끼면 대의를 포기한 것이라는 식으로 말한다. '애도와 무력함에 빠져들지 말라. 암에 맞서 싸움을 시작하라. 전쟁에 합류하라. 원수 질병과 맞붙는 거대한 전투에 참전하라. 그 전투에서 순교자가 되라!'

그러나 만약 에이미나 나나 조앤 디디온, 우리 중 누구라도 싸움을 멈춘다면 어떻게 될까? 우리가 구덩이에 있다는 사실에 눈뜨고 우리의 원수는 여기 아래 우리와 함께 있지 않다는 사실을 인정한다면 어떤 일이 벌어질까? 흑암 가운데 계속 있으면서도 변연계를 쉬게 하고 불끈 쥔 주먹을 편다면 어떻게 될까? 구덩이 속에서 눈을 뜨고 심호흡을 하면 어떻게 될까? 우리에게 선택의 여지가 없어질 때, 이것이 우리에게 남은 전부가 될 수도 있다.

고칠 수 없는 현실

어떤 사람들은 심호흡을 하려고 숲속이나 해변을 찾는다. 그런 곳에서는 몸의 투쟁-도피 반응과는 정반대 경험을 한다. 느려진 호흡, 이완된 근육, 심신이 차분해지도록 돕는 부교감신경계 작용 같은 것들 말이다. 나는 숲은 좋아하는데 해변은 별로다. 혼잡한 해변은 더더욱 별로다. 내겐 좋은 묘지가 동요된 정신과 긴장된 몸에 기적 같은 효과를 발휘하는 것 같다.

물론, '좋은 묘지'라는 말이 헛소리처럼 들릴 것이다. 그러나 땅위로 나무와 비석이 높이 솟아 어머니, 아들, 아버지, 딸들을 소박하게 기념하는 묘지는 내가 제일 좋아하는 장소다. 그곳에 있으면 의사의 예후와 일상적 통증과 피로를 모종의 균형 감각을 유지하고 바라보게 된다.

지역 묘지를 찾은 최근 어느 날 오전, 나는 가지들이 길게 늘어져 땅에 그늘을 드리운 소나무 밑에서 축축한 공기를 들이쉬고 있었다. 멀리 떨어진 고속도로에서 소음이 들렸지만, 계속 울어 대는 홍관조와 깍깍대는 까마귀 소리가 더 크게 울렸다. 나는 풀밭을 거닐며 묘비명을 읽었고 땅이 한없이 부드럽게 느껴졌다.

19세기에 태어난 무덤 속 망자들은 제이콥, 어마, 플로렌스, 허먼, 리타, 아이다, 메이미 같은 이름이었다. 나는 직소 퍼즐을 맞추는 것처럼 가족들을 한데 모아 보려 했다. 가끔은 성이 단서다. 출생일과 사망일 옆에는 대부분 단어가 하나뿐이다. "어머니", "아버지", "남편" 등. 가족 안에서 그 역할이 적혀 있지 않은 이도 있지만, 그들도 분명 누군가의 아들이나 딸이었을 것이다.

날짜 자체가 수수께끼 같은 경우도 흔하다. '마거릿'의 비석에는 1948년 6월 8일이라는 날짜 하나뿐이다. 왜 그럴까? 아마도 출생일이자 사망일을 나타낸 것이리라. 그녀는 단 하루를 산 것이다. '제럴드'도 날짜가 하나인데, 1948년이라는 연도만 있다. 그해에 태어나고 죽었음이 분명하다. '플로렌스'도 있다. 나는 머릿속으로 셈을 했다. 플로렌스는 24년을 살았다.

너무나 많은 사연이 있다. 아홉 달 된 아이의 죽음은 당시에 어머니, 아버지, 온 가족의 세상을 삼켜 버렸을 것이다. 그러나 이제 그 재난도 아득해 보인다. 아이 묘비 옆에는 2주, 2년, 8년을 살았던 아이들을 위한 작은 묘비들이 빼곡하게 세워져 있다. 나는 다른 묘비들을 응시했고 다른 사연들을 엿볼 수 있었다. 어머니가 아들을 묻고, 남편이 아내를 묻은 사연이었다.

세상이 흔들리고 산 자들이 스올로 삼켜졌다. 하지만 누군가의 세상을 흔들어 놓은 비극들이 그로부터 고작 70년 후를 사는 사람에게는 사소해 보일 수 있다. 국가 지도자들은 계속해서 다스리고 싸우고 추문을 일으킨다. 바다와 숲은 여전히 식물과 크고 작은 동물들의 거처가 된다. 세상을 깜짝 놀라게 했던 일들이 이제는 더없이 하찮게 보인다. 그리고 스올에 있는 사람들은 이전에 수많은 다른 이도 그곳에 있었음을 깨닫게 해 준다.

묘지에 서 있을 때 내 흥미를 끈 것은 신비롭고 비극적인 사연만이 아니다. 오랜 결혼 생활, 장수한 삶, 커다란 묘비를 남긴 부자들. 그들은 세상에 큰 영향을 주었을 것이다. 그러나 지금의 나는 그들이 누구인지 모르고, 산 사람 중에서 그들을 아는 이는 거의 없다. 놀랍게도, 인간의 여러 노력이 '헛되다'라는 전도서의 유명한 선언은 게으름을 부리거나 시간을 낭비하는 활동들만 가리키는 게 아니다. 죽음과 맞닥뜨린 이들은 인생의 짧음을 깨닫고 모종의 대의를 위해 매일을 선용하려고 노력한다. 그러나 전도서의 논지는 정반대다. "그 후에 내가 생각해 본즉 내 손으로 한 모든 일과 내가 수고한 모든 것이 다 헛되어 바람을 잡는 것이며 해 아래에서 무익한 것이로다"(전 2:11).

심리학자 조너선 하이트가 말한 것과 같다. "전도서 기자는 무의미함에 대한 두려움이 아니라, 성공이 주는 실망과 싸우고 있는 것이다."[18] 우리가 이룬 가장 큰 성취들도 알고 보면 아주 소소한 것이다. 우리는 그런 성취들을 자축하며 바라보지만, 사실 그것들은 바람에 불려 떠도는 먼지처럼 헛되다. 우리의 거대한 분투는 알고 보면 지극히 작은 행위다. 우리 중에 가장 힘 있는 자들도 100년 안에 아주 간략한 내용 빼고는 다 잊힐 것이다. 내가 고조부모에 대해 얼마나 알고 있을까?

구덩이의 현실에 눈뜨는 게 큰 도움이 될 수 있다. 그렇다, 내적 통제 소재는 가치 있다. 그렇다, 의료는 가치 있다. 그러나 죽은 자들 사이에서 우리는 스스로를 구원할 수 없음을, 그 짐은 우리가 질 수 있는 것이 아님을 깨닫게 된다. 힘이 있든 갇힌 신세든, 의료적 도움을 받든 못 받든, 수명이 연장되든 안 되든, 구덩이 속에서 우리는 죽음이라는 현실을 마주한다. 그 앞에서 우리는 철저히 무력하다. 구덩이 속에서 이 사실을 깨달아도 반드시 그것을 마음과 정신으로 이해하고 받아들일 수 있는 것은 아니다.

하버드(Havard)의 외과 의사 아툴 가완디는 이렇게 말했다. "태어나는 순간부터 우리 모두 늙어 간다는 인생의 비극을 피해 갈 도리는 없다. 사람이 이 사실을 머리로 이해하고 받아들일 수는 있다. 나만 해도 돌아가신 선조나 돌아가실 부모님 때문에 꿈자리가 사납지는 않다. 그러나 이를 두고 바꿀 수 없는 현실을 이겨 내는 법을 깨쳤다고 말할 수는 없다."[19]

우리가 태어난 날부터 죽어 간다는 상황은 바꿀 수 없는 엄연한 현실이다. 우리는 구덩이 속에서야 그 현실을 제대로 볼 수 있다.

사로잡힌 사람만이 구출을 바란다. 상처 입은 사람만이 상처가 낫기를 바란다. 흙먼지를 먹고 눈물을 마셔 본 사람만이 빵과 물을 간절히 바란다. 스올의 구덩이를 아는 사람만이 성전을 애타게 그리워한다. 시편 기자는 "내 영혼이 여호와의 궁정을 사모하여 쇠약함이여"라고 부르짖는다(시 84:2). 어두운 곳에서 눈을 뜨는 사람들만이 상황을 제대로 보고 부활의 빛을 갈망할 수 있다.

- 당신 삶에는 어떤 스올이 있는가? 일상에서 당신은 어떤 방식으로 자신을 스올에서 구해 낼 수 있는 것처럼 행동하는가?

- 시편 기자는 "스올에 내 자리를 펼지라도 [주님은] 거기 계시니이다"라고 선언한다(시 139:8). 그리스도는 십자가 위에서 인간의 어둠을 경험하시고 시편 기자와 더불어 이렇게 부르짖으셨다. "나의 하나님, 나의 하나님, 어찌하여 나를 버리셨나이까"(마 27:46). 이런 성경의 증언들은 하나님이 구덩이 속의 우리와 함께하신다는 개념의 이해를 어떻게 넓혀 주는가? 당신은 구덩이 속에서 하나님의 임재나 부재를 어떤 식으로 경험했는가?

- 우리 가족은 아이들이 집에서 기르던 반려동물에게 작별 인사를 하면서 죽음의 현실을 경험했다. 이런 실천들이 삶의 다른 영역에 있는 '구덩이의 그늘을 직시'하게 해 우리와 자녀들이 죽음을 준비하도록 도울 수 있을까?

- 주변에 스올의 시기를 지나고 있는 사람이 있는가? 지금 당장 그에게 다가가 탄식과 소망 가운데 함께 걷는다는 건 어떤 의미인가?

2

죽음, 친구인가 원수인가

가끔은 멀쩡하던 사람이 심장마비, 자살, 자동차 사고, 익사 등으로 갑자기 사망하는 일이 일어난다. 그들을 사랑하는 이들은 좌초된 것 같은 느낌과 함께 숨이 막히고, 무방비 상태로 남겨진다. 그에 반해, 많은 형태의 암은 느릿느릿 작용한다. 환자는 오랜 시간에 걸쳐 죽어 간다. 그 과정이 몇 주에 불과하다 해도, 환자와 가족들은 병이 진행되는 모든 단계를 지켜보고 예상한다. 내 암은 뼈가 비게 만든다. 그래서 어느 의사가 살짝 웃으며 말한 것처럼 뼈가 "스위스 치즈처럼 된다." 필수 장기들이 서서히 약해지고 하나씩 제 기능을 잃어 간다. 이런 악화 과정에서 심장이나 호흡이 멈추지 않고 견딘다 해도, 화학요법과 지속적인 치료의 부작용으로 얼마 못 가서 죽게 될 것이다.

나는 내일 차에 치일 수도 있지만, 나 같은 말기 암 환자들은 《맥베스》(*Macbeth*)에서 주인공의 운명을 예언하는 마녀들처럼 다가올 몰락을 예견할 수 있다고 가정하곤 한다. 다만 그 마지막이 언제 닥칠지 모를 뿐이다. 그러나 암이 악화되어 나를 죽음의 길로 끌고 가면, 의사들은 내가 입은 부상과 훼손, 공격에 맞서 그들이 할 수 있는 일을 할 것이다.

암에 대해 이런 식으로 말하는 것은 기독교 공동체에서 자란 내가 어릴 때 갖게 된 죽음에 관한 견해에 더욱 강한 확신이 들게 한다. 내게 죽음은 침해요, 공포였다. 죽음은 나이가 아주 많이 든 사람에게만 일어나야 하는 일이었다. 하지만 그들에게도 죽음은 능욕이요, 원수다. 그리스도인으로서 생각할 때, 죽음을 "맨 나중에 멸망받을 원수"라고 부른 사도 바울은 내 편이었다(고전 15:26). 물론 죽음이 멸망받는 일은 아직 일어나지 않았지만 말이다. 성경을 배워 가면서 나는 죽음은 근본적으로 부자연스러운 일이라는 내 생각을 뒷받침할 더 많은 증거를 발견했다. 창세기에서 하나님이 거하시는 곳으로 설정된 에덴동산에는 인간의 죽음이라는 독침이 없는 듯 보인다. 생명나무가 있고 그룹 천사가 지키는 에덴동산은 참으로 동산-성전(나중에 이스라엘 성전에 있는 나무 모양의 등잔대와 그룹 상징들이 이를 반영한다)을 나타내는 한 가지 모형이다. 그뿐만 아니라 구약성경의 성결 규례를 보면, 시체를 만진 사람들은 의식상 불결하게 여겨졌고 정화를 거치기 전까지는 성전에 들어갈 수 없었다(레 17-26장).

신약성경에서 사도 바울은 "한 사람으로 말미암아 죄가 세상에 들어오고 죄로 말미암아 사망이 들어왔나니 이와 같이 모든 사람이 죄를 지었으므로 사망이 모든 사람에게 이르렀"다고 주장한다(롬 5:12). 죽음은 죄의 결과로 생겨났기에 좋은 것이 아님이 분명했다. 암 진단을 받은 후에 읽은 대부분의 기독교 서적들은 죽음은 원수로, 형벌로, 하나님의 의도에서 벗어난 일로 그렸다. 내가 볼 때 그런 입장은 설득력이 있었다. 나만 해도 죽고 싶지 않았기 때문이다.

하지만 나는 죽음에 관한 기독교의 다른 이야기도 조금씩 듣게 되었다. 성경과 신학 서적을 읽을 때뿐 아니라 장례식장에서도 나오는 이야기였다. 오랜 세월을 살면서 죽음을 받아들일 준비가 되었다고 느끼는 이들에게서도 같은 이야기를 들었다. 그들은 "늙어 나이가 차서" 죽은 욥처럼 완성된 느낌을 받는다(욥 42:17). 그들 중에는 죽어 감을 일종의 도전 과제나 경주의 마지막 구간으로 보는 이들이 있고, 힘겨운 짐을 벗는 반가운 일로 받아들이는 이들도 있다. 두 그룹 모두, '지나치게 오래 산다'는 개념이 충분히 가능하다고 본다. 몸이 무너져 내리는 상황인데도 어떻게든 계속 숨을 쉬겠다고 우기는 일이 있을 수 있는 것이다. 그들은 현재 우리 몸이 영원히 지속되는 것은 저주가 될 것임을 내게 조금씩 가르쳐 주었다. 창세기에서 아담과 하와는 원초적인 불순종을 저지르고 에덴동산에서 쫓겨나는데, 여기에는 특별한 결과가 뒤따른다. "이제 그가 그의 손을 내밀어서, 생명나무의 열매까지 따서 먹고 끝없이 살게 하여서는 안 된다"(창 3:22, 새번역).

어느 날 저녁 식사 시간에 대화를 나누다가 아내 레이첼이 '인간이 생명나무와 불멸에서 추방된 것은 하나님이 베푸신 자비의 한 형태일 수 있다'는 말을 했다(레이첼은 구약학자다). 그런 추방에 나름의 은혜가 담겨 있는지도 모른다는 것이었다. 어떻게? 죄악된 인간이 영원히 사는 것은 선물이 아니라 끔찍한 짐일 테니 말이다.

J. R. R. 톨킨은 그의 책 《실마릴리온》(*The Silmarillion*)의 등장인물을 가리키며 "요정들의 비운은 불멸의 존재라는 데 있다"라고 썼다. 그들은 재능을 받았지만 커다란 순환 과정 안에 갇혀 있다. "세상의 아름다움을 사랑하고, 섬세함과 완전함이라는 그들의 재능으

로 세상의 아름다움이 온전히 꽃피우게 하고, 세상이 지속되는 한 함께 존속하고, '살육'을 당해도 세상을 떠나지 못하고 되돌아오는" 것이다. 그에 반해, 인간들은 죽음으로 "세상의 순환"에 매인 속박에서 벗어난다. 인간의 죽음은 "슬픔"의 원천이지만 "불멸의 요정들에게는 부러움의 원천"이다.[1] 기독교 관점에서 볼 때 종착점이 없는 타락한 피조물로 살아가는 것은 사실 '피조물의 한계'라는 은혜에서 끊어진 흑암의 땅 스올로 추방되는 일일 수 있다.

《슬픔 중에 기뻐하다》에서 나는 불치성 암 진단을 받은 경험을 숙고하면서 죽음을 원수로 보는 견해를 옹호했다. 그러나 그 책을 가지고 요양원에 계신 80-90대 어르신 남녀 그룹과 토의하면서, 내가 뭔가를 놓친 것은 아닌지 되돌아보게 되었다.

40명에 달하는 그들은 두 달 동안 매주 몇몇 소그룹으로 모여 각 장을 소리 내어 읽고 생각을 나눈 터였다. 내가 토론에 참여한 저녁, 나는 그들이 적어 놓은 질문들을 다루었다. 한 가지 질문이 다양한 형태로 거듭 등장했다. "우리 중 상당수는 죽음을 고대하고 있는데 왜 당신은 죽음을 원수라고 말하는가? 사실 죽음은 보상 아닌가?"

그들은 자녀들과 손주들에겐 죽음이 원수임을 인정했다. 그뿐만 아니라, 그들은 내가 죽기를 바라지 않았다. 무엇보다 내게 어린 자녀들이 있어서였다. 그러나 그들은? 노쇠해지고 연약해진 그들 몸은 점점 허물어지고 있었다. 그들의 가장 큰 두려움은 신체 기능이 쇠퇴하여 약해지는데 의료 기술로 간신히 숨만 붙어서 지나치게 오래 사는 것이었다. 그들 또래와 친구 대부분은 이미 죽고 그들 곁에 없었다. 그들에게 죽음은 반가운 친구, 심지어 너무 늦게 온 친구였다.

그러면 어느 견해가 옳을까? 죽음이 원수라는 견해일까, 아니면 위안과 자비라는 견해일까? 이것은 레이첼과 내가 사귀기 시작했을 때부터 저녁 식탁에서 흥미로운 토론 거리였고 결혼 이후에도 토론은 이어졌다. 성경에서 죽음은 '자연스러운 것'으로 묘사되는가, 아니면 창조 세계를 향한 하나님의 의도에 속속들이 반대되는 근본적으로 '부자연스러운 것'인가? 죽음은 언제나 적일까, 아니면 친구일 때도 있을까? 토론은 금세 아주 복잡해진다. 그리고 서로 눈망울을 굴리거나 웃음을 터뜨리며 대부분 끝이 난다.

우리는 죽음이 오롯이 남의 일인 양 죽음의 외부자로서 두 견해를 온전히 평가할 수 없다. 죽음은 죽을 존재로서만 평가할 수 있다. 죽음은 우리 모두 앞에, 직접 닿지 않는 곳에 있다. 우리가 마지막 순간에 죽음을 두려워할지 환영할지 추측해 볼 수는 있지만 사실은 알 수 없다. 그때까지 우리는 죽음이 '친구' 아니면 '적'일 것이라고, 죽어 가는 과정은 교육(edification) 아니면 상처일 것이라고 짐작하며 살아간다.

어느 견해가 나약한 인간들에게 진정 합당한 답일까? 어느 견해가 성경의 증언에 충실한 답일까? 나는 이 질문들에 대한 잠정적 답변은 "둘 다이다"라고 생각하게 되었다. 우리 믿음의 개척자이신 예수님은 죽음을 하나의 도전 과제로, 섬김과 증언의 기회로 삼으신다. 하지만 또한 그분은 상처 입고 버림받은 채 스올의 심연 속으로 들어가신다. 겟세마네에서 슬피 우시고 성전 바깥, 예루살렘 성벽 바깥의 십자가에서 죽으셨을 때 그렇게 하신 것이다. 죽음에 대한 두 견해 모두 예수 그리스도 안에서 어떤 식으로든 구현되고 절정에 이른다. 그리스도 안에서 생명을 발견한 사람들에게도 두 견해 모두 적용될 거라고 나는 생각한다.

죽음은 신적 교육이라는 견해

"무슨 병으로 돌아가셨어요?" 어렸을 때 나는 어른들이 장례식에 간다고 하면 이렇게 물었다. 그 질문과 이어지는 질문들에는 흔히 차분하지만 단호한 다음 답변이 돌아왔다. "연세가 많으셔서 돌아가셨다." 내가 반항하는 사춘기에 이르렀을 때는 이렇게 따졌다. "연세가 많이 드신 게 병은 아니잖아요. 나이가 많다고 죽을 수는 없다고요!"

나는 구체적으로 캐묻기 시작했다. "어떻게 돌아가셨어요? 무슨 병이 있었어요?" 그러나 아흔다섯 살 환자의 심장이 왜 박동을 멈췄는지에 대한 이런저런 추측을 듣고 난 후, 결국 속으로 이렇게 생각하게 되었다. '연세가 많으셔서 돌아가셨구나.'

그 죽음은 자연스러운 결말이지 풀어야 할 수수께끼가 아니었다. 노령의 죽음은 자연스럽고 그 나름의 축복이다. 이런 식의 마지막은 "자기가 받은 목숨대로 다 살고, 아주 늙은 나이에 기운이 다하여서, 숨을 거"둔 아브라함의 결말과 비슷해 보인다(창 25:8, 새번역).

우리 교회 교인인 월터는 연세가 많으셔서 돌아가셨다. 물론 노령은 질병이 아니었지만, 그의 인생이라는 포물선은 저물고 있었다. 출생부터 유년기와 사춘기를 지나 결혼과 자녀 양육을 거치고 결국 할아버지 역할에 이르는 90년이 넘는 포물선이다. 그는 포물선의 각 구간마다 적극적으로 움직였다. 죽어 가는 일마저 하나의 소명인 것처럼 분명한 확신을 갖고 감당해 냈다.

월터가 어떤 무리에 있든지 나는 그를 금세 찾을 수 있었다. 교회에 있든 커피숍에 있든 요양원 근처 길을 느리게 걸어가고 있든 그는 단박에 눈에 들어왔다. 빛나는 은빛 지팡이를 짚고 걷는 그는 등이 살짝 굽어서 키가 150센티미터 조금 넘었다. 안경은 실내외 빛에 따라 투명한 상태에서 진한 색으로 변하는 변색 렌즈라는데 언제나 새까맣게 보였다. 하지만 월터는 결코 그 렌즈 뒤로 숨지 않았다. 보통 그는 밝은색 재킷, 하얀 셔츠, 슬랙스, 폭이 넓은 검은색 넥타이 차림이었다. 그의 이런 복장과 라디오 아나운서 같은 극적이고 개성 있는 목소리는 품위를 더해 주었다.

월터는 어디서 만나든 이름을 부르며 내게 인사를 건넸고, 힘 있게 악수를 나누었고, 주위 사람이 잘 보이든 아니든 누구에게나 자기소개를 했다. 어떻게 지내느냐고 물으면 언제나 신나는 노래를 부르는 듯한 목소리로 그날 누린 몇 가지 복과 손주 덕분에 기운이 난다는 이야기를 했다. 그다음에는 다소 낮은 목소리로 아내 이디스의 치매가 더 진행되어 슬프다고 말하곤 했다. 그러나 그가 우울한 기분에 잠기는 경우는 극히 드물었다.

월터는 가르치는 일, 내가 일하는 신학교, 요즘 젊은 목사들 사역에 대해 내게 묻곤 했다. 대체로 적절한 질문이었지만 가끔은 거기서 가시가 느껴졌다. 나보다 나이가 두 배 이상 많은 그는 내가 가르치는 모든 주일학교 수업에 들어와서 내 신학적 개념에 노골적으로 도전하는 것을 즐기는 듯 보였다. 하지만 나는 월터를 알아 가면서 그의 도전에 애정이 담겨 있음을 알게 되었다. 그는 돌아가시기 한 주 전까지도 위기에 처한 중학생들을 지도했고 자신과 만날 의향이 있는 모든 전도사에게 멘토가 되어 주었다. 사실 월터는 수십 년 전 목회 사역에서 은퇴했다.

그는 죽음이 얼마 남지 않았고, 본인도 그 사실을 알고 있었다. 일상적인 대화 중에도 죽음을 이야기했다. 그는 자신의 죽음을 두려운 일이 아니라 순순히 받아들여야 할 불가피한 일로 여겼다. 죽음이 닥치기 전까지 해가 떴을 때 외출하고, 아내를 돌보고, 손주들을 사랑하고, 중학생과 신학생들의 멘토가 되고, 가끔은 젊은 교수들의 신경을 긁어 줄 생각이었다. 그는 그 모든 일을 즐겼다.

월터와는 대조적으로, 우리 가족의 오랜 친구인 에드워드와 시간을 보낼 때면 나는 늘 그가 털어놓는 불평을 듣고 있어야 했다. 그는 사람들이 예전에 자신을 함부로 대한 일에 분노했고, 오늘날 교사, 리더, 젊은이들이 보이는 지독한 어리석음과 부패상에도 분개했다. 가끔 에드워드는 자신이 교구 목사 아들에 지나지 않다고 생각한 이들에게 자신을 '보란 듯이 증명한' 이야기를 했다. 하지만 그의 아버지는 오래전에 죽었고 그가 자신을 '보란 듯이 증명했던' 사람들도 죽었거나 연락이 끊어진 상태였다. 에드워드의 쓰라린 드라마는 그 자신에게만 계속되고 있었다. 청중도 다른 배우들도 이미 극장을 떠난 지 오래였다.

반면 월터에게서는 감사하는 마음이 퍼져 나오는 것 같았다. 그는 아브라함처럼 "자기가 받은 목숨대로 다 살고" 하나님의 복을 받았다. 그는 아프고 괴로운 일상의 고통을 알았고 시력 상당 부분을 잃었으며 움직이는 것조차 점점 더 힘들어졌다. 이제는 그를 거의 알아보지 못하는 일생의 연인인 아내 이디스를 먹이고 씻기고 돌보았다. 그러나 더 이상 젊음을 기대하거나 바라지는 않았다. 그는 곧 죽을 터였고 인생 포물선의 그 구간을 반기는 듯했다. 그의 반응은 감사였다.

성공회 신학자 에프라임 래드너는 우리가 인생의 각 단계를 선물로 인정하고 하나님의 신실하심을 증언으로 받아들이는 일이 갈

수록 어려워진다고 지적한다. "[오늘날] 성인들이 결혼, 자녀, 직장, 혈족과 지역 공동체, 한 교회에 진득하게 붙어 있지 못하는 한 가지 이유는 우리의 삶을 이치와 시간과 장소에 맞게 주어진 것으로 인식할 때 찾아오는 인내를 배우지 못했기 때문이다."[2] 아마도 이것이 월터의 장례식이 끝나고 난 뒤 한 교인의 얼굴이 슬픔 속에서도 환했던 이유일 것이다. 그녀는 눈물을 흘리면서 이렇게 말했다. "슬프지만 큰 격려가 되기도 해요."

생명의 호흡이 주어진 흙덩어리인 우리는 자신에게 주어지는 기쁨과 슬픔을 수용하고, 가정과 동네에서 이웃을 사랑하고, 적개심 대신 찬양을 일으키는 방식으로 살아간다는 구체적인 과제를 받았다. 이것은 피조물에게 적합한 과제다. 한계가 없고 종착역도 없는 것처럼 살지 않고 지상에서의 필멸성을 줄곧 받아들이며 살아갈 때, 나는 "여러 경험을 통해 하나님 손안에 있는 내 피조성을 더욱 인식하게 되는 피조물로서 내 삶의 과제들에 참여"할 수 있다.[3]

2세기의 감독 이레나이우스가 그려 낸 예수님의 초상, 그리고 부차적으로 그려 낸 아담의 초상은 피조물로서 인생의 여러 단계를 수용하는 일과 의미심장하게 들어맞는다. 이레나이우스는 성장, 성인기, 죽어 감으로 이어지는 몸의 포물선이 피조물이 누리는 선(善)이라고 본다. 초대 교회 지도자였던 그에게 이것은 중대한 주장이었다. 당대 많은 사람이 태어나고, 성숙하고, 쇠퇴하는 육체의 취약함은 당혹스러운 추문이라고 주장하는 영지주의자들의 가르침을 받아들였기 때문이다.

영지주의자들은 모든 육체적 과정과 하나님을 멀찍이 떼어 놓아야 한다고 주장했다. 영지주의의 신이라면 죽을 몸을 취하여 성육신하는 일은 결코 없었다. 그러나 이레나이우스는 몸을 지닌 피조물로서 삶은 성장과 쇠퇴의 모든 단계에서 선하다고 칭송했다. 유년기, 사춘기, 성인기, 심지어 노년기에도 인간은 주님이 "좋다"고 말씀하신 삶을 살아간다. 월터도 이 말에 동의했을 것이다. 그는 삶을 죽어 감과 죽음이라는 엄밀한 한계까지 포함해 그대로 받아들였다.

무슨 수를 써서라도 죽음을 면하려고 혈안인 우리 문화로서는 실망스럽겠지만, 이레나이우스는 죽어 감 자체가 주님의 자비를 알아 가게 하는 신적 교육일 수 있다고 주장했다. 이레나이우스는 천지창조 이야기를 다루면서 이런 결론에 도달했다. 아담과 하와는 선하게 창조되었지만 온전히 세련되고 완성된 피조물로 만들어지진 않았다. 그들은 온전히 성숙한 성인이 아니라 미숙한 유아였다. 그것은 하나님의 실수가 아니라 자비로운 행위였다. 어머니는 유아에게 배고픈 청소년을 위한 코스 요리를 먹이려 할 수도 있겠지만, 그건 아기에게 적절하지 않다. 이와 마찬가지로, "하나님이 처음부터 인간을 완전하게 지으시는 게 가능했지만, 인간은 아직 유아였기에 그것〔완전함〕을 받을 수가 없었다."[4]

하나님은 자녀들에게 음식을 억지로 먹이지 않으시고 좋은 부모가 그렇듯 성장의 길로 나아가도록 돌보신다. 피조물의 성장을 향한 하나님의 의도 중 하나는 가족과 공동체, 음식과 축하잔치, 노동과 놀이를 사랑하게 되는 것이고, 그러면서도 죽을 존재답게 그 모든 것을 하나님을 위해 내려놓는 법을 배우는 것이다.

이처럼 이레나이우스는 죽어 감이 인간에게 하나의 기회, 선택의 기회를 제공한다고 보았다. 우리는 '생명의 근원이신 하나님을 신뢰하는 것'과 (에덴동산에서 아담과 하와가 저지른 일과 비슷하게) '자기 생각대로 살아가는 것' 중 하나를 선택할 수 있다. 죽어 가는 과정은 성장의 기회이고 하나님 아버지의 가르침을 배울 기회다. 우리 삶의 죽음의 구간을 받아들이는 것은 살아 계신 하나님을 신뢰하는 피조물이 이르러야 할 성숙해지는 한 단계다. 월터는 아내 이디스가 하루가 갈수록 원래 모습과 달라지는 상황에서도 그녀를 매일같이 정성을 기울여 보살폈다. 위기 청소년들에게 멘토가 되는 일은 월터에게 또 다른 열정을 불어넣었다. 하지만 이 모든 선행도 그의 손에서 빠져나가야 했다. 하나님은 월터에게 섬김의 인생을 이제 내려놓으라고 말씀하셨다. 죽을 인생이라는 그의 포물선은 완성되었고, 이제 그는 생명의 근원이신 분 안에서 안식하게 되었다.

이레나이우스의 견해로 보면, 월터는 자기만족의 길을 걷지 않았다. 그가 성장해 온 길은 인간이 얼마나 취약한 존재인지, 성육신하신 주 예수님이 얼마나 필요한 존재인지를 여지없이 드러낸다. 예수님은 약함을 통해 그분의 사랑의 힘을 보여 주신다. 부활하신 그리스도가 사도 바울에게 선언하신 바와 같다. "내 은혜가 네게 족하도다 이는 내 능력이 약한 데서 온전하여짐이라"(고후 12:9). 참된 인간성은 다른 사람을 다스리려 하지 않고 바울이 빌립보서에서 증언한 대로 "종의 형체"를 취한다는 것을 그리스도는 몸소 보여 주셨다(빌 2:7).

> 사람의 모양으로 나타나사 자기를 낮추시고 죽기까지 복종하셨으니 곧 십자가에 죽으심이라.
>
> 빌립보서 2장 8절

이레나이우스가 나타낸 것처럼, 하나님의 능력은 육신이 되신 말씀으로 드러난다. 그 말씀은 "시험을 받고, 수모를 당하고, 십자가에 못 박히고 죽음을 당할 수 있"다.[5] 예수님은 온전히 성숙한 인간의 모습을 계시하신다. 미움받을 때 사랑하고, 시험 앞에서 순종을 택하시고, 하나님의 면전에 있는 피조물로서 고난과 죽음을 감내하신 것이다. 하나님은 예수님이 필멸의 존재가 되어 고난과 죽음으로만 온전하고 완전한 성숙에 이르도록 계획하셨다. 히브리서의 선언대로, 그분은 "받으신 고난으로 순종함을 배워서 온전하게 되셨은즉 자기에게 순종하는 모든 자에게 영원한 구원의 근원이 되"셨다(히 5:8-9). 그리스도는 죽어 감과 죽음이라는 교육을 받아들이셨고 참된 인간성을 우리에게 드러내셨다. 그리고 죽은 자들 가운데서 부활하심으로 참된 인간성을 가지고 하늘의 영광으로 들어가셨다.

이레나이우스는 그리스도가 개척하신 고난과 죽어 가는 길에서 주님을 신뢰하는 일의 달콤함을 우리가 맛보게 되면, 맛봉오리와 위장이 발달하여 "그분의 가슴에서 모유를 받아먹게 되고, 그로 인해 하나님의 말씀을 먹고 마시는 데 익숙해지며, 우리 안에 불멸의 빵, 즉 성부의 영을 담을 수 있게 된다고 말한다."[6] 이레나이우스는 비록 죄로써 죽음이 세상에 들어왔지만, 자비하신 하나님은 인간의 필멸성이라는 생물학적 사실에까지 자비를 베푸사 우리가 생의 끝에서도 하나님 말씀을 신뢰하도록 허락하신다고 본다.

월터는 그 자비를 감지했다. 그는 몇 번이나 내게 미소를 지으며 자신은 영원히 사는 것을 바라지 않는다고 말했다. 그는 자신이 죽어 가는 상황을 인생이라는 포물선의 일부로 받아들였고, 매일을 그리스도가 개척하시고 성령이 붙들어 주시는 하나님과의 교제를 위한 기회로 삼았다. 죽어 가는 과정은 그를 스올로 밀어 넣지 않았고 주님의 성전으로 들어갈 준비를 하게 해 주었다.

월터처럼 "자기가 받은 목숨대로 다" 살아온 사람에게는 때로 죽음의 시간이 합당해 보인다. 이레나이우스의 신학적 숙고는 죽어 감이 어떻게 하나의 선물이자 삼위일체 하나님의 도구가 될 수 있는지 알아차리도록 도와준다. 그러나 이런 의문이 들 수 있다. '이레나이우스가 죽어 감에 대한 이런 견해를 발전시킨 것은 그가 오랫동안 안정적인 특권층의 삶을 누려서가 아닐까?'

하지만 그의 인생을 살펴보면 전혀 그렇지 않음을 알 수 있다.

이레나이우스는 고난, 때 이른 죽음, 비참한 죽음을 모르는 사람이 아니었다. 당대 그리스도인들은 국가의 박해를 받았다. 이레나이우스는 어릴 때 자리에 앉아 감독 폴리카르포스(폴리캅)가 전하는 말씀을 들었던 기억을 회상한다. 그는 그 원로 그리스도인과 함께했던 경험을 생생하게 기억한다. 이레나이우스가 성인이 되어 쓴 어느 편지를 보면, "나는 복된 폴리카르포스가 자리를 잡고 논쟁을 벌이신 장소, 그분이 들어오시고 나가시던 방식, 그분 인생의 특성, 그분의 생김새, 사람들에게 전한 강론까지 다 말할 수 있습니다." 폴리카르포스는 "생명의 말씀의 증인들"에게서 예수님의 메시지를 받은 사람으로서 자신의 믿음을 사람들과 나누었다. 폴리카르포스의 존재와 그가 전한 말은 이레나이우스에게 깊은 영향을 끼쳤다. "하나님의 자비하심으로 나는 당시에도 이런 내용들에 열심히 귀를 기울였습니다. 나는 그 내용을 종이가 아닌 마음에 받아 적었고 하나님의 은혜로 그 내용을 곰곰이 되뇌입니다." 하지만 이레나이우스가 소년에서 성년으로 성장하던 어느 시점에 폴리카르포스는 신앙 때문에 체포되어 화형당했다.[7]

이레나이우스는 나중에 리옹의 감독이 되었는데, 전임 감독의 순교로 공석이 된 자리였다. 그는 177년 로마 황제 마르쿠스 아우렐리우스의 지시로 그리스도인들이 특히 폭력적으로 박해받던 시절에 이 목양의 역할을 수락했다. 이레나이우스에게 순교자는 패배자가 아니라 마지막 훈련을 수행하는 운동선수였다. 순교자들은 고난과 죽음을 맞닥뜨리며 그리스도와 자신을 동일시하기로 자유롭게 선택한 것이다. 그들은 그리스도인의 삶으로 가는 참된 길로 약함과 낮아짐을 선택했다. 죽음 앞에서 두려워하고 웅크리기보다 용감한 증언을 선택한 것이다.

처음에 나는 그것이 좀 이상했지만, 이레나이우스의 죽음관이 많은 것을 밝혀 줌을 인정하게 되었다. 그 견해가 피조성, 유한성, 그리스도의 성육신에 관한 성경의 확신들을 어떻게 반영하는지도 알아차리게 되었다. 내가 강연을 했던 요양원에 거주하는 노인들은 대부분 죽음에 대한 이레나이우스적 관점을 상당히 받아들였다. 그들은 죽음을 필멸하는 인생의 마지막 시기로 환영했고, 창조주께 감사하면서 "받은 목숨대로 다 살고" 죽는 것에 만족했다.

그러나 그들은 죽을 존재라는 자신의 한계를 받아들이면서도, 죽어 감이 치욕일 수 있고 죽음에 공포가 깃들 수 있음도 여전히 알고 있었다. 질병이나 폭력으로 자녀나 손주가 쓰러져 젊은 가정이 파탄 난 과정을 이야기하면서 그들은 죽음에 대한 아픈 상처를 털어놓기도 했다. 이레나이우스의 견해 자체만 놓고 보면 불완전하고 심지어 불쾌하게 느껴질 수 있다. 죽음은 우리에게 원수로 다가올 수 있고 고난이라는 아픔을 줄 수 있기 때문이다.

죽음은 불합리한 참사라는 견해

2세기 이레나이우스가 죽음이 '창조된 선'이라고 말한 신학자라면, 4세기 히포의 아우구스티누스는 죽음을 불합리한 참사라고 본 신학자다.

아우구스티누스는 초기 저술에서는 죽음이 세상의 자연적 질서와 부합한다고 설명했다. "어떤 것들이 죽고 다른 것들이 그 뒤를 잇는 시간적 순서에는 특정한 아름다움이 있고, 죽었거나 더 이상 이전 모습이 아니게 된 것들은 창조된 우주의 범위, 형태나 질서를 훼손하지 않는다."[8] 인간은 피조물로서 죽는데, 이것은 모든 생물학자나 생태학자가 인식하는 놀라운 질서에 들어맞는다. 이것은 때때로 어린이 동화책이 죽음에 접근하는 방식이기도 하다. 나는 아들과 나란히 소파에 앉아 동화책을 보다가 '프레디'라는 나뭇잎 캐릭터를 만났다. 프레디는 여름에 내리쬐는 햇볕과 바람을 사랑한다. 그러나 쇠퇴하는 가을이 찾아오자, 프레디는 나뭇가지에서 떨어져서 땅속으로 들어가 겨울 추위가 지난 뒤 이어질 새로운 성장을 위해 거름이 되는 것이 자신의 일임을 배운다. 이 책은 피조물인 인간도 이와 마찬가지로 질서정연한 생명이 순환하는 과정의 일부로서 죽는다고 말하고 있다.

하지만 영국 태생의 신학자이자 교사인 펠라기우스와 논쟁하면서 아우구스티누스의 신학은 죽음에 대한 이런 '생명의 순환'식 접근법에서 벗어나 발전하고 달라졌다. 이 논쟁으로 아우구스티누스는 창조, 하나님의 은총, 인간 죄에 대한 충격적인 결과를 더욱 깊이 확신하게 되었다. 결과적으로, 아우구스티누스는 자신의 이전 견해를 강한 어조로 부정했다. 그는 죽음은 창조된 선이 아니라고 말한다. "하나님은 본질적으로 인간을 위한 어떤 죽음도 창조하시지 않았고, 죽음은 죄에 대한 정당한 형벌로 부과되었기" 때문이다.[9]

아우구스티누스에게 죽음은 인간의 성장을 유도하는 신적 교육의 한 단계가 아니었다. 죽음은 누구에게든 좋지 않다. 죽음은 살아 있는 존재 안에서 결합되고 한데 엮여 있는 영혼과 몸을 떼어 놓는다. 죽음은 운동선수의 마지막 훈련 구간이 아니다. 죽음의 본질은 폭력이고, 근본적으로 부자연스러운 것이다.

이런 아우구스티누스의 죽음관을 생각하면 내 친구 멜리사를 기리기 위해 열렸던 추모 예배가 떠오른다. 어느 따스한 토요일 오후, 두 어린 자녀의 어머니였던 그녀를 추모하려고 예배당이 꽉꽉 들어찼다. 그녀의 '귀향'을 기리는 예배였지만, 목사는 서두에서 우리의 슬픔과 혼란과 분노를 인정했다. "우리는 멜리사의 '승리를 축하'하려고 모였습니다. 하지만 그녀의 죽음에 화가 나는 것도 사실입니다. 분노 가운데 우리는 뭔가 잘못되었음을 깨닫기 때문입니다. 죽음은 이 우주의 원수이며 침입자여서 우리는 더욱 분노합니다. 죽음은 원래 하나님이 계획하신 일부가 아닙니다. 그러니 사탄에게 화내십시오. 죄에 분노하십시오." 목사는 그렇게 말했다.

찬양 두 곡을 부른 후, 멜리사의 오빠 라이언이 예배당 앞쪽으로 나왔다. 그는 멜리사가 성경 암송을 좋아했고 선교사들을 집으로 초대해 가족과 함께 그들의 간증을 듣기를 즐겨 했다고 전했다. 그리고 멜리사가 기독교대학과 신학교, 그 이후에는 선교사로 부름받았다고 느끼게 된 과정을 나누었다. 그녀는 복음을 전하고 선을 베풀며 헌신하는 삶을 살라는 선교사 소명을 함께 받은 학교 동기와 결혼했다. 몇 년에 걸쳐 두 딸이 생겼다. 그들은 어디서 섬겨야 할지 오랜 시간 준비하고 분별한 후 멕시코로 이주했다. 그러나 어떠한 사전 경고도 없이, 선교지에서 고작 2년을 보내고 나서 멜리사는 병이 들었고, 갑자기 죽었다.

라이언이 말했다. "동생이 병으로 그렇게 갑자기 떠날 거라고는 정말이지, 꿈에도 상상하지 못했습니다." 라이언은 아무것도 모르는 순진한 사람이 아니었다. 그는 선교지가 위험할 수 있음을 알았다. 사도 바울이 마주쳤던 것과 같은 반대, 박해, 심지어 투옥이 있을 수도 있었다. 그러나 라이언과 꽉 들어찬 예배당 안에 있던 많은 이들에게는 근원적인 한 가지 질문이 있었고 그것 때문에 충격이 사그라지지 않았다. '어떻게 멜리사의 심장이 그렇게 갑자기 멈출 수가 있지? 어떻게 뜻밖의 질병이 희망의 바다를 그토록 빨리 마르게 할 수가 있나?'

박해는 각오할 수 있지만, 갑작스럽고 무의미한 질병은 전혀 다른 문제였다. 멜리사의 인생은 둔화가 아닌 추진력을 얻는 것처럼 보였다. 그녀와 5분만 함께 있으면 내 얼굴에 미소가 지어졌고 장래에 하나님이 그녀를 어떻게 쓰실지 소망을 품곤 했었다. 그날 하나님은 '집으로 데려갈' 다른 사람을 찾을 수는 없으셨던 걸까? 도대체, 하나님은 누구 편이신가?

그 예배당에서 나는 멜리사의 죽음이 하나님께 어떻게 영광이 될지에 대해 들었다. 그것은 옳으면서도 끔찍한 문제성 발언 같았다. 멜리사의 죽음이 하나님께 영광이 된다는 게 도대체 무슨 의미일까? 욥은 "모든 생물의 생명과 모든 사람의 육신의 목숨이 다 그의 손에 있"다고 증언한다(욥 12:10). 모든 호흡의 끊어짐도 다 주님이 주시는 것이고, 생명을 주관하시는 주님은 필연적으로 죽음도 주관하신다. 하지만 욥은 고통의 문제를 놓고 친구들과 논쟁하던 중에 이렇게 증언하면서 감사와 겁에 질린 탄식을 번갈아 쏟아 낸다. 그는 주님이 "온전한 자나 악한 자나 멸망시키신다 …… 갑자기 재난이 닥쳐 죽을지라도 무죄한 자의 절망도 그가 비웃으시리라"라고 주장한다(욥 9:22-23). 우리는 이런 "재난"으로 "갑자기 죽"는 일보다 더 나은 것을 바랄 수 있어야 하지 않을까? 왜 멜리사의 죽음은 시온으로 가는 길에 오르는 일이 아니라 스올의 구덩이로 빠져드는 것과 더 비슷해 보일까?

거의 한 시간 반 동안 우리는 멜리사의 친구들과 동료들이 그녀에 관해 들려주는 이야기를 들으며 울고 웃었다. 그리고 이야기 중간중간 자리에서 일어나 함께 찬양하려고 노력했다. 입을 떼기 힘들었지만 찬양을 불러야 마땅했다. 하나님은 언제나 찬양받기 합당하시기 때문이다. 욥기 서두에서 자녀들과 모든 부를 갑자기 잃어버린 욥은 이렇게 선언한다.

> 내가 모태에서 알몸으로 나왔사온즉 또한 알몸이 그리로
> 돌아가올지라 주신 이도 여호와시요 거두신 이도 여호와시오니
> 여호와의 이름이 찬송을 받으실지니이다.
> 욥기 1장 21절

그러나 하나님을 찬양하는 것이 옳다고 느끼면서도 한편 '밴드가 신나고 밝은 노래 말고 다른 곡을 연주할 수는 없을까?' 하는 의문도 들었다. 예수님께 바치는 해맑은 사랑의 노래들이 우리의 "알몸" 상태를 인식한 데서 나온 걸까? 두 어린 소녀가 바로 얼마 전에 엄마를 잃었다. 젊은 남편이 아내를 잃었다. 우리 모두는 친구를 잃었고, 우리가 미처 그녀를 향해 품은 줄 몰랐던 꿈들을 잃었다. 추모 예배에서 우리는 시편 기자나 욥처럼 탄식하지 않았다. 하나의 공동체로 모여 단조(minor key)로 찬양하는 법을 배우지 못했기 때문이다.

몇 년이 지났지만 멜리사의 죽음은 여전히 아프다. 내가 그녀의 추모 예배 인도를 맡았다면 그날 그 목사처럼 죽음에 대한 분노를

토로했을지는 모르겠다. 하지만 그의 말은 그날 추모예배에서 사람들이 느꼈던 진정한 충격과 당혹감을 어느 정도 드러낸 듯했다. 당시 목사의 말은 독일 신학자 헬무트 틸리케의 냉혹한 주장을 반영한 것이었다. 틸리케는 죽음은 "인간의 원래 목적지와 충돌이 불가피한 재앙이다. 다시 말해, 인간의 내재적 본성과 정반대 속성을 지녔다"고 했다.[10] 이것은 죽음에 대해 아우구스티누스가 한 말과 맥을 같이하는 이야기이며, 멜리사의 추모 예배가 이 테마를 환기시킨 것은 전혀 놀랄 일이 아니다.

어쩌면 이레나이우스가 주장한 대로, 멜리사의 갑작스러운 죽음이 하나님의 영광에 대해 그녀나 우리가 받아야 할 교육의 일부였는지도 모른다. 그러나 아우구스티누스는 우리에게 꼭 필요한 말, 죽음이 불합리하고 끔찍한 것임을 기억하게 하는 결정적인 말을 덧붙인다. 우리는 이런 죽음에 대한 이유를 찾을 수 없다는 것이다. 사실, 우리는 죽음이라는 재앙이 정말 무엇인지 온전히 정의할 수도 없다. "그러나 있는 그대로 말하면, 죽음은 현실이다. 너무나 골치 아픈 현실이라서 어떤 말로도 설명할 수 없고, 어떤 합리적 논증으로도 제거할 수 없다."[11] 죽음은 멜리사의 가정, 우리의 우정, 우리가 써 나가는 이야기에도 침입했다. 부재로, 분리로, 수수께끼로 침입했다.

참으로, 아우구스티누스가 볼 때는 죽음에는 어떤 합리적 설명도 없고, 그래서 우리는 죽음 앞에서 침묵하게 된다. 그것은 죄 자체의 미스터리와 비슷하다. 아우구스티누스는 《고백록》(*Confessions*)에서 죄의 본질을 보여 주는 사례를 제시하는 대목에서 자신이 소년 시절에 이웃의 배를 훔쳤던 일을 이야기한다. 그의 행동에 논리적으로 정당한 이유가 있었을까? 없었다. 아우구스티누스는 이렇게 말한다. "우리는 엄청난 양의 배를 따서는 먹지 않고 돼지 떼에게 던져 주었습니다." 그는 이 문제를 좀 더 깊이 파고들면서 이렇게 말한다. "우리가 몇 개를 먹기는 했지만, 우리가 느낀 진정한 즐거움은 금지된 일을 한다는 데 있었습니다."[12] 아우구스티누스가 저지른 절도가 근본적으로 불합리한 것처럼, 에덴동산에서 아담과 하와가 저지른 죄도 근본적으로 불합리하고 이해하기 힘들다.

아우구스티누스는 죽음이 피조물을 쫓아다니며 괴롭히는 것 역시 그저 그들을 찢어 버리기 위해서지 토양을 비옥하게 하거나 생명의 순환이 아름다운 다음 시기로 넘어가게 하기 위해서가 아니라고 말한다. "몸의 죽음은 본성의 법칙이 우리에게 부과한 것이 아니다. 하나님은 본질적으로 인간에게 그 어떤 죽음도 창조하시지 않았기 때문이다. 죽음은 죄에 대한 정당한 형벌로 부과된 것이다."[13] 죽음은 창조된 선이 아니라 불신의 결과이며, 하나님을 등지고 자아를 향해 선 결과이고, 하나님의 계명에 불순종한 결과다.

멜리사의 죽음이 과연 어떤 선을 만들 수 있을까? 아직 아이가 어린 가족이 생이별을 했다. 자비와 증언이 이루어지던 선교가 중단되었다. 즐거움을 선사하던 사람이 세상에서 사라졌다. 욥의 탄식은 이런 일이 일어나는 이유를 설명하려는 시도가 소용없음을 드러내는 듯하다. 욥은 주님의 역사를 증언하는 동시에 구덩이에서 행하신 역사에 대해 주님께 의문을 제기한다. "주의 손으로 나를 빚으셨으며 만드셨는데 이제 나를 멸하시나이다 기억하옵소서 주께서 내 몸 지으시기를 흙을 뭉치듯 하셨거늘 다시 나를 티끌로 돌려보내려 하시나이까"(욥 10:8-9).

멜리사는 '더 나은 곳'에 있을지 모르지만 우리는 그녀가 거기 있기를 바라지 않는다. 우리는 그녀가 이곳에 있기를 바란다. 그녀의 딸들은 이곳에서 엄마가 필요하다. 죽음은 우리가 원하는 이곳과 지금에 치명타를 가한다. "하나님이 헐어 버리시면 세울 자가 없고, 그분이 사람을 가두시면 풀어 줄 자가 없다"(욥 12:14, 새번역).

'오, 주님, 왜 이렇게 헐어 버리십니까? 생명력과 잠재력이 충만하고 전도유망할 때, 그녀의 몸이 지극히 강해 보였던 그 시점에 말입니다. 멜리사를 빚으신 손이 왜 지금, 남편과 어린 딸들이 있고 세계 선교의 소명을 막 감당하기 시작한 바로 지금 그녀를 티끌로 되돌아가게 하십니까?'

어쩌면 이런 대답 없는 질문들은 우리에게 개척자, 우리의 약함을 아는 제사장, 스올에 다녀온 구세주가 필요함을 말하는지도 모른

다. 죽음을 비롯해 우리가 직면하는 많은 고통은 그 어떤 본질적 의미에서도 선하지 않다. 그렇기에 죄 없는 단 한 사람, "자기를 죽음에서 능히 구원하실 이에게 심한 통곡과 눈물로 간구와 소원을 올렸고 그의 경건하심으로 말미암아 들으심을 얻었"던 분이 우리 마음을 일깨우실 수 있다(히 5:7).

그리스도는 기도를 올리셨고 들으심을 얻으셨다. 저주받은 자의 모습으로 십자가에 달려 죽으셨지만, 실제로는 성전에서 가장 거룩한 장소인 지성소로 들어가셨다. 그분은 "염소와 송아지의 피로 하지 아니하고 오직 자기의 피로 영원한 속죄를 이루사 단번에 성소에 들어가셨"다(히 9:12). 그리스도는 결혼하지 않으셨고, 자녀나 손주도 보지 않으셨고, 노령에 이르지도 않으셨다. 그분은 죽음을 맞이하면서 이 땅에 그 어떤 유산도 남기지 않으셨다. 그분의 심장은 성전 바깥, 스올에서 멈췄고 호흡도 끊겼다. 그분은 이 치욕스럽고 때이른 죽음을 당하시면서 바로 우리 죽음의 수치를 짊어지셨다. 그 일 또한 주님의 약속과 거리가 먼 성전 바깥에서 일어난 듯 보인다.

아우구스티누스는 하나님이 이 놀라운 신비를 그리스도의 성육신과 십자가에서 이루셨다고 본다. 그리스도는 평범하게 사시다가 자연스럽게 죽음을 맞으신 것이 아니다. "하나님의 영광의 광채시요 그 본체의 형상"이신 그리스도는(히 1:3) 죽음의 자리까지 내려가는 순종을 자의로 선택하셔서 무력한 죄인들을 향한 하나님의 사랑을 보이셨다. "그분은 자신을 낮추어 십자가에 못 박히시고, 십자가에서 죽기까지 순종하셨다. 모든 죽음을 제거하실 분이 가장 천한 최악의 죽음을 선택하셨다. …… 진정 최악의 죽음이었지만, 주님이 택하신 죽음이었다."[14]

그리스도는 완전한 제사를 바치는 제사장인 동시에 스올로 들어가는 여정을 통해 시편 기자가 한 다음 말이 옳음을 입증한 개척자시다.

> 내가 …… 스올에다 자리를 펴더라도 주님은 거기에도 계십니다.
> …… 내가 말하기를 "아, 어둠이 와락 나에게 달려들어서, 나를 비추던 빛이 밤처럼 되어라" 해도, 주님 앞에서는 어둠도 어둠이 아니며, 밤도 대낮처럼 밝으니, 주님 앞에서는 어둠과 빛이 다 같습니다.
> 시편 139편 8, 11-12절, 새번역

물론 우리에게 어둠은 여전히 어둠이다. 그러나 그리스도가 인간의 몸으로 친히 성전이 되셔서 그분의 죽음과 부활 안에서 스올의 검은 구덩이를 흡수하셨기에 우리는 어둠이 존재의 전부가 아님을 안다.

하지만 우리가 찬양을 장조로만 부르고 단조로는 부르지 않음으로써 그리스도의 이 사역을 때때로 놓치는 게 아닌지 나는 의심스럽다. 세상의 빛이신 그리스도는 끔찍한 어둠 속에서 죽으셨다.

그가 내 길을 막아 지나가지 못하게 하시고 내 앞길에 어둠을 두셨으며 나의 영광을 거두어 가시며 나의 관모를 머리에서 벗기시고.

욥기 19장 8-9절

멜리사의 추모 예배에서 그녀의 죽음이 하나님의 영광에 기여할 거라던 누군가의 말이 옳다고 나는 믿지만, 아마도 그 영광에는 이 땅의 영광이 거두어짐과 그리스도의 어두운 죽음에 참여함이 포함될 것이다. 참으로, 그리스도인들의 특징적인 표식인 십자가는 이중의 폭력적인 참사였다. 십자가 처형 자체로도, 그 원인이 된 오심(誤審)으로도. 아우구스티누스는 이 사건으로 그리스도인이 영광의 표식으로 삼아야 하는 것이 달라졌다고 말한다. "그는 바로 그 십자가를 자신의 표식으로 삼아야 한다. 바로 그 십자가를, 말하자면 마귀를 무찌르고 받은 트로피로 삼아야 한다. 그래서 사도바울은 이렇게 말했다. '내게는 우리 주 예수 그리스도의 십자가 외에 결코 자랑할 것이 없으니'(갈 6:14)."[15]

우리 죽을 인간들에게 필요한 것은 죄로 인해 움푹 패인 상처와 흠집을 고치는 일만이 아니다. 우리가 하나님을 적대하고 하나님과 그분 뜻의 원수가 될 때에도 구덩이 속으로 우리를 찾아오시는 그분의 사랑이 필요하다. 우리에겐 십자가가 필요하다. 십자가는 친구를 만드는 사랑, 어둠 속에서도 환히 빛나는 하나님 사랑의 증표다.

아우구스티누스의 말을 빌리면, "그분은 원수를 사랑하는 자로 세상에 오셨다." 그리고 "그분이 보실 때 우리 모두는 절대적으로 그분의 원수였고 친구는 하나도 없었다. 그분은 원수들을 위해 피를 흘리셨고, 그 피로 원수들을 변화시키셨다. 자신의 피로 원수들의 죄를 지우셨고 그로써 그들을 친구 삼으셨다."[16]

멜리사의 삶에는 십자가의 표식이 있었다. 그녀의 죽음 또한 틀림없이 그렇다. 어쩌면, 정말 어쩌면, 멜리사의 죽음이라는 어둠은 그리스도의 사랑이라는 놀라운 빛을 증언하는지도 모른다. 그분의 사랑은 어둠 속에 있는 우리를 친구로 삼으신다. 나는 멜리사의 죽음이 선을 추구하는 인간의 계획과 어떻게 들어맞는지 알 수 없다. 우리가 가끔 스스로에게 하는 말처럼 그녀의 죽음이 정말 '최선'이었는지도 모르겠다.

그녀가 죽어야 했던 이유도, 그녀의 죽음이 어떻게 하나님께 영광이 될 수 있는지도 모르지만, 다만 나는 살아서나 죽어서나 멜리사가 예수님의 것임을 굳게 믿는다. 예수님이 어둠 속에서 죽으신 일로, 멜리사의 어둠 속 죽음은 신비하게도 성전에서의 죽음, 하나님의 거처이신 그리스도 안에서의 죽음, "어둠이 조금도 없으"신 분(요일 1:5) 안에서의 죽음이 된다. 십자가에 못 박혀 죽으시고 부활하신 주님이 멜리사의 죽음을 손수 받으신다. 그리고 이 주 예수님은, 만약 원하신다면, 친구를 만드는 그분의 사랑을 증언하는 일에 그녀의 죽음을 사용하실 수 있다.

내 죽음은 어디에 가까울까?

아마도 당신은 궁금할 것이다. 어느 쪽이 내 죽음의 이야기가 될까? 월터와 비슷할까, 멜리사에 가까울까? 장수한 끝에 "나이가 차서" 죽을까? 나의 죽어 감은 제자도라는 경주의 마지막 구간이 될까? 아니면 내 친구들과 가족이 전혀 이해할 수 없는 갑작스런 참사가 될까?

죽을 존재인 우리가 이 주제에 대해 확신할 수 있는 것은 모른다는 것 하나뿐이다. 나처럼 말기 진단을 받은 암 환자들도 모른다. 죽음은 언제나 저 앞에, 우리 손이 닿지 않는 곳에 있다. 우리 이야기가 어느 쪽인지 알게 되는 순간, 때는 이미 너무 늦을 것이다. 우리 딸이 말한 대로 "죽으면 여기 없을 테니까." 이 땅에서의 삶은 끝날 것이다. 인생의 마지막을 병원이나 호스피스에서 보내게 된다면 어떤 의료적인 개입을 원하는지 미리 말할 수 있겠지만, 우리 심장은 예기치 않게 멈출 수 있고 그렇게 되면 모든 논의가 무위로 돌아갈 것이다.

내가 아버지에게 예순 살에 돌아가신 증조할아버지의 죽음에 대해 물었더니 이런 대답이 돌아왔다. "아마 심장마비였겠지만, 정확히는 잘 모른다. 농장에서 일하시다가 돌아가셨거든." 부검 기술이 발달한 지금이라면 돌연사 발생 원인에 대해 좀 더 개연성 있게 답변할 수 있을 것이다. 그러나 그런 기술조차 우리의 호흡을 앗아 가고 심장을 멎게 하는 사고나 뜻밖의 질병을 막지는 못한다.

이런 불확실성을 고려하면, 인생의 단계마다 이레나이우스와 함께 성장을 추구하는 것도 옳지만, 아우구스티누스처럼 죽음 자체를 수수께끼, 언제나 우리 손이 닿지 않는 현실, 완전히 길들이거나 친구로 삼을 수 없는 적으로 인식하는 것 역시 합당하다. 주님이 하신 일은 죽음에 대한 이레나이우스적 관점과 아우구스티누스적 관점을 다 아우를 만큼 충분히 크다. 그리스도 안에서 하나님은 우리 피조물의 생명을 짊어지셨고, 겸손한 순종을 통해 성숙한 힘을 보여주는 참된 인간성을 개척하셨다. 또한 우리는 그리스도의 십자가와 부활 안에서 하나님이 구덩이의 어둠을 거대한 빛의 우주 속에 던져 넣으시고 원수를 용서하시고 진흙 수렁에 발이 박혀 있는 이들에게 새 생명을 주시는 것을 본다.

아마도 우리의 죽음은 죽음에 대한 두 신학적 견해 중 어느 한쪽에만 해당하진 않을 것이다. 두 가지 성격이 어느 정도는 다 있을 것이다. 월터와 멜리사의 사연에도 두 견해의 파편들이 한데 엮여 있다. 월터는 "나이가 차"도록 장수했고 그의 죽어 감은 섬김과 증언의 기회였다. 하지만 그 역시 아내 이디스가 치매로 자신에게서, 두 사람이 함께한 과거와 현재의 순간에서 점점 더 멀어지면서 찾아오는 죽음의 불합리한 공포를 경험했다. P. D. 제임스 소설에 등장하는 한 인물은 "노령은 아주 무시무시해질 수 있다"라고 고백하며 자신이 기억을 잃고 있음을 밝힌다. "아들이 젊어서 죽었습니다. 당시에는 그것이 이 세상 사람에게 일어날 수 있는 가장 끔찍한 일 같았습니다. 아들에게도 그렇고 제게도 그랬습니다. 하지만 어쩌면 그 애가 운이 좋은 편이었는지도 모르겠습니다."[17] 이것은 아내 이디스와 함께한 월터 이야기의 일부이기도 할 것이다.

멜리사의 죽음은 분명 감당하기 힘든 무서운 일이었고, 장례식에 참석했던 많은 이들이 그녀가 살지 못한 세월과 가족과 함께 누릴 수 있었던 일들, 누렸어야 하는 일들을 이야기했다. 하지만 우리는 그녀가 뜻밖의 죽음을 맞기 몇 주 전에 딸들에게 자신의 믿음을 들려주는 글을 완성했다는 이야기를 들었다. 어쩌면 젊은 어머니였던 그녀도 필멸성이라는 자신의 한계를 수용하고 끝내 찾아올 죽음을 받아들이기 시작했는지도 몰랐다. 죽음을 맞을 때 나이가 열다섯이든 쉰이든 아흔이든, 우리의 죽음에는 이레나이우스적 요소와 아우구스티누스적 요소가 다 들어가 있을 가능성이 높다.

앞에서 말한 죽음에 대한 두 유형과 신학이 어떤 식으로 조화를 이룰 수 있을까? 월터와 멜리사의 경우처럼, 삶과 죽음에는 기쁨과 슬픔이 다 있다. 이레나이우스와 아우구스티누스 모두 예수 그리스도의 죽음과 부활 안에서 죽음과 그 결과를 떠맡으시는 창조주 하나님을 증언한다. 그런데 두 유형의 죽음을 한데 묶으려고 하면 어쩐지 물과 기름처럼 느껴질 수 있다. 두 주재료가 도무지 섞이지 않는 이상한 요리법처럼 말이다. 우리의 삶과 죽음은 아마도 월터와 멜리사 이야기, 이레나이우스와 아우구스티누스의 설명 모두를 반영할 것이다. 그러나 둘을 결합한다고 해서 어중간한 수프가 나오지는 않을 것이다. 오히려 둘의 대조로 달콤하면서도 신맛이 나고, 부드러우면서도 톡 쏘는 맛이 날 것이다. 우리와 사랑하는 이들에게 우리 자신의 죽음은 모욕이자 선물, 고통이자 위안, 재앙이자 섭리라는 기이한 작용이 될 것이다.

따라서 삶과 죽음에 주어진 하나님의 선물이 주는 맛과 냄새에 주의를 기울이려면, 상반된 듯한 두 현실 모두를 받아들여야 한다. 한편, 죽어 감은 삶이라는 선물의 한 측면이요, 성장과 증언, 섬김의 기회가 된다. 우리는 죽어 가는 사람들을 공감하고 그들의 치유를 위해 기도해야 한다. 그리고 그들에게 용기 주시기를 구하는 기도도 빠뜨리면 안 된다. 그들은 증언하고 섬길 때, 심지어 다른 사람에게 의지할 때도 용기가 필요하기 때문이다. 죽어 가는 이들은 여전히 경주에서 뛰고 있는 운동선수다. 하나님은 그분의 죽어 가는 피조물 안에서도 일하시고, 종종 그들의 나약함 안에서 그 약함을 통해 그분의 힘을 나타내신다.

젊었든 나이가 들었든, 우리가 죽을 존재라는 현실은 우리를 자극해 믿음, 소망, 사랑을 키울 수 있다. 우리의 필멸성을 떠올려 주는 것들이 우리를 이끌어 친절을 베풀게 하고 가족과 친구들에게 충실하며 역경 앞에서 용기를 낼 기회를 잡게 할 수 있다. 그러나 우리가 필멸성을 부정하고 밀어내면, 작고 허약한 피조물이라는 지위가 우리에게 주는 선물, 즉 우리가 죽어 간다는 지식이 일상생활에서 열어 주는 기회를 놓치고 만다.

다른 한편, 우리는 죽음 자체가 수수께끼요 상처라는 차가운 진실도 받아들여야 한다. '죽음'이라는 단어를 입에 담지 않고 '세상을 떠났다', '하늘나라에 올라갔다', '더 좋은 곳으로 갔다'는 식으로 완곡 어법만 구사하면 두려움의 노예가 된다. 이런 완곡 어법들은 물론 진실의 일부를 증언하지만 벌어진 상처를 트로피처럼 취급하기도 한다. 죽은 자들은 이제 시체가 되었고, 고인이 되었고, 우리를 떠났다. 우리로서는 그 이유를 알 수 없다. 죽음의 본질적인 폭력성에 대한 아우구스티누스의 견해를 인정하지 않는 것은 사랑하는 사람의 죽음이 우리에게 포도나무의 마른 가지를 남긴다는 것을 무시하는 처사다.

우리의 상처, 마른 가지들, 인간인 우리가 어떤 식으로 허물어지는지를 정직하게 말하는 것은 압도적인 죽음의 공포에 맞서려는 예방접종과 같다. 이로써 우리는 죽음에 합당한 자리를 부여하고, 죽음이 이치에 맞는다거나 최상의 결과를 낳는다는 설명을 지어내는 대신 그 상처가 되려 숨을 쉬게 한다. 그렇지 않으면 죽음의 공포가 실제 우리 혈관에 침투하고 만다.

전도서의 설교자와 더불어 우리는 "산 개가 죽은 사자보다 낫"다는 것과 "해 아래에서 행하는 모든 일 중에서 죽은 자들에게 돌아갈 몫은 영원히 없"다는 것을 시인한다. 이 사실을 받아들이면 다음 구절에 나오는 피조물의 기쁨과 경이를 경험하는 데 도움이 될 수 있다. "너는 가서 기쁨으로 네 음식물을 먹고 즐거운 마음으로 네 포도주를 마실지어다"(전 9:7).

인정하자. 우리는 죽음을 정복하거나 죽음의 길을 이해할 수 없다. 그러나 이런 아우구스티누스적 항복은 해방을 안겨 주는 승리가 될 수 있다. 이 아우구스티누스적 통찰은 멜리사의 죽음이 그랬듯 우주에서 가장 용감하면서도 진정한 해방을 안겨 주는 영광스러운 죽음을 가리킬 수 있다. 바로 만물을 지으신 분의 죽음, 흑암 가운데 이루어진 예수님의 존귀한 죽음이다. 그분은 "죽음의 고난받으심으로 말미암아 영광과 존귀로 관을 쓰"셨는데, "하나님의 은혜로 말미암아 모든 사람을 위하여 죽음을 맛보려 하"셨다(히 2:9).

근본적으로 불합리한 흑암 속 죽음의 특성에 관한 이 관점은 우리에게 중보자, 우리 대신에 죽음을 맛보신 구원자의 절대적 필요성을 가리켜 보일 수 있다. 이것을 깊이 받아들이지 못하면, 우리는 이 사람이나 저 사람, 이 기관이나 저 기관이 죽음의 개념을 창안하기라도 한 것처럼 그들을 탓하는 데 지나치게 많은 불안의 에너지를 쏟을 수 있다. 참혹한 죽음에 대한 책임을 하나님께 지우지 않으면서 멜리사와 다른 수많은 이들에 대한 '이유를 묻는' 질문에 답하기 위해 곡예 같은 논리적 기량을 발휘할 수도 있다. 그러나 그런 집착은 아이러니하게도 우리 삶에 죽음의 공포를 불어넣어 그보다 더 큰 현실, 즉 우리는 죽을 존재이고 하나님은 우리의 필멸성을 무효화하는 약속을 하신 적이 없다는 현실을 외면하게 한다.

우리는 죽음의 '이유'를 묻는 질문에 답할 수는 없지만, 세상에는 여전히 경이와 아름다움이 가득하고 하나님은 죽음이 최종 발언권을 갖지 않을 거라고 약속하신다.

> 내가 땅의 기초를 놓을 때에 네가 어디 있었느냐 네가 깨달아 알았거든 말할지니라 누가 그것의 도량법을 정하였는지, 누가 그 줄을 그것의 위에 띄웠는지 네가 아느냐 그것의 주추는 무엇 위에 세웠으며 그 모퉁잇돌을 누가 놓았느냐 그때에 새벽 별들이 기뻐 노래하며 하나님의 아들들이 다 기뻐 소리를 질렀느니라.
>
> 욥기 38장 4-7절

이렇게 말하는 것이 이상하게 들리겠지만, 주님이 폭풍 속에서 욥에게 주신 응답이 그를 해방시켰다. 주님의 응답은 욥의 질문에 그 어떤 답을 주지도, 그의 두려움을 잠재우지도 못하지만, 그럼에도 욥은 그 응답에 힘입어 다시 살아간다. 자녀들을 키우고, 농장을 운영하고, 140년을 더 살아서 결국 "아들과 손자 사 대를" 본다(욥 42:16). 구덩이와 죽음의 수수께끼를 아는 사람, 그 수수께끼는 풀리지 않는다는 것을 아는 사람으로 살아간다. 그는 여전히 상처와 흉터 가득한 피조물에 불과하지만, 욥기 38장과 39장이 계속 강조하는 것처럼 주님이 다스리시는 곰과 사자와 갈까마귀와 산염소와 타조와 독수리의 세계, 이전에는 깨닫지 못했던 기쁨과 경이를 아는 필멸의 존재로 살아간다. 주님의 길을 헤아리진 못해도 욥은 창조주인 그분을 신뢰한다. 그리고 아브라함처럼, 월터처럼, 그는 두려움에 휘둘리다 죽지 않고, 욥기 마지막 절의 증언대로 "늙어 나이가 차서" 죽는다(욥 42:17).

우리 자신의 죽음이 월터와 멜리사 중 어느 쪽에 가깝든, 우리의 죽어 감과 죽음 가운데서도 창조주와 구속자, 십자가에 못 박히시고 부활하신 주님, 우리 대신 흑암 속으로 들어가셨던 그분이 우리를 잡은 손을 놓치지 않으신다는 것을 믿을 수 있다. 흑암은 여전히 어둡지만 최종 발언권을 얻지 못한다. 바울의 말을 빌리면, 십자가에 못 박히신 이 주님, 예수 그리스도는 "복되시고 유일하신 주권자이시며 만왕의 왕이시며 만주의 주시요 오직 그에게만 죽지 아니함이 있고 가까이 가지 못할 빛에 거하"신다(딤전 6:15-16).

- 이번 장에서는 "종착점이 없는 타락한 피조물로" 영원히 사는 것은 "사실 '피조물의 한계'라는 은혜에서 끊어진 흑암의 땅 스올로 추방되는 일일 수 있다"고 말했다. 당신은 이런 관점에 공감하는가, 아니면 공감하지 않는가? 구체적으로 말해 보라.

- 이번 장에서 우리는 죽음에 관한 기독교 신학의 두 가지 견해를 만났다. 하나는 죽음을 피조물의 삶의 합당한 완성으로 보고, 다른 견해는 죽음이 근본적으로 폭력적이고 부자연스러운 것이라고 본다. 당신은 죽음에 대한 어떤 견해를 주로 듣는가? 어떤 상황에서 우리는 죽음이 인간의 성장을 돕는다고 이해할 수 있을까?

- 이번 장에서 탐구한 죽음에 대한 두 가지 견해가 동시에 옳다고 말할 수 있을까? "우리와 사랑하는 이들에게 우리 자신의 죽음은 모욕이자 선물, 고통이자 위안, 재앙이자 섭리라는 기이한 작용이 될 것이다." 사랑하는 사람을 잃었던 자신의 경험을 떠올려 보라. 그 일에서는 두 견해가 어떤 식으로 드러나는가?

3

죽을 존재임을 부정하는 인간들

마음이 감당해야 할 네 가지 의무가 있다.

사랑하고 두려워하고

즐거워하고 슬퍼하는 것.

—클레르보의 베르나르[1]

남부 캘리포니아 산타모니카 해변에서 어느 화창한 날이었다. 기나긴 수평선 바로 안쪽, 햇빛 아래 밀려드는 파도가 빛을 발하는 것 같았다. 전도사였던 나는 공부할 책들을 뒤로하고 교회 청소년들과 나란히 해변 소풍에 합류했다. 즐겁게 노는 게 뭔지 보여 주려 마음먹고 서핑 보드에 올라 한껏 파도를 탔다. 그러다 부서지는 파도에 그만 균형을 잃고 짜디짠 물속에 빠지고 말았다.

생각이 멈췄다. 적어도 그렇게 느껴졌다. 마침내 머리가 물 위로 잠시 떠올랐을 때 나는 가쁜 숨을 들이쉬었고 저류에 다시 끌려 들어갔다. 내가 심해로 돌아가는 물고기라면 그보다 쉬운 일은 없었을 것이다. 대양의 강한 손이 나를 붙들고 깊은 바닷속으로 이끌 테니. 그러나 생각할 겨를도 없이, 내가 심해로 가고 싶지 않다는 것을 내 몸이 먼저 알았다.

다시 수면 위로 올라왔을 때 나는 숨을 헐떡이며 산소를 들이마시고 상황을 파악했다. 서핑 보드는 손에 닿지 않는 먼 거리에서 파도에 실려 통통 튀며 해변에 점점 더 가까워지고 있었다. 몇 번 더 물에 잠겼다가 다시 물 위로 떠오르기를 반복하면서 짠물이 왈칵 목

구멍으로 넘어갔다.

과정이 잘 기억나지 않지만 결국 나는 해변으로 돌아갔다. 모래밭에 무릎을 꿇고서는 폐 속에 공기를 있는 힘껏 불어넣었다. 누구를 부르진 않았는데, 다른 청년 그룹 리더가 나를 보고는 서둘러 내 쪽으로 걸어왔다. 바로 그 순간, 내 몸이 계속 경험하던 것을 생각이 따라잡았다. 두려움이었다. "나는 살려고 싸웠어." 내 몸은 그렇게 말했다. 나는 저류에 휩쓸린 채 그대로 죽어 드넓은 바다로 쓸려 갈 수도 있었지만, 몸이 즉시 움직였다. 죽을 수도 있다는 두려움이 생각으로 나타난 것은 나중 일이었다. 내가 죽음을 떠올리든 아니든 내 몸은 본능적으로 죽음을 두려워한다.

어쩌면 대담한 주장이지만, 그날 오후 내가 경험했던 일은 우리의 피조된 자아와 생물학적 구조에 깊이 내재되어 있는 어떤 것을 가리킨다고 생각한다. 그날 그 경험 자체가 보편적이라고 주장할 수는 없다. 다양한 사람이 다양한 상황에서 서로 다른 몸을 지니고 있기 때문에, 인간의 경험은 매우 다양하다. 청소년부 중학생이 그날 저류에 빨려들었다면 나와는 다르게 반응했을 것이다.

하지만 한 가지는 분명히 말할 수 있다. 기습당할 때, 나와 같은 호모사피엔스의 몸은 살아남으려 사투를 벌일 것이다. 그런 생각이 떠오르든 아니든, 물속에 들어가기 전에 자신의 미래가 희망차게 느껴졌든 절망적으로 느껴졌든 결과는 달라지지 않는다. 생물학자들은 우리 몸에 '생존 본능'이 있고 생각의 유무와 상관없이 그 본능이 작동한다고 한다. 어린아이 몸도 그것을 안다. 모든 곳에 있는 모든 이의 몸이 그 본능을 안다. 학교나 부모가 따로 가르치지 않아도 된다. 우리 몸은 죽음을 두려워한다.

지난 50년간 사회심리학 분야에서 이뤄진 많은 연구는 인간에게 있는 죽음의 공포가 우리 생각보다도 더 근본적인 것이라는 주장을 뒷받침하는 경험적 증거를 제시하려 노력했다. 이 주장은 우리 인간은 죽을 존재라는 현실을 의식적으로 인식하지 못한다 해도 그것이 우리 생각과 행동에 강력하게 영향을 미친다는 것이다.

지독히 어두운 느낌이 다분한 이 학설은 "공포관리이론"이라고 불린다. 연구자들은, 우리가 경외감과 기쁨을 경험하지만 "인간을 포함한 모든 생명체가 결국엔 죽는다는 것과 죽음은 예상하거나 통제할 수 없는 이유로 찾아올 수 있다는 것을 동시에 깨달을 때 끊임없이 불안해지기도 한다"면서 참으로, "공포의 잠재력은 어디에나 있다"고 진단한다. 일상에서의 활동이 우리가 땅과 이어져 있음을 떠올리게 하기 때문이다. 우리는 땅으로 돌아갈 것이다. 우리는 대변을 보고 오줌을 누고 토하고 가스를 만드는 피조물이다. 이 사실이 거북해도 어쩔 수 없다. 하지만 역설적이게도, 이런 죽음의 공포를 끊임없이 인식하면서는 매일을 정상적으로 살 수 없다. 필멸의 쇠퇴하는 피조물인 우리가 죽음의 두려움에 온전히 굴복하면 "공포에 압도적으로 눌려 아무것도 할 수 없게" 될 것이다.[2]

우리가 하나님이나 성경의 정확성을 믿든 믿지 않든, 사회심리학자들은 스올의 구덩이가 얼마나 진흙탕인지 잘 보여 준다. 필멸의 피조물인 우리는 진흙 속에 빠져서, '죽어 감에 대한 공포'와 '하루하루 살아가고 그날그날을 사랑하며 빛을 소망해야 할 필요성' 사이에서 꼼짝도 하지 못한다.

죽음의 공포에서 풀어 주시려

때때로 그리스도인들은 자신들이 더 이상 죽음을 두려워하지 않는다고 입심 좋게 주장한다. 하지만 그들의 몸은 그 말에 동의하지 않을 것 같다. 기독교 신앙은 죽음의 공포와 마주한 첫 번째 존재는 우리가 아니라고 주장하면서, 죽음의 공포 앞에 선 우리가 처한 곤경을 직접적으로 다룬다. 성육신을 통해 하나님은 친히 고통받으셨고 죽어 가는 육신을 입으셨다.

히브리서 기자는 이렇게 말한다. "하나님께서는 만물을 창조하시고, 만물을 보존하시는 분이십니다. 그러므로 하나님께서 많은 자녀를 영광에 이끌어 들이실 때에, 그들의 구원의 창시자를 고난으로써 완전하게 하신다는 것은 당연한 일입니다. 거룩하게 하시는 분과 거룩하게 되는 사람들은 모두 한 분이신 아버지께 속합니다.

그러하므로 예수께서는 그들을 형제자매라고 부르시기를 부끄러워 하지 않으셨습니다"(히 2:10-11, 새번역).

그 결과는 너무나 놀랍다. "이 자녀들은 피와 살을 가진 사람들이기에, 그도 역시 피와 살을 가지셨습니다. 그것은, 그가 죽음을 겪으시고서, 죽음의 세력을 쥐고 있는 자 곧 악마를 멸하시고, 또 일생 동안 죽음의 공포 때문에 종노릇하는 사람들을 해방시키시기 위함이었습니다"(히 2:14-15, 새번역). 십자가 위에서 예수님은 우리를 죽음의 노예로 붙잡고 있는 마귀의 속박을 끊으신다. 바꿔 말하면, 예수님은 스올로 내려가신다. "요나가 밤낮 사흘 동안 큰 물고기 뱃속에 있었던 것같이 인자도 밤낮 사흘 동안 땅속에 있으리라"(마 12:40).

성경은 다른 누군가가 십자가를 통해 스올로 내려갔다면 그것은 동일한 효과를 내지 못했을 것이라고 증언한다. 히브리서는 우리 '형제' 그리스도는 또한 왕이신 아들이시며 "만유의 상속자"이시고 "하나님의 영광의 광채시요 그 본체의 형상"이시고 "그의 능력의 말씀으로 만물을 붙드시"는 분임을 강조한다(히 1:2-3). 하나님은 이 높으신 "아들을 통하여" 우주와 그 모든 피조물을 만드셨는데(2절), 그 분은 피조물들에게 거부당하고 십자가에 못 박히셨다. 예수님은 그늘진 겟세마네 동산에서 땀을 피처럼 땅바닥에 흘리시며 스올로 가셨다. 십자가에서 "어찌하여 나를 버리셨나이까"라고 외치며 스올로 가셨다(마 27:46; 막 15:34). 그분은 저주받은 자로 성전의 복과 멀리 떨어진 곳에서 십자가 처형을 당하셨다. 아브라함, 이삭, 다윗과 달리, 심지어 욥과도 달리, 늙고 "날이 다하"여 죽으신 게 아니다. 그분은 어둠 속에서 죽으셨다.

그러나 히브리서는 피투성이 패배로 보이는 상황에서도 예수님은 매 순간 우리를 덮치려 드는 사탄의 권세(우리를 죽음의 공포에 매인 노예로 만드는 힘)를 어떤 식으로든 무장해제하신다고 주장한다. 우리는 여전히 죽어 간다. 이는 틀림없다. 이 책에 적힌 글자를 읽는 숨쉬는 '나'는 언젠가 호흡을 멈출 것이다. 우리가 오래오래 살고 나서 죽든 얼마 못 살고 죽든, 우리의 죽어 감과 죽음과 쇠퇴는 불변하는 사실이다. 그리고 그리스도인들은 인간의 목숨을 빼앗겠다고 벼르는 질병과 사고와 사람들을 여전히 두려워한다. 우리 몸속 모든 세포는 어떻게든 살아남으려 한다.

그러나 히브리서는 육신을 입은 하나님이신 "믿음의 창시자" 그리스도가 계시기에(히 12:2, 새번역) 그리스도인들은 더 이상 죽음을 두려워해서는 안 된다고 말하지 않는다. 그렇다. 우리는 죽음의 공포에 매인 노예 상태에서 구원을 받는 것이다. 달리 말하면, 그리스도인의 삶의 목표는 죽음의 공포를 없애는 것이 아니라 죽음을 왕좌에서 끌어내리는 것이다. 죽음의 공포가 다스리는 한, 우리는 참된 왕이신 예수님을 온전히 섬길 수 없고, 예배할 수도, 증언할 수도 없기 때문이다.

어린아이들은 종종 자신도 모르게 창조주의 자녀, 땅의 피조물이 무엇을 의미하는지 가족에게 알려 주는 역할을 한다. 우리가 상반된 감정을 동시에 갖게 되는, 몸을 지닌 필멸의 존재라는 사실이 어떤 의미인지 아이들이 가르쳐 준다. 배변 훈련을 할 때, 어떤 아이들은 자신의 배설물을 하수 처리 시설로 보내는 법을 배우는 것보다 그 모양과 크기를 관찰하거나 그것으로 화장실 타일에 그림 그리는 데 더 많은 관심을 보인다. 또 어떤 아이들에겐 배변 훈련이 거대한 투쟁이 된다. 자신이 충분히 강하게 저항하면, 몸이 그런 끔찍하고 역겨운 것을 만들어 내는 일을 중단할 거라고 생각하는 것이다.

흔히 두 유형의 아이들에게, 또래들이 "똥싸개"나 "똥머리"라고 부르는 것은 가장 빠른 반응을 이끌어 내는 모욕이다. 관심을 유도하는 이 성배를 발견해서 기쁜 아이들은 영리하게도 이 모욕, 이 농담을 거듭거듭 꺼내 든다. 이런 억눌린 불안의 상처를 건드리는 일은 재미있게 느껴질 수 있다. 무엇보다 그것은 아이들이 끌려 들어가고 있는, 어른들이 격식을 갖춘 정중한 세계와 극명한 대조를 이루기 때문이다.

응가나 쉬를 하지 않는 아이는 그 문제를 해결할 시술 없이는 자랄 수 없고 몸이 제 기능을 할 수도 없다. 배변 행위는 인간뿐 아니라 까마귀, 소, 고양이, 잉어도 한다. 우리도, 녀석들도 죽을 몸을 지니고 산다. 피조물들은 먹고, 배설하고, 성장하고, 죽는다. 이런 일은 저주가 아니라 지상에서 피조물로 살아가는, 때로는 웃기고 때로는 당혹스러운 축복의 하나다.

그런데도 그리스도인과 비그리스도인 모두 구약성경에 나오는 인간 삶에 대한 묘사에 자주, 똑같이 당혹해한다. 어떤 이들은 "너무 저속하다"고 말하기도 한다. 설교자들은 구약성경에 나온 많은 구절을 피한다. 예전(禮典) 중심 교회에서 쓰는 성구집마저 그렇다. 내가 어린 시절에 다니던 침례교회에서는 성경 구절을 자주 암송했고, 청소년부 성도들이 "인생 구절"(자신의 것으로 삼고 싶은 성경 한 구절)을 고르곤 했다. 내 친구 케빈은 인생 구절이 뭐냐는 질문을 받으면 레위기 12장 3절이라고 말했다. 그러자 다들 의아한 표정을 지었다. 그 구절을 외우는 사람은 없었기 때문이다. 결국 누군가가 성경을 펼쳐서 해당 구절을 찾았다. 그가 더듬더듬 케빈의 인생 구절을 읽는 동안에도 케빈은 여전히 진지했다. "여드레째 되는 날에는, 아이의 포피를 잘라 할례를 베풀어야 한다"(새번역).

이렇게 레위기 구절을 다 읽고 나면 청소년부 모임에서 화제였던 인생 구절에 대한 기대는 한풀 꺾이고 모인 사람들 사이에서는 긴장된 키득거림과 부라리는 눈, 책망하는 표정이 두루 나타났다. 그러나 케빈의 답변과 그에 대한 우리의 반응은 시사하는 바가 크다. 우리 생각에, 구약성경에는 우리가 민망하다고 여기는 요소가 많다는 것 말이다. 주님은 어떤 언약의 증표로 그분이 선택하신 민족을 표시하셨는가? 기도문 암송, 철학 논문, 휘장인가? 아니다. 주님은 창세기 17장에서 아브라함에게 "너와 네 후손"과 언약을 맺겠다는 놀라운 약속을 하신 후, 직접 명령을 내리신다. "너희 중 남자는 다 할례를 받으라 이것이 나와 너희와 너희 후손 사이에 지킬 내 언약이니라 너희는 포피를 베어라 이것이 나와 너희 사이의 언약의 표징이니라"(창 17:10-11). 이런 구절을 들으면 청소년 남학생들은 눈을 찡그리며 바닥을 보거나 크림색 타일 위에 앉은 애먼 먼지를 걷어찼다. 하지만 이런 의료 행위는 하나님의 명령이었고, 세상 속에서 하나님이 펼치시는 선교의 증표였다.

주님은 성전에 대한 규정도 주셨는데, 월경 중 여성의 출혈과 남성의 정액 유출에 관해서도 세세하게 지시하셨다. 또한, 성전 예배에는 빵 굽기와 양 도살 같은 세속적 과제도 있었다. 주님은 심지어 사라, 리브가, 라헬, 한나 및 여러 여성의 태를 열어 출산이라는, 놀랍지만 피비린내 나는 과정을 맞게 하셨다. 주님은 피, 땀, 생식기와 거리를 두지 않으시고 그분의 언약적 선교, 즉 이스라엘이 열국에게 복을 줄 민족이 되는 계획 안에 그것들을 담아내셨다. 우리 몸은 음경과 포피나 질과 자궁이 있는 피조물로서 땅과 연결되어 있고, 언약의 주님은 그분의 친 백성으로 삼으신 민족에게 약속하신 구원을 이루는 일에 우리 몸을, 심지어(어쩌면 특히) 점잖지 못한 부위까지도 사용하기로 선택하신다.

나는 우리 아이들에게 어린이 성경을 다양하게 읽어 주면서 그런 이야기들이 편집되거나 빠진 것을 발견했다. 그러나 은밀한 부위, 체액 배출, 기타 신체 기능이 구속사와 너무나도 분명하게 엮여 있는 방식에 당황하는 것은 전혀 낯선 일이 아니다.

4세기에 젊은 아우구스티누스는 구약성경이 너무나 현세적이라는 이유로 기독교 신앙을 거부했다. 한동안 그는 마니교라는 영지주의 그룹에 합류했는데, 그들이 받아들인 신과 물질계의 이분법은 최고의 하늘과 지상의 악취를 구분함으로써 그들을 안심시켰다. 그들은 유대인들의 신이 악마라고 주장했다. 한 마니교도는 아우구스티누스에게 편지를 써서 구약성경의 현세적 초점을 비난했다. "'네 손을 내밀어 내 옆구리에 대 보라. 죽이고 먹으라. 생육하고 번성하라.' 내가 알기로 당신은 이런 내용을 늘 싫어했습니다. 내가 알기로 당신은 고상한 것, 땅을 피하고 하늘을 추구하고 몸을 죽이고 영혼을 살리는 것을 사랑하는 사람이었습니다."[3]

현대 그리스도인이 구약성경에서 신체와 관련된 거북한 부분을 삭제하는 것을 볼 때 나는 우리가 마니교적 본능에 이끌리는 건 아닌지 의아해진다. 마니교적 본능은 우리가 땅에 속한다는 사실을 부정하는 것이 종교이며, 우리는 몸과 그 당혹스러운 배출, 배설, 쇠퇴에서 벗어나 고상한 생각과 감정으로 나아가야 한다고 믿는다.

하지만 새 언약의 도래와 함께 주님이 가장 먼저 하신 일들은 신체적이고 현세적이었다. 불임이던 나이 든 엘리사벳의 자궁에 남자 아기가 들어섰다. 이 아이는 커서 선지자가 되고 광야에 살면서 회개를 촉구하게 된다. 그는 "낙타털 옷을 입고 허리에 가죽 띠를 띠고 음식은 메뚜기와 석청이었"다(마 3:4). 처녀 마리아가 아기를 선물로 받았다. 이스라엘의 주님은 이 아이 안에서 피조물의 몸에 따라오는 기쁨과 수모를 취하신다. 구약의 약속은 땅에 속한 이 사람, 나사렛 예수, 메시아, 가장 높으신 분의 아들을 통해 구현되려 한다. 우주 만물의 하나님이 그분의 가장 고귀한 약속의 성취를 위해 한없이 나약한 죽을 몸을 취하여 자기 몸으로 삼으셔야 했다.

죽음의 부정, 문화의 동력

우리 죽을 몸의 취약성을 다룬 지난 세기 가장 심오한 사상가 중 한 사람으로 어니스트 베커라는 사회과학자가 있다. 1972년, 그는 수많은 형태의 죽음의 부정(否定)을 다룬 획기적인 원고를 출판사에 넘겼다. 같은 해 후반에 그는 암 진단을 받았고, 암은 16개월 후에 그의 목숨을 앗아 갔다. 그가 죽은 지 두 달 후, 그가 쓴 책《죽음의 부정》(*The Denial of Death*)은 퓰리처상을 받았다.

처음에 베커의 대작은 내 '재미로 읽는 책' 목록에 있었다. 이는 읽고 싶은 책 중에 신학 교수인 내 연구와 가르침에 어떻게 자리 잡을 수 있을지 분명치 않은 픽션과 논픽션 저작을 모아 둔 목록이다. 그러나 얼마 뒤 그 책은 재미로 읽는 책인 동시에 직업으로 찾아 읽는 책이 되었다. 심지어 책을 읽으면서 길동무와 다정하게 대화를 나누는 듯한 느낌마저 들었다. 베커도 나처럼 살아 있는 자들에게 필멸의 의미를 진술하는 데 도움이 될 만한 언어와 범주를 간절히 찾고 있었다. 나 역시 그와 같은 열망을 자주 느끼는데, 그럴 때 내 마음은 곧잘 시편 39편으로 돌아가곤 했다.

> 내게 알려 주십시오, 오 여호와님, 내 끝을!
> 내 한평생이 얼마나 될지를. 알고 싶습니다.
> 내 삶이 얼마나 덧없는지를. 보십시오,
> 주님이 내 한평생을 손 너비만큼 되게 하시니
> 내 생애가 주님 앞에서는 없는 것 같습니다.
> 사람은 누구나 입김처럼 서 있을 뿐입니다.
> 시편 39편 4-5절, 새한글성경

아이들 등교 준비를 돕고, 교직원 회의에 참석하고, 강의실에서 학생을 가르치고, 가족들과 저녁 식사를 같이 하거나 수영장에서 수영을 하면서 나는 이런 의문이 들곤 했다. '이 모든 일은 그저 입김에 불과한 우리 삶의 덧없는 본질과 어떻게 연결돼 있을까? 정치와 아동기와 매니큐어 바른 손톱과 안티에이징 크림은 우리의 필멸성과 어떻게 만나고 있을까?' 나는 그것들이 어떤 식으로든 분명히 이어져 있음을 감지했다. 장 칼뱅은 일상생활에서 우리는 필멸의 유한한 존재라는 자신의 현실을 부정하는 경향이 있다고 썼다. 작고 일시적인 인간이 "현재의 존재 상태에 단단히 매여 있고 [그렇기에] 2천 년을 살 것처럼 삶의 여러 문제를 진행해 나간다."[4]

어니스트 베커는 인간이 처한 상태에 관해 이와 비슷하게 지적했다. 베커는 《죽음의 부정》에서 현대인의 정신에서 죽음의 부정이 발휘하는 힘을 폭넓게 주장한다. 더 나아가 그는 일반화를 넘어 구체적인 사례들을 세부 내용까지 꼼꼼히 살핀다. 베커의 주장을 보면, 죽음의 부정은 인간 문화 자체의 중심에 자리 잡은 동력이고, 시시각각 삶 어디에나 등장한다. 하지만 죽음의 부정이 지닌 힘은 상당 부분 자기를 억제하고 숨기는 데서 나온다. "죽음에 대한 두려움은 사람의 정신 기능에서 늘 작용할 수 없다. 만약 그렇다면 유기체〔인간〕는 제 기능을 할 수가 없다."[5] 그런데 두려움은 숨겨도 여전히 작동한다. 그 결과로 "불안할 이유가 없을 때도 불안한 이유를 끊임없이 만들어 내는, 극도로 불안한 동물"이 등장한다.[6]

베커는 좌절된 성욕이 널리 퍼진 신경증의 근본 원인이라고 상정했던 지그문트 프로이트에게 대담하게 맞선다. 베커는 신경증의 원인이 땅과 연결돼 있는 우리의 누추한 상태에 대한 강한 불편함이라고 주장한다. 인체, 피, 배설물, 성교는 모두 우리를 불안하게 만든다. "죽음의 공포가 그 무엇보다 집요하게 인간을 쫓아다니기" 때문이다. "죽음의 공포는 인간 활동의 주된 원인이다. 인간의 활동은 주로 죽음의 숙명을 피하고자, 죽음이 인간의 최종 운명이라는 것을 어떤 식으로든 부정하여 그 숙명을 극복하고자 고안된 것이다."[7]

베커가 볼 때, 동물적 기능이 있는 인체의 불결함을 혐오했던 마니교도처럼 우리도 동일한 현실에 크게 괴로워한다. 하지만 우리는 자신의 이런 성가신 상황을 숨기려 하고, 그 과정에서 세상에서 활동할 힘을 얻는다. 우리가 하는 활동은 필멸성이라는 상처를 덮으려는 시도다.

베커는 매사추세츠 출신의 종교가 없는 유대인이었고, 제2차 세계대전에 참전해서는 그의 부대가 한 나치 포로수용소의 해방을 도우면서 홀로코스트의 참화를 가까이서 지켜보았다. 베커는 학업을 이어 가면서 과학에 대한 계몽주의 이상에 매료되었다. 그는 정신의학, 사회학, 인류학을 활용하여 인간 본성에 관한 면밀한 질문들을 탐구해 나갔다.

하지만 학자로서의 경력이 쌓이자 과학에 대한 전통적 계몽주의 이상을 향한 관심이 시들해지면서 신학과 종교에 대한 자료들을 더 많이 활용하게 되었다. 그는 디트리히 본회퍼와 마틴 루터 킹 2세를 자신의 본보기이자 연구의 본보기로 삼았다. 그는 덴마크 철학자 겸 신학자인 쇠얀 키에르케고어에게도 매료되었다. 죽기 몇 년 전 베커의 연구가 무르익으면서 그는 '필멸의 피조물로서 가장 고상하고 인간답게 사는 방법'은 인간의 모든 상상을 뛰어넘는 초월자에게로 방향을 전환하고, 초월자를 지향하는 종교적인 삶을 사는 것이라고 주장했다. 그는 종교의 현대적 대체물로 심리 치료나 섹스를 찾는 것은 실패할 수밖에 없고, 초월자와 관계를 맺고 살 때만이 피조물인 인간으로서 가장 온전하게 살 수 있다고 보았다.

베커는 키에르케고어가 19세기 덴마크 상황을 혹독하게 비판한 것에 매력을 느꼈다. 당시 덴마크 사람들은 피조물의 유한성을 부정함으로써 자신은 건강하다는 잘못된 생각을 양산했고 키에르케고어는 그것을 강하게 비난했다. "키에르케고어가 볼 때, '정상적인 문화인'이라는 상태는 그 사람 자신이 그것을 알든 모르든 병들어 있었다."[8] 키에르케고어는 당대 기독교 세계에서 그리스도를 따른다고 주장한 이들이 자신의 질병을 모르기 때문에 죄에 이끌리고, 자신에게는 죽음의 한계가 없는 것처럼 행동한다고 확신했다. 키에르케고어에게 두려움 또는 불안은 그 자체로 좋은 것도 나쁜 것도 아니었다. 그것은 지어진 존재인 인간의 현실이자 우리 혼자서는 죽음이라는 적을 극복할 수 없다는 인식에 불과했다. 이것을 부인하면 자기를 의지하고, 죄 가운데 살게 된다. 하지만 하나님 앞에서 이 결핍의 상태를 인정하면 신앙의 가능성이 열린다.

베커는 신에 관해 어떻게 말해야 할지 확신하지 못했지만, 신앙에 대한 키에르케고어의 반문화적 접근법, 즉 초월자 앞에서 피조물의 한계를 받아들이는 것이 인간이 진정으로 번성함에 이르는 유망한 길이라고 느꼈다. 이런 의미에서 사람이 "믿음"으로 살지 않으면 권위주의적 인물(이를테면 히틀러)이나 힘의 지배 체제(이를테면 미국의 흑인들이 직면하는 구조적 인종차별)를 의지하게 된다. 베커의 롤 모델인 본회퍼와 킹은 유한성의 견지에서 믿음을 보여 주면서 그런 세력들에 맞서 저항했다. 그 세력들은 일차적으로는 추종자들의 인간성을, 좀 더 일반적으로는 압제자들의 인간성을 말살했다.

베커는 1960년대 학생운동의 일부 담론을 받아들였지만, 새로운 형태의 종교적 실현으로 성적 자유를 실험한 이들에게는 반대했다. 학문적으로 무르익을수록 베커는 학문적 차원에서도 대중적 차원에서도 프로이트주의와 더욱 확실하게 결별했다. 대중적 수준에서 프로이트주의는 여전히 우리 가까이에 있다. 너무나 뻔한 할리우드 영화 줄거리에서는 성욕이나 성적 일탈이 드러나는 것으로 이야기가 절정에 이른다. 몇 년 전 어느 문화사가 지적한 대로, 대중적 프로이트주의는 "극장, 소설, 이야기"에서 널리 표현되고 있다. "한 세대 전, 〔프로이트는〕 우디 앨런의 농담에 활력을 더해 주었다. 보다 최근에는 드라마 〈소프라노스〉(The Sopranos)에 모습을 드러냈고, 오늘날에는 〈매드멘〉(Mad Men) 곳곳에 등장한다."[9] 1980-1990년대에 성장하면서 프로이트적 주제로 수십 가지 변주를 전달하는 드라마와 영화를 본 나 역시 베커처럼 '대중적' 프로이트주의가 가장 심오한 인간의 동기를 설명할 수 있다는 생각이 참으로 의심스러웠다.

베커는 프로이트가 인간의 행동을 설명하려고 일상적 의식 수준보다 더 깊이 들여다본 것은 옳았지만 신경증의 근본 원인으로 성(性)을 지목한 것은 잘못된 판단이라고 주장한다. 프로이트는 죽음에 대한 자신의 불안을 "겁에 질려 죽음을 피하는 동물"의 본능이 아니라, "주로 쾌락을 얻고자 성을 추구하는 존재"인 인간의 반사적 "본능"이라고 설명하고 넘어갔다.[10] 프로이트가 볼 때 죽음은 인간의 불안이나 인간 문화에 있는 문제가 원인이 아니었다.

프로이트의 뛰어난 학생이었다가 나중에 경쟁 관계가 된 정신과 의사 오토 랑크는, "〔프로이트가〕 피할 수 없는 죽음의 문제에 마침내 부딪쳤을 때, 그는 거기에 새로운 의미를 부여하려 들면서 죽음에 대한 두려움이 아니라 죽음의 본능"을 말했다. "그렇게 시간을 번 사이에 그는 자신이 느낀 두려움을 두려움이 그렇게 위협적이지 않은 다른 분야로 옮겨야 했다." 프로이트의 전략은 죽음에 대한 일반적인 두려움을 "특별한 성적 두려움(거세 공포)"으로 만든 다음, "성욕의 해방을 통해 그 공포를 치료"하려는 것이었다.[11]

프로이트는 왜 이런 실수를 저질렀을까? 그가 죽음의 공포 대신에 성에 주목한 이유는 키에르케고어와 달리 신에 대한 믿음을 신경증이나 질병으로 여기고자 작심했기 때문이라고 베커는 주장한다. 키에르케고어가 볼 때 불가피한 죽음 앞에 있는 죽을 인간에겐 믿음 외에는 진정한 인간의 삶을 살아갈 길이 없다. 그에 반해, 프로이트는 종교 비슷한 것은 일절 거부했다. 한 학자가 지적한 대로, "그는 자신이 다른 이를 지적으로 의존하거나 인격적 신에게 영적으로 의지하고 있을지 모른다는 의심마저 제거해야 직성이 풀렸기" 때문이다.[12]

프로이트는 죽음을 두려워했고 죽음이라는 수수께끼를 대면하는 것조차 두려워했다. 현대 할리우드가 섹슈얼리티에 지속적으로 집중하는 것은 그들이 우리의 필멸성을 냉철하게 수용해야 한다는 믿음을 프로이트처럼 두려워하고 있음을 말해 주는지도 모른다. 프로이트가 시도한 것처럼 인간의 동기를 억압된 성욕으로 축소하면, '인간의 삶과 문화'를 초월적 요소를 개입시키지 않고 시각적 자극을 안겨 주며 시장에서 잘 팔리는 식으로 설명하게 된다.

부분화의 역설

죽음 자체가 현대 서구 사회 주변부로 밀려났다면, 성적 억압이 아닌 죽음의 공포가 수많은 인간 행동의 기저를 이룬다는 생각이 과연 타당할까? 지난 반세기에 걸쳐 연구자들은 11개국에서 160건 이상 되는 연구를 통해 베커의 과감한 주장을 평가해 보려 했고, 양면적인 결과가 나왔다. 우선, 젊은이들과 중년층은 자신의 죽음을 떠올리게 하는 가슴 아픈 이미지를 접할 때 내부로 시선을 돌리고 생존 모드에 돌입하여 자신과 다른 세계관을 가진 이들에게 공격적이 된다. 그들은 자기 나라 국기를 소중히 여기고 외국인에게 위협감을 느낄 가능성이 더 높다. "내 집단(자신이 속한 젠더, 민족, 학교)"과 나 자신을 동일시하는 정도가 매우 강하다.[13]

반면, 말기 질환 진단을 받은 사람들, 죽을 뻔했다가 회복한 사람들, 그리고 노인들(자신의 죽음을 자주 생각하는 이들)은 그런 식으로 반응하지 않는다. 그들은 방어적 자세로 내부로 시선을 돌리지 않는다. 오히려 그와는 반대로, 지속적으로 자신의 죽음을 성찰하는 습관을 들여 다른 이들, 심지어 그들의 "내 집단"에 속하지 않은 이들에게까지 마음을 연다. 또한 그들은 "물질주의, 명성, 돈에도 관심을 덜 가진다."[14]

기도를 실천하는 것 또한 사람들에게 이와 비슷한 영향을 미치는 것 같다. 경험상으로 말하자면, 묵상기도는 죽음의 공포를 누그러뜨리고 내 집단에 속한 사람이든 아니든 다른 이에게 더 관심을 갖게 하는 경향이 있다. 수도사들에게 각자의 죽음을 매일 묵상하라고 조언했던 누르시아의 베네딕투스는 이런 현상에 놀라지 않을 것이다. 그리고 히브리서 기자가 알았던 것처럼, 우리 인간이 처한 곤경의 본질은 우리가 '죽음의 공포'의 노예가 될 수 있다는 데 있다(히 2:15). 신약성경이든 6세기 베네딕투스 수도원이든 현대 사회심리학이든 모두 살펴보면 인간성에 대한 공통된 결론에 도달한다. 죽음의 공포 또는 그 공포의 완화가 우리 행동 근저에 있는 핵심 변수라는 것이다.

죽음의 공포는 어떤 과정을 거쳐 개인뿐 아니라 전체 공동체 및 문화의 행동과 습관의 밑바탕에 있게 될까? 이 질문에 대해 어니스트 베커는 "문화의 가장 은밀한 내용은 피조성에 대한 영웅적 부정이다"라고 통찰력 있게 주장한다.[15] 이 발언에 이어 베커가 제시한 죽음 및 그 대처법에 대한 분석은 성경의 증언, 즉 교회의 가르침과 공통점이 많다. 그의 분석은 성경과 교회의 가르침에서 나온 것이 아니고 그 내용을 완벽하게 반영하는 것도 아니지만 말이다.

베커는 대단히 복잡하고 아이러니한 세계에서 행동해야 하는 피조물인 우리가 "부분화"(partialization)라고 부르는 대처 기술을 발전시켰다고 말한다.[16] 우리는 흙에서 나와서 얼마간 지내다 흙으로 돌아가는 존재로 사는 신비와 (궁극적으로는) 공포를 뇌리에서 떨쳐낸다. 우리에게 세상은 너무 버겁다. 우리는 그 모두를 다 알 수가 없다. 우리가 맞는 최고의 날들에도, 우리의 관심은 지금 걷고 있는 혼잡한 거리에서 일어나는 아주 작은 측면에만 맞추어져 있다. 우리로서는 사연을 결코 알 수 없는 사람들이 우리도 모르는 사이 우리 곁을 스쳐 지나간다. 베커는 이런 과정이 일종의 "페티시화"(fetishizing)의 한 형태라고 말한다. 이는 여기에 성적 본능이 근본적으로 작용하고 있어서가 아니라, 부분화가 세상의 미세한 부분에 강박적으로 초점을 맞추게 하기 때문이다.

베커의 은유를 보면 배우자의 경이로움을 받아들이지 못하고 상대 손이나 발, 신발에만 집착하는 연인과도 같다. 그는 "개인은 세상에 맞서 자신을 보호해야 한다. 그 방법은 다른 여느 동물과 같을 수밖에 없다. 세상을 좁게 보고, 경험을 제한하고, 세상의 공포와 자신의 불안 모두를 망각해야 한다. 그렇지 않으면 행동에 나설 수 없는 상태가 될 것이다."[17]

세상에서 실제로 행동에 나서려면 세상 대부분을 무시해야 한다. 모든 순간을 만끽할 수 없고, 보통은 그러기를 원하지도 않는다. 우리는 차라리 전화에 시선을 고정하고 싶어 하지, 얼굴과 비언어적 신호라는 풍경을 보면서 우리가 토하고 배설하는 존재, 복잡한 이 땅의 이야기가 끝나면 벌레 밥이 될 두 발 동물들과 같은 거리를 거닐고 같은 지하철을 탄다는 것을 깨닫기를 바라지 않는다.

이 부분화 개념은 나처럼 말기 질환을 앓고 있는 많은 이들에게 깊은 공감을 안긴다. 우리는 "한 번에 하루씩 감당하라"는 조언을 자주 듣고, 때로는 거기에 성경의 다음 한 구절이 덧붙는다. "우리에게 우리 날 계수함을 가르치사 지혜로운 마음을 얻게 하소서"(시 90:12). 우리 삶과 미래라는 드넓은 지평선을 회피하는 부분화는 어떤 면에서 지혜롭다. 한 번에 하루씩 감당하는 일은 명성을 추구하거나 자기 연민에 빠지는 데 허비한 시간을 되돌아보게 할 수 있다. 최선의 경우, 그것은 자신의 통제력을 내려놓고 하나님 앞에 서는 피조물다운 행동이 될 수 있다.

그러나 아이러니하게도, 한 번에 하루씩 감당하라는 조언은 종종 정반대 일을 의미한다. 암 공동체에서 이 말은 흔히 '하루를 최대한 선용하라'와 '매일 하는 일이 실제로 변화를 만드니 중요하다고 생각한 일은 내일까지 미루지 말라'는 뜻이다. 그런데 이 조언은 사실상 암 환자를 불안한 격앙 상태로 이끌 수 있다. 그들이 중요하게 여기는 일은 대단히 불확실한 미래와 연결되어 있기 때문이다. 외과 의사이자 암 환자인 폴 칼라니티는 이렇게 썼다. "내게 몇 달 또는 몇 년이 남았는지 알 수만 있다면 나아갈 길은 분명할 것이다. 석 달이 남았다면 가족과 시간을 보낼 것이다. 1년이 남았다면 책을 쓰겠다. 10년이 주어진다면 질병 치료에 복귀하겠다. 한 번에 하루씩 살아간다는 진리는 내게 아무 도움이 되지 않았다. 그 하루로 대체 무엇을 한단 말인가?"[18]

감사하게도, '우리 날을 계수하라'는 시편 90편 명령의 문맥은 자신의 이야기에서 주인공 역할을 더욱 강화하라는 흔한 조언과는 사실상 전혀 다른 방향으로 움직인다. 기도로 이루어진 이 말씀은 부분화에 대한 베커의 통찰과 비슷한 지점으로 우리를 이끈다.

> 주의 목전에는 천 년이 지나간 어제 같으며 밤의 한순간 같을 뿐임이니이다 주께서 그들을 홍수처럼 쓸어 가시나이다 그들은 잠깐 자는 것 같으며 아침에 돋는 풀 같으니이다 풀은 아침에 꽃이 피어 자라다가 저녁에는 시들어 마르나이다 …… 우리의 연수가 칠십이요 강건하면 팔십이라도 그 연수의 자랑은 수고와 슬픔뿐이요 신속히 가니 우리가 날아가나이다.
>
> 시편 90편 4-6, 10절

시편 기자는 너무나 분명한데도 흔히 부정하는 한 가지 사실을 우리가 인식하기를 원한다. 우리 삶은 잠깐 있다 사라지는 작디작은 점에 불과하다는 사실이다. 우리는 기독교 공동체에서 경건한 대화를 나눌 때조차 이 사실을 자주 부정한다. 우리는 작다. 시편 기자에게 이 사실은 주님과의 대비로 더욱 크게 다가온다. "주여 주는 대대에 우리의 거처가 되셨나이다"(시 90:1). 하나님의 영원성은 온 창조 세계의 이해 수준을 넘어서는 신비다.

> 산이 생기기 전, 땅과 세계도 주께서 조성하시기 전 곧 영원부터 영원까지 주는 하나님이시니이다.
>
> 시편 90편 2절

우리는 작다. 우리는 습관적으로 '부분화한다.' 우리의 이야기가 정말로 중요하고, 정말로 사라지지 않을 것처럼 행동한다. "한 번에 하루씩 감당하라." 물론 이것이 좋은 조언일 때도 있지만, 시편 기자는 우리에게 그 이상을 원한다. 우리는 깨달아야 한다. 우리가 이해하는 것이 얼마나 적고, 우리가 통제하는 것이 얼마나 적은지, 작디작은 피조물의 삶에서 우리의 포부는 또 얼마나 과분한지, 영원하신 주님이 어떻게 우리의 궁극적 소망에 합당한 유일한 존재가 되시는지를 말이다.

작게 작게 인식하고 사는 것, 우리 가운데 있는 헤아리기 힘든 실재의 아주 작은 일부분만을 이해하는 것은 아주 근사한 일이 될 수 있다. 갑작스런 죽음의 위기로 내부로 관심이 향할 때, 우리는 내 집단을 보호하고 외부자를 악마화하는 경향이 있다. 그래서 끔찍한 결과가 나타나기도 한다. 그러나 자신의 왜소함을 아는 피조물로서 삶의 거대함에 항복하면, 죽을 존재라는 우리의 한계를 있는 그대로 받아들이는 것이 날마다 경이를 맛보는 결과로 나타날 수 있다.

작게 사는 것의 아름다움

내 아들 너새니얼은 부분화가 아름다울 수 있음을 여러모로 새롭게 가르쳐 준다. 너새니얼이 여섯 살 때, 나는 아이와 함께 우리 집 개 그레이하운드를 데리고 공원에 나갔다. 다람쥐가 나타날 때마다 우리 집 개는 코를 킁킁거리며 화살표처럼 녀석들을 계속 가리켰다. 다람쥐들이 100년 된 참나무 위로 올라가 버린 후에도 그랬다.

"이리 좀 와서 도와주세요." 너새니얼은 이 말을 하자마자 개와 나를 도토리가 가득한 빈터로 끌고 갔다. "도토리깍정이 찾는 거 좀 도와주세요. 안에 흙이 없는 깨끗한 깍정이여야 해요!" 깨끗한 깍정이를 찾겠다고 몸을 구부려 도토리들을 자세히 살피다 보니 내가 그동안 놓치고 있던 작은 것들의 세계가 새롭게 펼쳐지는 게 느껴졌다. 너새니얼이 보인 열렬한 관심 덕분이었다.

나는 그저 공원에 앉아 그날의 남은 시간 동안 무슨 일이 있을까를 생각하고 있었다. 그 사이에 아이는 작은 갈색 도토리 모자에 퀼트 같은 정교한 패턴이 있고 각 패턴이 독특하면서도 특이하다는 것을 발견했다. 놀랍게도, 도토리 모자는 대부분 도토리에서 깔끔하게 떨어져 나와 뾰족모자 모양의 속 빈 깍정이가 된다. 너새니얼과 나는 그런 깍정이가 열두 개, 스물네 개가 모일 때마다 감탄하면서

한 무더기로 쌓았다. "이건 집에 가져가면 어떨까?" 나는 특히 모양이 잘 나온 도토리 모자를 보여 주며 물었다. "그래요. 아빠! 호주머니에 넣어 주세요!"

그해 가을 좀 더 이른 시기에 너새니얼은 그 공원에서 매미 허물을 찾아냈다. 저녁마다 나름의 리듬을 선사하는, 메뚜기 같은 곤충 껍데기 말이다. 매미 몸통과 다리 윤곽이 정교하고 세밀하게 남아 있어 언뜻 벌레 유령 같기도 했다. "와, 예쁘다!" 매미가 껍질 안에서 그대로 얼어 있는 듯한 허물이 너무나 아름답다고 생각했는지 아이는 금세 허물을 잔뜩 모았고 그것을 팔아서 돈을 벌려 했다. 물론 별로 재미를 보지는 못했다.

나는 지금껏 그런 보물들을 놓치고 살았다. 그런 것들을 본 적이 없었다. 아예 눈에 들어오지도 않았다. 그러나 너새니얼은 내게 공원에 있던 다른 사람, 개, 풀, 나무를 시야에서 전부 걷어 내고 내 머릿속 긴급히 해야 할 일들의 목록마저 지나치는 법을 가르쳐 주었다. 우리는 자세히 들여다봐야 보이는 도토리깍정이와 매미 허물이라는 보물을 발견했다. 너새니얼은 부분화를 실천했다. 공원 전체를 파악하는 대신에 아이는 작은 패턴들에 초점을 맞추었고 거기서 아름다움과 기쁨을 찾아냈다.

어른인 나는 여러 위험, 죽을 몸의 쇠퇴, 정치와 뉴스가 보여 주는 혼란을 인식하고 있지만, 내 어린 아들은 그런 것들에 개의치 않는 듯하다. '작은 것들의 아름다움'과 '두려움을 촉발하는 삶의 불확실성'을 동시에 인지하는 자세, 이 이중의 의식을 내가 극복할 수 있을까?

나는 그것을 온전히 극복할 수 있다고 생각하지 않는다. 그러나 기도문에서, 특히 시편에 실린 기도문에서 나는 아름다움과 불확실성을 함께 붙드는 방법을 엿본다. 하루의 끝자락, 내 마음속에 해야 할 일, 걱정거리, 내 인생의 두려움을 확대하는 온갖 목록이 가득 들어찰 때 나는 종종 시편 95편으로 기도한다.

> 오라 우리가 여호와께 노래하며 우리의 구원의 반석을 향하여
> 즐거이 외치자 우리가 감사함으로 그 앞에 나아가며 시를 지어
> 즐거이 그를 노래하자 여호와는 크신 하나님이시요 모든 신들보다
> 크신 왕이시기 때문이로다 땅의 깊은 곳이 그의 손안에 있으며
> 산들의 높은 곳도 그의 것이로다 바다도 그의 것이라 그가 만드셨고
> 육지도 그의 손이 지으셨도다 오라 우리가 굽혀 경배하며 우리를
> 지으신 여호와 앞에 무릎을 꿇자 그는 우리의 하나님이시요 우리는
> 그가 기르시는 백성이며 그의 손이 돌보시는 양이기 때문이라.
> 시편 95편 1-7절

걱정거리에 빠졌을 때 나는 내 행동을 세상 일의 중심에 놓는다. 그러나 어디까지나 내 행동은 세상에서 벌어지는 일의 중심이 아니다. 중심은 주님이시고, 그분이 세계 드라마의 주연이시다. 나는 작

고 미미한 역할만 감당할 뿐이다. 나는 주님이 만드신 육지 피조물 중 하나에 불과하다. 나는 양 떼를 위험에서 영웅적으로 구해 내는 목자가 아니라, 하나님의 손이 친히 돌보시는 양 무리 안에 속한 존재다. 정말로 중요한 것은 죽어 감에 대한 내 두려움, 경력에 흠집이 나면 어쩌나 하는 두려움, 아버지나 친구로서 실패하면 어쩌나 하는 두려움이 아니다. 이런 것들은 작은 이야기일 뿐이고 나는 작고 미미한 존재다. 피조물로 산다는 것은 이렇듯 부분화하여 일을 작게 만든다는 뜻이다.

오직 주님만이 홀로 부분화하지 않으시고, 모든 피조물 즉 식물, 동물, 우주의 별 하나하나와 의식적으로 함께하신다. 그분만이 세세한 것들 안에 거하시되 작아지지 않으실 수 있다. 이스라엘의 하나님은 작은 존재가 아니시다. 참으로, 주님은 온 우주의 주인공이시고 "온 땅"이 그 앞에서 "경외"해야 마땅하며 또한 그렇게 만드실 분이다(시 33:8). 결국, 주님이 친히 이 땅을, 즉 미쳐 돌아가는 정치판, 불의한 일터, 내 통제력을 벗어난 기타 많은 인간의 결점을 심판하실 것이다. 그분은 성실하심과 한결같은 사랑으로 그렇게 하실 것이다.

깊은 땅속, 높은 산, 바다, 목초지, 양, 이런 것들은 모두 부분화된 경이다. 너새니얼도 나도 감상할 수 있는 경이다. 그러나 시편 95편에서는 이런 식으로 작게 생각하는 것이 크게 생각하고 크게 살아가는 일의 시작점이 된다. 최고의 부분화는 자신이나 우주 속 자신의 위치에 집착하는 삶이 아니라, 하나님 앞에서 사는 삶으로 나아가는 관문이다. 반면, 파괴적 부분화는 우리의 (아주 실질적인) 왜소함을 부정하고 우리가 두려움과 교만에 사로잡혀 스스로를 과장되게 바라보도록 한다. 이것은 우리가 필멸의 한계를 받아들이도록 돕지 않는다. 그러나 하나님 앞에 있는 죽을 존재인 우리가 부분화된 경이를 받아들이는 것은 장엄하시면서도 긍휼이 풍성하신 주님 앞에 선 피조물, 쇠퇴하고 죽어 가는 작은 피조물로서 살고 기도하고 행동하도록 도와준다. 이 주님은 우주의 단 한 분뿐인 영웅이시다.

'파괴적 부분화'와 영웅 문화

부분화는 우리의 왜소함을 상기시켜 주는 선물이 될 수 있지만 유해한 목적에도 쓰일 수 있다. 우리는 일시적 피조물인 자신의 왜소함을 직시하는 대신, 영웅을 떠받들겠다고 나서며 그들의 대의에 헌신함으로써 불멸을 맛보려 할 수 있다. 이런 일은 영웅 문화, 어니스트 베커의 표현을 빌리자면 "영웅 체계"를 만들어 낸다. 베커는 20세기의 참화를 숙고하는 데 많은 시간을 들였고, 《죽음의 부정》을 쓸 무렵에는 그런 참화가 부분화를 위험하게 사용한 영웅 문화와 대체로 관련이 있다고 믿게 되었다.

베커는 특히 독일의 아돌프 히틀러, 소련의 이오시프 스탈린의 발흥과 공포 통치를 다루었다. 권위주의적 지도자들은 어떻게 그토록 막강한 권력을 얻었을까? 베커는 이 질문에 불편한 답변을 내놓았다. 우리 인간들이 권위주의적 지도자들을 간절히 바라고 갈망하는 이유는 그들이 민족, 인종, 부, 군사력이라는 지속적인 힘으로 죽음을 극복할 수 있다고 약속하기 때문이라는 것이다. "제국이나 공산주의는 대대로 살아남을 것이고, 세상은 그 치하에서 새로워질 것이다." 우리는 이런 시각으로 세상을 보고, 영웅들의 결점과 죽을 몸을 떠올리게 하는 일상의 수많은 징후는 지워 버린다. 영웅이라는 매개체를 통해 우리 스스로를 끌어올려 필멸의 한계를 넘어설 수 있기라도 한 듯 그들에게 집착한다.

우파와 좌파의 권위주의적 지도자들이 권력을 얻는 이유는 우리가 그들의 미덕, 그들의 대의, 그들의 유산에 담긴 약속에 초점을 맞추기 때문이다. 그리고 그럴 때 우리는 다른 이들을 배제하고 비인간화한다. 우리의 영웅적 비전을 달성하려면 우리의 '의로운 대의'에 반대하는 이들의 얼굴과 목소리를 없애야 한다. 그 방법은 가스실에서의 독살일 수도, 국유 농장에서의 아사(餓死)일 수도 있다. 파시즘과 공산주의, 극우파와 극좌파 모두 부분화라는 이 공통적인 독을 이용했다. 각각 우리의 유한한 피조성을 부정한 일은 노예 상태로 이어졌다. 독재자의 형태든 국가 이데올로기 형태든, 둘 모두든. 죽음을 부정하는 이런 영웅 문화의 발흥을 이해하는 것은 홀로코스트 이후를 살아간 유대인 사상가 베커에게 평생에 걸친 탐구 과제가 되었다.

죽음의 부정이 문화를 생성한다는 베커의 이론은 결국 보다 실제적인 (그리고 어쩌면 훨씬 더 당황스러운) 논평으로 이어졌다. 모든 곳에서 인간의 문화는 죽음의 공포에 사로잡히는 경향을 보이고, 필멸의 한계를 부정하려고 부분화라는 생존 기제를 무기로 삼는다는 것이다. 베커는 민권운동이 반대했던 백인우월주의 구조 안에서 부분화의 힘이 작용하는 것을 보았다. 백인우월주의는 백인의 영웅적 이상들에 포함된 가상의 인종적 우월성에 초점을 맞추고, 백인이 아닌 얼굴과 목소리를 극복해야 할 장애물로 치부했다. 베커는 또 다른 문화 영역을 언급하며, 1960년대 미국에서 성애(sexual love)를 신성화한 것도 마치 성애가 신을 대체할 수 있는 것처럼 죽음을 부정하고자 한 포부에서 나온 현상이라고 주장했다. 그는 이렇게 물었다. "인간이 어떻게 신처럼 서로에게 '모든 것'이 될 수 있겠는가? 어떤 인간관계도 신성의 부담을 감당할 수 없고, 그런 시도는 어떤 식으로든 양측 모두에게 타격을 입히기 마련이다."[19] 아이러니하게도, 연인을 신처럼 떠받드는 우상숭배적 사랑은 주는 사람과 받는 사람 모두를 비인간적으로 만든다.

하나님의 존재와 임재를 명시적으로 부인하는 무신론자뿐만 아니라 신자들도 이런 우상숭배의 덫에 걸려든다. 나는 민주당과 공화당을 막론한 그리스도인 형제자매들이 자신이 지지하는 정치 후보자들은 잘못을 저지르지 않는다는 듯 그들을 무조건 지지하는 것을 보았다. 그들은 반대자들 입을 다물게 하는 식으로 자신들의 이

념적 적들을 처벌하며 즐거워한다. 나 같은 백인 그리스도인이 그리스도의 몸 안에 있는 민족적·문화적 타자들을 포용할 필요가 없다고 여기고 백인 그리스도인이라는 내 집단의 이익만을 옹호하는 것도 보았다.

그리고 젊은 시절 남자 그리스도인으로서 내가 들은 수많은 노래, 읽은 수많은 책, 참여한 여러 소그룹 모임은 사랑의 성취가 내 정체성의 가장 중요한 부분이라고 가정하는 듯했다. 그 모두가 '기혼자만이 성취를 이룬 온전한 존재'라고 말하는 것 같았다. 기혼자에게 그 메시지는 "결혼 생활이 지속되기 원한다면 기도하고 교회에 나가라"는 의미였다. 다시 말해, 부부 관계가 우선이고 하나님은 그다음이었다. 믿음은 낭만적이고 가족 중심의 이상이라는 신을 섬기는 부속물이자 도구였다.

기독교 문화도 한 나라나 지도자, 사랑을 하나님의 수준까지 떠받드는 영웅 문화에서 자유롭지 못하고, 도리어 자주 이런 우상들이 앞으로 뻗어 나갈 촉매 역할을 한다. 그리스도인들은 그리스도의 유일하고 최종적인 주권에 도전하는 이 세상의 정사와 권세에 너무나 자주 굴복한다.[20] 영웅 문화는 하나님만이 진정한 영웅이자 구원자이심을 뿌리에서부터 부정한다. 영웅 문화는 덧없이 짧고 제한된 피조물의 삶을 거인의 가면으로 가리려 든다. 그러나 필멸의 한계를 초월하려는 이런 시도에도 그 문화는 우리를 죽음의 공포에 붙들린 상태에서 해방시키지 못한다.

자유로 가는 발걸음

그리스도인들은 히브리서가 말하는 자유, 죽음의 공포에 매인 노예 상태로부터의 자유가 절실히 필요하다. 우리는 구원이 필요하다. 우리는 죽음의 공포에서 스스로를 건져 내지 못한다. 혼자서는 죽음의 공포라는 구덩이에 갇힌 채 이웃을 적대하며 무시하거나 원수로 여기고 공격할 뿐이다. 죽음은 틀림없이 온다. 그러나 우리는 죽음을 외면하고 죽음의 공포가 우리 혈관 깊숙이 스며들게 내버려 두면서 우리 영웅들은 결코 실패하지 않을 것처럼, 우리 유산은 결코 다함이 없을 것처럼 살아간다. 그렇게 죽어 감과 죽음을 먼저 겪으신 분이자 죽음의 최종 능력을 이기신 승리의 왕, 예수님을 온전히 받아들이지 못한다.

"오직 우리가 천사들보다 잠시 동안 못하게 하심을 입은 자 곧 죽음의 고난받으심으로 말미암아 영광과 존귀로 관을 쓰신 예수를 보니 이를 행하심은 하나님의 은혜로 말미암아 모든 사람을 위하여 죽음을 맛보려 하심이라"(히 2:9).

죽음은 여전히 오고 있고, 여전히 확실하며, 여전히 쓰라리다. 그러나 결국, 그 쓰라림은 부활의 달콤함에, 그 어두움은 성전의 빛에 밀려날 것이다.

이것이 바로 소망의 이유다. 우리는 계속해서 죽음을 두려워할 것이다. 그러나 죽음의 공포에 사로잡혀 이웃 사랑에서 멀어질 필요는 없다. 아무 유산도 남기지 못한다 해도, 우리 사랑이 이 비참한 세상에 어떤 변화도 일으키지 못하는 듯 보일 때도 말이다. 우리 피조물들은 잠깐 왔다 사라지고 제한되고 한시적이지만, 죽음의 공포 때문에 하나님과 그분의 창조에 드리운 놀라운 선함을 증언하는 데 위축되어서는 안 된다.

이상하게 들릴지 모르겠지만, 죽음의 공포가 드리우는 사나운 명령에 더 이상 굴복하지 않을 때, 우리는 마침내 자신의 죽음을 떠올리게 하는 것들을 반기고 그것들과 친해질 수 있다. 그것들은 선물이 될 수 있다. 우리는 죽음을 상기시키는 것들을 우리가 누구인지 말해 주는 증언으로 매일 환영할 수 있다. 우리는 미래를 지배할 수 없고, 영웅적으로 세상을 변화시킬 수도 없으며, 자손에게 불후의 유산을 물려줄 수도 없는, 살아 있고 숨쉬고 죽어 가는 피조물이다. 우리가 달리 갈 곳이 없다는 것을 참으로 알 때 비로소 시편 기자의 간절한 부르짖음에 온전히 참여할 수 있다.

> 나의 영혼이 잠잠히 하나님만 바람이여 나의 구원이 그에게서 나오는도다 오직 그만이 나의 반석이시요 나의 구원이시요 나의 요새이시니.
>
> 시편 62편 1-2절

"내 날이 연기같이 소멸하[지만] …… 여호와여 주는 영원히 계시고 주에 대한 기억은 대대에 이르리이다"(시 102:3, 12). 우리는 이 땅에서 그리 오래 살아남지 못할 것이다. 죽음의 공포에 비굴하게 복종하면서 살다가 죽을 수도 있고, 영원히 보좌에서 다스리시는 왕의 종으로 살다가 죽을 수도 있다. 참된 자유는 그 왕을 따르는 데서 찾아온다.

▼ 히브리서 기자는, 그리스도인은 죽음을 두려워할 수 있지만 그 두려움의 노예가 되는 상태에서는 해방되었다고 말한다(히 2:14-15). 이 구분을 자신이 하는 말로 표현해 보자. 이 일은 당신의 삶에서 어떻게 이루어지는가? 죽음의 공포는 어떤 식으로 당신의 삶을 지배하려 드는가?

▼ 우리는 전능자 앞에서 살아가는, 육체를 지닌 이 땅의 피조물이다. 그리고 하나님은 이런 현실 속에서 우리를 만나신다. 구약성경의 할례 의식과 몸에 관한 성전의 다양한 규정은 이 사실을 잘 보여 준다. 잠시 시간을 내어 전형적인 주일예배 시간을 생각해 보자. 예배를 드리는 어떤 순간에 우리가 몸을 지닌 필멸의 피조물임을 떠올리게 되는가?

▼ 당신이 살아가는 문화에서 죽음의 공포가 이끄는 여러 관행을 어디서 목격하게 되는가? 죽음의 공포가 형성한 문화는 일상생활에서 당신의 우선순위에 어떤 영향을 미치는가?

▼ 어니스트 베커는 이렇게 말한다. "개인은 세상에 맞서 자신을 보호해야 한다. …… 경험을 제한하고, 세상의 공포와 자신의 불안 모두를 망각해야 한다. 그렇지 않으면 행동에 나설 수 없는 상태가 될 것이다." 당신은 이 자기 보존 본능이 발휘되는 것을 어디에서 보는가?

▼ 우리는 죽음이 아니라 예수 그리스도를 궁극적인 주(主)로 모셔서 필멸성의 현실을 받아들이도록 부름받았다. 예수님의 제자로 살아가는 길에서 당신은 죽음을 거부하는 어떤 관행을 골라 죽음의 공포에 매인 노예 상태와 싸워 볼 수 있을까? 이미 골랐다면 그것은 무엇인가? 자신을 작고 유한한 피조물로 인식하는 일은 이런 제자로 살아가는 길에서 어떻게 도움이 되는가?

4

◦현대 의학◦이라는 생경한 행성을 탐사하며

"통증을 항상 느끼나요?"

"네. 항상 느낍니다."

3월의 어느 쌀쌀한 아침, 동료 리사가 "안녕하세요" 대신 불쑥 던진 질문에 나는 그렇게 대답했다. 대답하고 보니 전날 그녀에게 보낸 쪽지 생각이 났다. 통증 악화로 모임에 참석할 수 없다고 양해를 구하는 내용이었다.

"항상 통증을 생각하지는 않지만, 늘 아파요."

리사는 나를 유심히, 그러나 차분히 바라보았다. 그녀는 오랫동안 호스피스 자원봉사를 했고, 나는 그녀가 나보다 상태가 더 안 좋은 환자도 많이 봤다는 것을 알고 있었다. 훨씬 더 심한 환자들 말이다. 감사하게도, 리사는 내 문제를 '해결하려' 들지 않았다. 그녀가 진심으로 원한 것은 내 대답이었다.

"지금 받는 화학요법 때문에 근육 경련이 있어요. 치료 초기에 받았던 집중 화학요법으로 영구 신경 손상이 왔고, 그게 발에서 느껴져요. 그런데 이건 좀 말하기가 복잡해요. 암에 걸리기 전에도 만성 통증이 있었으니, 이 통증은 기존에 있던 증상에서 뭔가가 더해졌고, 내 혼합 약제는……."

나는 숨이 차서 말을 멈추었다. 문득 '구구절절 이런 자세한 이야기로 사람을 지루하게 만들고 싶지 않다'는 생각이 들었다. 내 통증을 묻는 그녀의 간단한 질문에 장황한 설명을 늘어놓는 일이 부질없게 느껴졌다.

"물어봐 주셔서 고맙습니다. 그래요, 항상 통증을 느낍니다."

리사는 알겠다는 뜻으로 고개를 끄덕였다. 그녀의 눈은 내게 집중했고 얼굴에는 관심과 느긋함 모두가 엿보였다. 종종 선한 뜻을 보이던 이들이 내 더듬거리는 설명에 연민의 눈길을 보내고 통증을 없애 줄 황금 열쇠를 5분 안에 내놓을 것처럼 선의의 자문에 나서기도 한다. 새로운 치료법에 관한 기사를 읽었다느니, 특별한 항암 수프를 시도한 친척 어른이 있다, 뭐 그런 식이다. 그러다 결국에는 내가 내 통증에 대해 그들을 위로하는 처지가 된다. "많은 사람, 젊은이와 어르신들이 나보다 훨씬 극심하고 날카로운 통증을 안고 살아요. 쉬운 해결책이 나오진 않겠지만, 그렇다고 세상이 끝나는 것은 아니에요" 등등.

하지만 리사는 그저 내 눈을 차분하게 들여다보고는 부드럽게 말했다. "기억하고 기도할게요."

나는 심호흡을 했다. 어깨의 긴장이 풀렸다. 그녀 앞에서는 아픔을 숨기려고 무심한 표정을 짓지 않아도 된다. 리사는 만성 통증을 본 적이 있었고 공감해 주었지만 그 때문에 아연실색하지는 않았다. 그와 반대로 친구가 내 만성 통증이 끔찍한 모욕이라도 되는 것처럼 반응할 때, 내 삶이 쪼그라드는 느낌이 든다. 그런 분개하는 반응은 이 상처가 결코 '좋은 삶'의 일부가 아니라고 말하는 듯하다.

내 삶이 '쪼그라든다'는 표현은 정확할 것이다. 선택의 여지가 있었다면 나는 지금과 같은 삶을 택하지 않았을 테니까. 친구들과 농담을 나눌 때나 하는 말인데, 나는 내가 종종 실험용 쥐 같다는 느낌이 든다. 이런저런 치료가 이어지면서 나는 갈 계획이 없던 곳에 이른다. 모든 의학이 그렇듯 현대 의학도 좋은 것만 주지는 않는다. 잠재적 혜택과 원하지 않는 부작용이 다 있다. 혜택과 부작용의 상충작용은 실제로도 도덕적으로도 복잡하다. 지루한 대학생에게 한 학기 연구 사례로 재미있는 주제가 될 만큼, 의료 윤리 다큐멘터리 소재가 될 만큼 충분히 혼란스럽다.

여러 치료법을 전전하는 드라마에서 한 걸음 물러나는 순간마다 내가 다른 행성에 와 있음을 깨닫는다. '현대 의학'이라 불리는 이 새로운 행성에는 특유의 냄새와 지형이 따로 있다. 때로는 이곳이 안전하고 깨끗하게 느껴진다. 방향제 냄새가 나거나 무균 상태인 병원에 있을 때 더욱 그렇다. 그러나 현대 의학은 덫에 갇힌 느낌도 들게 한다. 벗어나려고 힘껏 노력하면 할수록 더욱 단단히 갇히고 만다. 가끔 기운이 날 때면 나는 약해빠진 몸을 사륜구동 자동차처럼 다루어 가속페달을 밟아 이곳에서 빠져나갈 수 있는 것처럼 행동한다. 그러나 꼼짝 못 하는 상황은 더욱 심해질 뿐이다.

한 가지 치료법이 효과를 보이면 다른 문제를 낳고 그것은 여지없이 또 다른 치료법을 요구한다. 도대체 빠져나갈 길이 없다. 이런 상황의 한복판에서 이런 의문이 든다. '현대 의학이라는 이 행성은 도대체 뭐지? 나는 어쩌다 여기에 왔고 다른 대안은 뭐가 있을까? 이 행성에 있으면서 내가 결정하지도 원하지도 않았던 방식으로 얼

마나 변하고 있는 거지?'

참으로, 이 질문은 우리 모두에게 주어진다. 우리는 현대 의학이라는 행성에서 어떻게 살고, 어떻게 죽어야 할까?

어떤 면에서 이 지역은 우리가 앞서 여러 장에서 살펴본 영역과도 비슷하다. 현대 의학이라는 행성에는 어두컴컴한 구덩이가 많다. 우리는 스올의 이 깊은 구멍 중 하나에 빠져 빛으로부터, 생명의 하나님으로부터 멀리 떨어진 채 홀로 있을 수 있다. 또한 이 행성은 어떤 심장은 뛰고 다른 심장은 멈추는 곳, 어떤 근육은 강해지고 다른 근육은 뻣뻣하고 움직임이 없는 곳이다.

의학의 행성에서 질병에 대한 전망은 우리에게 동력을 공급할 수 있다. 질병과 노화가 가져다주는 상실의 두려움을 통해서든, 죽음이 상존하는 그늘 앞에서 발휘하는 용기를 통해서든. 하지만 현대 의학의 영토는 우리에게 친숙한 만큼 우리가 특정한 방식으로 소망하고 행동하도록 영향을 주기도 한다. 특히, 우리의 최종 전투 상대가 죄와 마귀가 아니라 질병과 노화라고 생각하고 느끼도록 우리를 길들인다.

의식하든 하지 못하든, 그리스도인이든 아니든, 우리 모두는 질병과 노화라는 적을 비롯한 여타 다른 적들이 언젠가 현대 의학에게 정복될 거라는 희망을 주입받았다. 과학소설, 영화, 과학적 돌파구를 알리는 뉴스 보도, '죽어 가는' 이들과 '건강한' 이들을 떼어 놓으려는 일관된 시도, 이 모두가 우리를 가르치고 영향을 끼친다. 우리는 장차 다가올 날을 고대하라고 배우는데, 그 날은 그리스도의 나라가 임하는 날이 아니라 인류가 질병과 쇠퇴를 길들여 더 오래 살 수 있고, 운전대를 더 오래 잡을 수 있고, 위험을 계산할 수 있고, 손실을 최소화할 수 있는 나라가 임하는 날이다. 우리는 이렇게 기도하라고 배운다. "우리의 나라가 임하시오며, 우리의 뜻이 실험실에서처럼 공중보건에서도 이루어지게 하소서."

이런 복잡한 의료 혜택과 부작용을 헤쳐 나가는 중인 나는 종종 길을 잃고 어둠 속에 내던져진 느낌을 받는다. 다음 발을 어디에 디뎌야 할지 식별할 정도의 빛은 있다. 하지만 큰 그림, 내가 어떤 행성에 와 있고, 어떤 싸움을 하고 있으며, 이 모든 일의 목적이 무엇인지에 대해서는 여전히 혼란스럽고 방향감각도 잃었다. 암 공동체에서 다른 이들을 알게 되면서 나만 그런 것이 아님을 깨닫게 되었다. 우리는 함께 길을 잃었다. 현대 의학이 우리를 끔찍한 구덩이에서 구해 줄 거라고 생각했지만 스올은 이곳에도 있었다. 심지어 반짝반짝 빛나고 잘 소독된 병원 곳곳에도 있었다. 현대 의학이라는 행성에서 평생을 보냈는데도 질병이 덮치면 또다시 충격을 받는다.

내 말을 오해하지 말라. 의학은 분명 선물이다. 그러나 의학은 작은 손전등에 불과하다. 우리에게 진짜 필요한 것은 무슨 일이 일어나는지 보게 하고 영원하신 분 앞에서 죽어 가는 피조물로 존재하는 것의 의미를 드러내 줄 빛나는 태양인데 말이다.

암 진단을 받고 나서 아무도 내게 화학요법을 받으라고 강요하지 않았다. 내가 선택했고 내가 결정했다. 적어도 당시에는 그렇게 느꼈다. 냉철한 목소리들과 여러 쪽에 걸친 의료 전문용어가 가득한 자료들이 내게 위험에 대해 설명했다. 매달, 나는 질문지에 답하고, 내가 그 위험성을 인지하는지를 전문 약사와 면담하며 재확인한다. 그러나 한 걸음 내딛고 또 한 걸음, 또 한 걸음 내딛고 나면, 나는 어느덧 완전히 다른 나라에 있게 된다. 그 길에 이르는 단계마다 질문과 답변은 명백해 보였다.

"2-3년만 살고 싶습니까, 아니면 부작용은 있지만 수명을 더 늘여 줄 가능성 높은 새로운 화학요법을 받겠습니까?" 이 질문은 사실상 이랬다. "아이들 초등학교 졸업 전에 죽겠습니까, 아니면 화학요법의 무차별 공격을 감내하겠습니까?"

나는 한 걸음 내디뎠다.

"당신과 배우자는 향후 임신을 포기할 의향이 있습니까? 화학요법은 아기에게 심각한 선천성 기형을 초래하고 환자를 불임 상태로 만들 가능성이 높습니다."

우리는 주춤거리면서 한 걸음 내디뎠다.

"화학요법에 따르는 통증을 관리하겠습니까, 아니면 신체적인 괴로움 때문에 집중하기 힘든 산만한 일상을 견디겠습니까?"

나는 또 한 걸음을 내디뎠다.

“몇 가지 처치를 한 결과로 나타나는 불안과 우울증을 치료하고 싶습니까, 아니면 그냥 방치하겠습니까?”

나는 한 걸음 더 내디뎠다.

나는 여러 변화가 나타나도 옛(암 진단 이전의) 삶이 어떻게든 지속되리라고 생각했다. 의료적 개입과 함께 찾아오는 혜택과 부작용을 가늠하는 암 센터의 문구처럼, ‘삶의 질’을 약간만 조정하면 될 줄 알았다. 하루에 10밀리그램짜리 알약 하나만 먹다가 (만성 통증 때문에) 한 상자가 넘는 알약을 먹게 되어도 그저 약이 좀 더 늘어난 것뿐이라고 생각했다. 그러나 실제로 겪어 보니, 모든 새로운 치료법에는 새로운 증상이 따라왔고 종종 나만큼이나 의료진도 그 증상에 깜짝 놀랐다.

그리고 내가 일상생활에서 겪은 변화는 긴 증상 목록보다 훨씬 더 심각했다. 듀크신학대학원(Duke Divinity School) 케이트 보울러 교수가 암 진단 받은 뒤에 밝힌 것처럼, “사람들 앞에서 소리 내 인정하는 일은 드물겠지만 …… 비극은 단층선과 같다. 그 전후로 삶이 나뉘어지는데, 대부분 그 이전이 더 낫다.”[1]

가끔 나는 “전”과 “후”를 가르는 첨예한 구분에 저항했다. 그러나 그 깊은 골을 부정하면 내 삶을 멀리서 바라보게 된다. 내 이전 삶을, 그리고 활력과 불굴의 의지와 용기를 가지고 계속 돌진하는 다른 이들의 삶을 유리 뒤에서 응시하게 된다. 강연 일정 하나가 취소되고, 친구 한 명과 관계가 소원해지고, 수업 하나가 폐강될 때마다 점점 더 외로워진다.

"근사해 보이는데요. 암에 걸린 사람처럼 보이지 않아요!" 사람들은 이런 말로 암 환자들을 위로하려 하지만, 그것은 암 진단 이후 삶과 이전 삶을 비교할 수 있고 그래야 한다는 망상을 만들어 낸다. 그렇게 비교하다 보면, 매일매일 뜻밖의 손해가 이어진다. '어쩌면 나는 화학요법의 손해를 잘못 계산했는지도 몰라. 화학요법을 아예 받지 말았어야 했는지도 몰라.'

줄기세포 이식술을 받으려고 입원하기 직전, 신체의 기능적인 측면에서 어느 정도의 삶의 질을 원하는지 생각해 보라는 말을 들었다. "당신에게 너무나 중요해서 그것 없이는 살고 싶지 않을 정도인 신체의 기능은 무엇인가? 어떤 상황이면 당신이 심폐 소생술을 받거나 생명 유지 장치에 의존해서라도 살고 싶을까? 당신이 생존해 있지만 정상적인 생활을 못할 경우에 대신 의료적 결정을 내릴 사람으로 누구를 지명하겠는가?" 이런 것들은 우리 모두가 논의해야 할 중요한 사항이다. 그러나 환자로서 나는 삶의 질을 상세히 기술하려는 이런 시도에 오해를 사는 근본적인 요소가 있음을 우려해 왔다. 삶의 질이 커피 질과 비슷한 것처럼 생각하게 만드는 위험이다. "아라비카여야 하나요? 아니면 다크 로스트 커피만 드시나요? 설탕이나 크림이 없으면 블랙으로 드시겠어요? 아니면 아예 안 드시겠어요?"

삶의 질이 나빠지면 내 삶이 쪼그라들까?

만약 그렇다면 내가 늘 통증을 안고 산다고 리사에게 인정하는 것은 패배처럼 느껴진다. 삶의 질을 신경, 발, 손, 정신력, 심지어 정서적 안정과 같은 신체 기능의 관점에서 규정한다면, 나는 분명히 쪼그라든 삶을 살고 있다. 정말이지, 나는 삶의 질이 저하됨을 선택했을 뿐 아니라 그 과정에서 건강보험 과다 이용자가 되었다. 내 치료에는 비용이 많이 든다. 내 봉급이 중학생 용돈처럼 보이고 머리가 핑핑 돌 만큼 감당하기 힘든 비용이 나온다.

그러면 왜 그런 선택을 할까?

급성 질환이나 부상으로 병원으로 급하게 실려 간 이들과 달리, 나와 같은 환자들은 집중 치료라는 롤러코스터에 올라타기로 선택한다. 적어도 우리에게는 선택이라는 언어가 주어진다. 우리는 '선택한다.' 롤러코스터가 공중 높은 곳에서 돌다 쌩 하고 아래로 내리꽂힐 것이고, 치료에는 예상한 결과와 뜻밖의 결과 다 따라온다는 것을 이론적으로는 물론 안다. 탈것이 너무 어지러우면 심장이 멈추지 않는 한 내려서 다른 것으로 갈아타면 된다. 오늘날 의사들이 "이것이 우리가 할 수 있는 전부입니다"라고 말하는 경우는 드물다. 언제나 또 다른 탈것, 또 다른 치료법이 있다. 그러나 우리가 개별적인 선택을 계속 내린다 해도, 결국에는 선택한 적 없는 지점에 이르게 된다. 이것만은 대체로 확신할 수 있다.

현대 의학에서 손을 뗀다면?

현대 의학이 없으면 우리는 어디에 있게 될까? 내 경우, 아마도 죽게 될 테고 내 두 아이 중 하나는 다섯 살도 못 채우고 죽었을 것이다. 독감이나 홍역이 돈다는 말이 나오면 죽음의 공포로 동네 사람들이 벌벌 떨었을 것이다. 현대 의학이 지닌 온갖 결점에도 나는 현대 의학과의 결별을 옹호할 수 없다.

둘 다 의사인 우리 아버지나 형과 식사를 할 때면 놀라운 새 치료법에 대해 듣곤 했다. "옛날에는 그 병에 걸린 환자들이 6개월 안에 죽었어. 하지만 이제는 5년, 어쩌면 10년도 더 살 수 있어." 하루는 형이 피부가 찢어진 환자를 치료한 이야기를 했다. 차가 오토바이를 치는 사고가 났는데, 부상과 트라우마로 많은 것이 변하겠지만 놀랍게도 두 운전자 모두 수십 년을 더 살 수 있다고 했다. 가끔은 치료를 거부하는 환자들 이야기도 했다. 그들은 자신의 질병이 진짜가 아니며, 합당한 약은 기도뿐이라고 고집을 부렸다. 그런 이야기를 할 때면 아버지는 숨이 가빠지고 신경이 예민해져서는 화가 난 듯 보였다. 아버지는 의사로서 책임감을 느꼈지만 환자가 치료를 거부하면 아무것도 할 수 없었다. 그런 이야기들이 좋은 결말로 이어지는 경우는 없는 듯했다.

나는 1994년에 6개월간 우간다 어느 농촌 지역에 머물렀는데, 그때 현대 의학의 힘을 분명히 알게 되었다. 내가 서구에서 당연하게 여겼던 현대 의학을 그 지역에서는 찾아보기 힘들었다. 그해 우

간다인의 평균 기대 수명은 미국인보다 30년이 짧았다. 미국인이 75.5년, 우간다인은 44년이었다.[2]

전기도 수도도 들어오지 않고 인근에 병원 하나 없는 시골 지역에는 죽음이 일상생활 깊숙이 들어와 있었다. 심지어 모르는 사람을 소개받을 때도 죽음의 그림자가 느껴졌다. 처음 인사를 나누고 나면 종종 나는 이렇게 물었다. "자녀가 몇 명이나 되십니까?" 그러면 무덤덤한 어조로 이런 대답이 돌아오곤 했다. "일곱이에요. 그중 넷이 살아 있지요." 죽음은 모든 가족, 모든 인생사의 일부였다. 형제든 자매든 딸이든 아들이든 가족 모두에게 어릴 때 죽은 가족이 있는 듯했다. 대가족은 친척들 장례식에 충실하게 참석했고, 장례식은 거의 매달 있었다. 그들에게 죽음은 삶을 이루는 리듬의 일부였다. 당시 나는 일기장에 이렇게 썼다. "죽음은 엔야 같다." 엔야는 우간다 식탁에 거의 매끼 올라오는, 빵 비슷한 음식이었다. 죽음을 뉴스 헤드라인이나 할리우드 영화로만 주로 접하는 미국 출신의 나는 불쑥불쑥 치고 들어오고 어디에나 있는 죽음이 익숙하지 않았다.

우간다에서 죽음은 이웃이 하는 말로 전해졌다. 때로는 오첸처럼 죽음이 도래했음을 미리 알리기도 한다. 오첸에게 난 상처는 그의 죽음이 임박했음을 선언했다. 나는 내 거처에서 몇 킬로미터 떨어진 곳에 살고 있던 그를 방문했다. 그날 일은 내 기억에 선명하게 새겨졌고, 지금부터 나눌 이야기는 그와 함께 시간을 보내고 나서 적어 둔 메모에 의존한 것이다.[3]

나는 우간다인 동료 아이작과 초가지붕에 진흙 바닥으로 질척이는 오두막 몇 채가 모여 있는 마을로 걸어가 오첸을 만났다. 젊은 여자가 앉아서 아이에게 젖을 먹이다 고갯짓으로 우리에게 인사하더니 일어나서 우리를 가장 큰 오두막으로 데려갔다. 허리를 굽혀 출입구를 통과하고 보니 깜빡이는 불꽃 근처 바닥에 앉을 만한 공간이 있었고 맞은편 끝자락은 어두웠다. "오첸은 6주 동안 잘 못 먹었어요." 아이작은 그렇게 말하며 그를 가리켰다. 피골이 상접했다.

50대 원로인 오첸은 엄청나게 부은 다리를 스툴에 걸쳐 놓은 상태로 불 맞은편에 누워 있었다. 두 번째 젊은 여성이 그의 다리 쪽으로 가서 긴 나뭇잎 몇 개를 흔들어 파리를 쫓았다. 아이작이 말했다. "밭에서 어쩌다 괭이에 베였어요. 집에서 고름을 빼내려고 했답니다. 하지만 무릎에 칼을 대자 피부가 견디지 못하고 터져 버렸어요." 내 눈은 오첸 다리에 난 얼룩덜룩한 흰 부분으로 향했다. 상처라기에는 너무 커 보였다. 자석처럼 내 눈길을 잡아끄는 돌출된 흰 상처로 눈길을 주지 않으려고 몇 분을 버틴 후, 나는 아이작에게 물었다. 파리들을 계속 쫓는 대신에 천으로 가볍게 덮어 둘 수는 없는 거냐고. 그들은 그렇게 했다. 오첸을 위해서라기보다 나 때문에 그런 것 같았다.

방문을 마친 후, 흙먼지 길을 따라 그 집에서 멀어지는 동안 나는 아이작에게 질문을 퍼부었다. 한마디로, 가족들은 왜 8킬로미터 거리의 병원으로 그를 데려가지 않았느냐는 것이었다. "그 사람들

말로는 그는 움직일 수 없고 끊임없이 통증에 시달린답니다. 그를 자전거에 태워 가기는 아주 힘들 겁니다. 그를 병원에 태워 줄 차를 찾기란 더욱 힘들고요."

나는 좀 더 캐물었다. "그분 아드님은 교사 아닙니까?" 아이작이 대답했다. "그래요. 배울 만큼 배운 사람입니다. 다른 사람들에게 본이 되어야 마땅하지요. 상태가 악화되기 전에 곧장 아버지를 병원으로 모셔 갔어야 하지만 전통적인 약초만 쓰고 말았어요."

아이작의 말이 이어졌다. "오첸의 형에게 물어봤어요. 그를 도울 방법이 있겠느냐고요. 없다고 하더군요. 아들이 병원으로 데려가지 않았으니 오첸이 죽을 거라고 했습니다. 포기한 겁니다."

걸어서 돌아가는 길, 아이작은 말이 없었다. 선선한 저녁 미풍이 불고 있었다. 사바나 지평선에 걸린 늦은 오후의 황금빛을 바라보니 우리가 지나온 오두막들 뒤로 긴 그늘이 드리워지는 게 보였다.

몇 분 후, 아이작이 침묵을 깼다. "내 생각은 오첸의 형과 다릅니다. 아직은 오첸이 살 수 있다고 생각해요."

나는 머리가 빙빙 도는 것 같았다. "내 생각도 그래요. 당장 병원으로 갈 수만 있다면 말입니다. 처음에 푼돈으로 쉽게 고칠 증상을 저렇게 심각한 상태가 되도록 방치하다니, 믿을 수가 없어요!"

"오첸의 아들은 순식간에 그 일이 벌어졌고, 아버지가 부상을 당하고 거의 바로 몸져누웠다고 했어요." 아이작이 대답했다.

그날 저녁 늦게, 나는 평범하지만 상당히 실현 가능성 있는 생각이 떠올라 주위 사람들에게 말했다. 우리 중 누구도 차량을 구할 수 없었지만, 3일 후에는 미국에서 관리자 한 사람이 오기로 되어 있었다. 그는 랜드로버를 타고 와서 이틀 동안 머물려 했다. 그 생각을 하자 힘이 났다. '어쩌면 그 차로 오첸을 병원에 데려갈 수 있을지도 모른다! 목숨을 구할 수 있을지도 몰라!' 그 생각을 계속하다 보니 머릿속 저편에서 존 윌리엄스의 장엄한 영화음악이 들려오는 것만 같았다. '오첸의 목숨을 구할 수 있다니!'

며칠 후에 관리자가 왔다. 랜드로버는 움푹 패인 곳투성이인 진흙탕 도로를 지나 오첸의 집에 도착했다. 하지만 랜드로버는 오첸을 병원으로 실어 나른 것이 아니라, 우리를 그의 장례식으로 데려갔다.

"보건의 대전환"

지난 세기를 지나는 동안 서구 국가들의 전반적 기대 수명은 두 배가 되었다. 우간다 같은 개발도상국에서도 기대 수명이 늘었는데, 현대 의학을 다양한 형태로 서서히 이용 가능하게 된 덕분이다.[4] 2015년, 우간다의 평균 기대 수명은 1994년보다 15년 더 길어졌다. 이렇게 된 원인은 여러 가지가 있는데, 무엇보다 더 많은 사람이 깨끗한 물을 마시고 예방접종과 적절한 치료를 받게 된 것을 꼽을 수 있다. 서구 국가들의 기대 수명이 늘면서 일련의 추세가 동반되었고, 그로 인해 내가 1990년대에 방문했던 우간다 마을은 오늘날 서구 상황과 더욱 극명한 대조를 보이게 되었다. 서구에서 결혼과 출산 연령은 점점 더 높아졌다. 출생률과 가족 규모가 극적으로 줄었다. 이에 반해, 결혼한 적 없는 독신 성인 비율이 크게 증가했다. 한때 젊은이들은 60세나 65세까지 살기를 바랐지만, 이제 그 나이 대는 남은 인생의 3분의 1 초입 정도로 여겨진다. 오늘날 서구에서 65세 넘어서까지 살겠다는 기대는 더 이상 공허하고 비현실적인 소망이 아니다. 65세가 넘는 미국인의 비율은 지난 수십 년 동안 꾸준히 늘었고, 2014년에는 인구의 15.7퍼센트였다. 2040년에는 이 수치가 21.7퍼센트까지 늘 것으로 예상된다.[5]

선택의 기회가 주어진다 해도, 나는 공중보건의 개선, 의료 기술의 향상, 경제적 번영의 복잡한 조합으로 생겨난 변화들을 무효로 돌리지 않을 것이다. 이 같은 개선은 중요한 측면에서 하나님의 선하심과 돌보심을 증언하기에, 선물로 여기고 받아야 마땅하다. 장 칼뱅은 이미 16세기에 의학을 하나님의 선물로 보는 이런 견해를 강력하게 표명했다. "의학은 우리에게 주어진 필요에 따라 하나님이 허락하신 창조 세계의 선물들을 주의 깊게 사용하는 지식이므로 분명하게 하나님에게서 왔다고 할 수 있다. …… 분명히 말하지만, 누구든 하나님이 정하신 수단을 고려하지 않는 자는 하나님을 신뢰하지 않고 거짓된 교만과 무모함에 부풀어 있는 것이다."[6]

의학은 하나님이 주신 선물이다. 창조 세계 안에서 그분이 놀랍고 선하게 일하신 데서 나온 선물이다. 우리는 의학적 돌봄이라는 선물을 감사히 받아서 "우리에게 주어진" 피조물의 삶에 따라오는 여러 어려움을 일부 해결하는 데 쓸 수 있다. 물론 우리는 주인이 아니고, 의학도 주인이 아니다. 우리는 의학이 제공하는 약과 위안이 필요한, 죽어 가는 피조물이다. 그것들이 주는 위안은 일시적이지만 그럼에도 불구하고 이 필멸의 길에서 주어진 선물이고, 우리 몸을 창조하시고 유지시키시는 분이 주시는 선물이다. 다시 말하자면, 의학 자체는 좋은 선물이다.

하지만 사람들이 시설에서 죽어 가고, 죽어 감이라는 평범한 과정이 일상의 경험에서 분리된 이 급변하는 사회에서 우리는 종종 의학을 선물로 받지 못한다. 우리는 의학을 모두가 죽어 간다는 일상의 현실에서 우리 눈을 가려 줄 은폐물로 여기고 매달린다. 최고의 의학적 치료도 죽음이라는 진단 앞에서는 어떤 해결책도 제시할 수 없음을 인정하지 않는다. 우리는 의학적 돌봄을 주님의 은혜로운 선물로 받지 않고, 우리의 독재적 주인이 될 수 있는 금송아지로, 스스로 만들어 낸 신으로 바라본다.[7]

효과적인 예방접종, 발달된 화학요법, 깨끗한 물은 모두 그 자체로 선물이고, 현대 보건의 대전환을 이루는 요소에 해당한다. 그러나 우리가 자신의 운명을 지배할 수 있다는 망상을 심어 주는 고도의 기술 사회에서 이 대전환도 꼭 좋지만은 않으며 새로운 혜택과 새로운 결점을 동시에 안겨 준다.

매달 친척들 장례식에 참석한 우간다 사람들은 죽을 존재들이 살아가는 현실 세계, 수 세기에 걸쳐 인간의 교만에 정면으로 맞서고 그것을 바로잡아 온 세계와 아주 실질적인 방식으로 끊임없이 접촉할 수 있었다. 암 치료를 받으면서 나는 죽어 가는 이들의 세계에 던져졌다. 이곳에서는 여섯 살배기와 여든여섯 살 노인이 똑같이 암에 세차게 얻어맞고 치료를 받는데, 때로는 치료가 질병 자체만큼이나 빠르게 몸을 허물어뜨린다. 이 세계에 던져지자 나는 한 문화에서 다른 문화로 옮겨 온 것만 같았다. 이 새로운 곳에서 나는 정말로 내가 취약한 필멸하는 존재들 사이에서 살고 있음을 실감했다.

죽음을 의식하는 문화로 옮겨 가면서 새롭게 깨달은 점도 있었다. 현실 세계는 죽음이라는 한계가 작용하고, 이곳에서 질병은 공정, 열망, 또는 인종이나 계급이나 부 따위에 전혀 개의치 않는다는 것이다. 이상한 방식이긴 해도, 죽음을 늘 의식하며 살았던 우간다의 일상은 선물이었다. 그런데 이런 현실 감각의 상실이 현대 의학만큼이나 전 세계로 널리 퍼져 나간다. 에프라임 래드너가 말한 대로, 보건의 대전환 이전에는 부하든 가난하든 기대 수명이 현대 서구 기준에 비해 한참 낮았다. 참으로, "죽음은 도처에 언제나 있었다. …… 필멸성은 출생 이후 모든 관계에 걸쳐 존재의 모든 지점에 단단히 고정되어 있었기" 때문이다.[8]

죽음과 죽어 감이 어디에나 있는 세상이야말로 현실 세계다. 그곳은 이질적인 영역이 아니다. 죽음은 불가피하고, 종종 뜻밖에 찾아오며, 죽음의 정복은 의학의 힘이 미칠 수 있는 범위를 벗어나 있다. 현대 보건의 대전환은 우리에게 온갖 이득을 가져다주었지만, 인간의 생명이 어떤 시점에서든 죽음과 분리될 수 있다는 망상이 널리 퍼진 것은 큰 손해다.

물론 의사, 간호사, 보험회사가 죽음을 부정하는 거대한 음모에 관여한 것은 아니다. 우리가 의학을 도구나 선물로 여기지 못하게 막고, 의료적 돌봄을 숭배의 대상으로, 일상적으로 죽음을 떠올리게 하는 것들을 없앨 마법적 힘이 있는 최고의 위안거리로 여기도록 꼬드기는 더 큰 뭔가가 있다. 죽음을 은폐하도록 의식적으로 결정을 내리는 사람은 거의 없다. 그런데 우리는 죽음을 부정하는 습관에 상을 주고 보답하는 문화를 만들었고 그 안에서 살고 있다. 우리가 게시판과 화면에서 만나는 포토샵 처리된 젊은 몸들은 건강은 쉬워 보이고 쇠퇴는 낯선 것으로 보이게 만든다. 우리는 자녀들에게 '무엇이건 원하는 대로' 될 수 있다고 말한다. 마치 그들이 이전 세대 사람들이 마주했던, 몸을 가진 필멸의 한계라는 제약 없이 통제권을 쥔 것처럼 말이다.

우리가 스스로에게 들려주는, 죽음을 부정하는 이야기들은 내 친구인 철학자 제임스 K. A. 스미스가 "문화적 예전"(cultural liturgy)이라 부르는 것의 사례다. 우리가 종교적 예배에 참석하든 그렇지 않든 현대 문화의 예전들은 우리의 욕망, 습관, 그리고 자신의 이야기를 하는 방식에 영향을 미친다. 스미스는 그것을 이렇게 표현한다. "내가 말하는 '예전'은, 우리가 누구이고 존재 목적이 무엇인지에 관한 궁극적 이야기가 담긴 의식들을 가리킨다."[9]

예를 들면, 쇼핑몰이라는 소비 공간은 그 안에서 돌아다니는 사람들에게 영향을 주는 예전을 가지고 있다. 더없이 세속적으로 보일 수 있는 신전 같은 쇼핑몰은 우리를 유사 종교적 공간으로 초대한다. 매력적인 모델의 최신 기술 장치들이나 그 이미지들을 쇼핑몰의 거대한 유리 아트리움에 전시하고 수많은 현수막으로 홍보한다. 그것들은 "좋은 삶"의 상징이자, 아이콘이다. 쇼핑몰의 "영적 중요성(과 위협)은 그곳이 보여 주는 '관념'이나 '메시지'가 아니라 그 의식(儀式)에 있다. 쇼핑몰은 당신이 무엇을 생각하는지 개의치 않지만, 무엇을 사랑하는지에는 대단히 관심이 많다. 빅토리아의 비밀〔Victoria's secret; 여성 속옷 브랜드 '빅토리아 시크릿'에서 가져온 말놀이-옮긴이〕은 그녀가 실제로 당신의 마음을 노린다는 것이다."[10]

쇼핑몰의 예전은 소비자로서 욕망을 만들어 내고 육성한다는 목적을 달성하고, 전 세계에서 복제된다. 그런데 죽음을 부정하는 예전과 쇼핑몰 예전의 유사성에 대해서 스미스가 말한 논점 중 하나가 특히 중요하다. 쇼핑몰에서 우리의 습관과 욕망이 만들어진다는 것을 발견할 때, 중요한 문제는 우리가 '나쁜 생각에 속아 넘어갔다'라는 것이 아니라 '변형적 예전들에 푹 잠겨 있으면서도 그 사실을 깨닫지 못한다'라는 사실이다. 그래서 설령 소비주의 신들의 노예로 사는 것보다 더 고상한 열망이 있다고 해도, 우리 생각과 행동의 습관은 이미 소비주의의 이야기를 받아들인 상태가 된다. 우리가 미처 인식하지도 못한 채, "좋은 삶에 관해 복음과 다르게 이해하는 생각에 따라 살기 시작한다."[11]

이와 비슷하게, '오늘 나는 내 필멸성을 부정하고 내 몸의 한계를 은폐할 거야'라고 작심하면서 하루를 시작하는 사람은 없다. 그러나 현대 의학과 함께 생겨난 문화들은 우리를 바로 그리로 이끄는, 죽음을 부정하는 예전들을 만들어 낸다. 일상생활의 지형과 우리가 휴대폰, 컴퓨터와 맺는 의식적 상호작용이 이미 그 무대를 마련해 놓았다.

병자들과 노인들은 집이 아니라 보이지 않는 곳에 있다. 문자, 트윗, 뉴스 머리기사들이 우리 시야에서 어른거리며 언제나 뭔가 새로운 것을 약속한다. 스마트폰처럼 우리를 지배하는 힘을 상징하는 부적들은 우리가 바쁜 일정을 잊어버리지 않게 상기시켜 준다. 그것들은 집에 있는 외로운 할아버지나 더 이상 주일예배에 참석할 수 없는 죽어 가는 교인을 상기시키지 않는다. 그 빛나는 화면들은 우리에게 있는 필멸의 한계를 상기시키지 않는다.

그 대신, 새 생명의 약속들(지루한 것과 옛것을 극복하게 해 준다는 약속)이 우리에게 인사를 보내고 매일 아침 새로운 '복'을 넌지시 알린다. 우리는 배운 대로 수많은 자잘한 방식으로 보고 듣고 주목하고 무시하는 과정에서, 죽음이 우리와 동떨어진 것이고 소름끼치는 것이며 다른 사람들이나 염려할 문제라고 믿게 되었다. 래드너의 말을 빌리자면, "한때 죽음은 삶이라는 줄거리에 밑바탕을 제공하고 삶이라는 색상의 한 부분을 차지했지만, 이제는 더 이상 삶의 일부가 아니고 이런 현상은 점점 더 심화되고 있다."[12]

물론, 멀리서 들리는 죽음의 메아리는 현대인의 삶을 여전히 파고든다. 가족을 잃은 이들은 아침 식사 시간에 그들을 만나길 기대하는 자신을 발견한다. 머리로는 그들이 떠났다는 것을 알면서도 저녁이 되면 늘 하던 대로 전화 통화를 하려 한다. 죽음이 주된 문화적 예전에 등장하는 경우는 새로운 주택 보안 시스템 같은 상품을 판매하거나 총기 규제 또는 총기 소지권 같은 정치적 주장을 홍보하여 극적인 효과를 주기 위해서다. 우리의 욕망은 크고 작은 방식으로 우리의 무능함, 한계, 필멸의 삶이 가진 왜소함을 받아들이길 거부한다. 우리는 전쟁, 익사, 총기 사고 관련 뉴스 보도를 죽음은 '다른 사람'에게 일어나며, 우리는 궁극적으로 죽음을 통제할 수 있다는 확증으로 받아들인다. 그저 올바른 상품을 구매하고, 올바른 정치 주장을 지지하고, 심야 뉴스에 나오거나 매일같이 뉴스 피드를 채우는 분별없는 죽음을 당할 만한 상황을 피하기만 하면 되는 것이다.

그러나 죽음과 관련된 이 문화적 예전은 우리의 관심을 어디로 돌리는가? 시간이 별로 없는 죽을 존재인 우리가 직장 동료, 배우자, 자녀들을 어떻게 대하는지에 초점을 맞추게 이끄는가? 아니다. 이 예전은 사소한 것들에 집중하게 하고 우리 허약한 실존이 내는 속삭임을 소음으로 덮어 버린다.

우리가 죽음과 문화적으로 조우하는 가장 많은 경우가 어떤 생각이나 상품을 팔려는 시도와 관련되어 있다면, 죽음을 허세 부리는 적으로 보게 되는 현상은 놀랄 일이 아니다. 그러나 진실은 우리가 매 순간 죽어 간다는 것이다. 우리는 죽어 가는 부모, 자식, 형제자매, 친구들이다. 그리고 그 죽어 감은 그저 정치적 관리나 마케팅 솜씨의 문제가 아니라 우리가 이 땅에서는 결코 극복할 수 없는 적이다. 온갖 재간과 계획과 기술과 부를 지녔더라도, 결국 인간은 죽음 앞에서 여전히 무력하다.

그런데 죽음이 찾아올 때, 우리의 문화적 예전은 언제나 그렇듯 죽음과 거리를 두라고 부추긴다. 고인의 시신과 시간을 보내며 몸에 찾아오는 죽음이라는 현실을 우리 피부와 마음으로 받아들이는 대신, 전문가들이 시신을 다룰 수 있게 장례식장에 곧장 연락하라는 권유를 받는다. 막 죽은 이의 시신은 죽음이라는 질병의 위험한 전염 매체, 감염원 취급을 받는다.[13]

우리가 시신을 다루는 방식도 많은 것을 말해 준다. 제임스 K. A. 스미스가 죽음과 죽어 감에 대한 콘퍼런스에서 지적한 대로, 우리의 소비문화에서 결혼식이 변화한 과정을 장례식 또한 여러 면에서 반영하게 되었다. 서구의 결혼식은 한때 예배에 초점을 맞춘 교회 차원의 의식이었지만 이제는 친지와 가족이 참석하는 개인화된 행사가 되었다. 현대의 결혼식은 더는 예배하러 모인 사람들의 몸을 하나님 앞에서 거룩히 구별하는 일에 초점을 맞추지 않고, 신랑과 신

부가 하루 동안 '왕'과 '왕비'가 된다는 디즈니식 내러티브에만 신경을 쓴다.[14]

기독교 장례식도 비슷한 노선을 따라왔다. 이전에는 그리스도의 죽음과 부활을 중심으로 한 교회 예배에 관, 즉 고인의 시신을 가져갔다. 장례식은 전 교인의 예배였으며, 나이가 많든 적든 모두의 제자도에서 중요한 자리를 차지했다. 이와 반대로 이제는 사람들의 기분이 처질까 봐 고인의 시신을 예배당에 가져오지 않는 것이 새로운 흐름이다. 장례식은 세련된 영상과 기운 나는 음악을 활용하여 긍정적인 분위기로 진행된다. 고인을 존중하려는 의도지만, 고인의 "삶을 기린다"라는 강조점이 종종 그리스도의 죽음과 부활 이야기 자리를 대체한다. 다르게 표현하자면, 교회는 그리스도 중심의 장례 예전을 죽음을 부정하는 문화에 맞추어 사탕발림식의 "개인 추모식"으로 바꿔 놓는 경우가 너무나 많다.[15]

이처럼 죽음을 부정하는 문화적 예전을 받아들일 때 특히 그리스도인에게 심각한 위험이 따른다. 우리의 죽을 몸을 배제하는 것은 참으로 일시적이고 취약한 피조물인 우리가 마치 다른 존재인 것처럼 행동하는 일이다. 죽음을 부정하는 예전에 맞추어 살다 보면 우리가 구원의 하나님, 매번 새롭게 호흡하는 일에서도 우리의 유일한 소망이시고 죽음 앞에서도 유일한 소망이신 생명의 주님을 철저히 필요로 하는 존재라는 진실을 회피하게 된다.

죽을 존재임을 배워 가는 아이들

죽음을 부정하는 현대의 문화적 예전이 심지어 교회 안에도 엄연히 존재하는 상황에서 어떤 식으로 저항의 예전이 가능할까? 나는 그리스도인이자 암 환자로서만이 아니라, 부모로서도 이 질문을 고민한다. 내가 우리 아이들 곁에 있을 때 이 질문은 또 다른 구체적인 질문으로 이어진다.

'나는 어린 내 아이들을 죽어 가는 이들에게서 멀찍이 떼어 놓는 사치를 부릴 수 있는가, 아니면 아이들을 그들 가까이로 데려가야 하는가?' 달마다 열리는 장례식 예전이 없고, 죽어 가는 이들과 함께 앉아 보는 정기적 실천도 없는 지금 상황에서는 죽어 가는 구체적 과정을 묘사하는 일을 특정 드라마나 자극적인 보도를 쏟아 내는 뉴스 매체에 맡기게 된다. 그러나 드라마도 뉴스도 일곱 살배기 내 아들이 언젠가는 자기 피부가 늘어지고 커 가는 몸이 노화될 거라는 사실을 직시하게 도와주지는 못한다. 암 진단을 받은 후, 나는 우리 가족에게 죽음을 부정할 여유가 없다고 판단했다.

이런 생각을 하면서 나는 아들 너새니얼과 함께 요양원 주차장을 가로질러 갔다. 나는 아이 손을 꼭 쥐고 있었다. 후덥지근한 여름 오후, 햇살은 여전히 눈부셨다. 지난번에는 교회의 다른 교인을 방문하려고 이 황갈색 벽돌 건물을 찾았었다. 너새니얼이 물었다. "워커 할아버지는…… 돌아가셨나요?" 그의 죽음에 대해 여러 번 이야기를 나눈지라 아이는 개념적으로는 질문의 답을 알고 있었지만, 장례식에 참석하게끔 우리가 미처 조치를 취하지 못해서 시신을 직접 보진 못한 터였다.

"그래, 워커 할아버지는 돌아가셨어." 내가 말했다.

"그럼 월버 할아버지도 돌아가시는 건가요?" (그날 방문할 교인을 우리는 '월버 할아버지'라고 불렀다.)

"그래, 그럴 거야. 하지만 지금은 월버 할아버지와 이야기하자. 월버 할아버지와 새런 할머니는 널 보고 무척 좋아하실 거야!"

몇 개의 문을 지나고 나니 에어컨 냉기가 느껴졌고 바깥에 가득한 습한 열기에서 벗어날 수 있었다. "비밀번호 기억하니?" 내가 물었다. 너새니얼은 회색과 검은색이 섞인 작은 새끼 고양이 '냐옹이'를 도어 록 번호판 쪽으로 내밀었다. 하지만 냐옹이의 기억력은 우리가 바란 것만큼 좋지 않은 듯했다. 몇 번의 시도가 실패하자, 지나가던 간호사가 우리를 보고는 문을 당겨서 열어 주었다. "들어오세요." 문이 우리 뒤에서 딸깍 하며 닫혔고 안쪽과 바깥쪽 모두 잠겼다. 비밀번호를 모르는 미승인 방문객은 들어올 수 없었고, 미승인 배회자(이를테면 치매 환자)는 나갈 수 없었다.

카펫이 깔린 긴 복도를 따라 걸려 있는 현수막은 빛나는 황금빛 서체로 "오늘을 살라!"고 선언했다. 그 문장을 보자 '오늘을 살라. 내일이면 죽을 테니'가 그 앞을 걸어가는 내 머릿속에 떠올랐다. 우리는 두 번째 복도 끝에 있는 새런과 월버의 숙소 문 앞에 섰다. 노크를 하고 안쪽을 기웃거렸다.

"들어오세요!" 월버 할아버지가 외쳤다. 80대 초반의 두 사람은 으레 그렇듯 텔레비전 앞에 놓인 한 쌍의 안락의자에 앉아 있었다. 새런은 마른 체형이었다. 의자에 꼿꼿이 앉았고 정신이 또렷해 보였다. 건장한 월버는 부은 한쪽 다리를 의자 위에 수평으로 걸치고 있었다.

"만나서 반갑습니다!" 월버는 텔레비전의 요란한 소리보다 더 크게 소리쳤다. "너새니얼 도련님은 어떠신가요?" 너새니얼은 씩 하고 웃었지만 문 뒤쪽에 있는 월버의 반짝이는 파란색 전동 휠체어 옆에 가더니 구석에 숨었다.

월버에게 인사한 후에 나는 물었다. "새런, 좀 어떠세요?" 늘 그렇듯, 치매 말기의 새런은 나를 알아보지 못하는 듯했다. 그녀는 나를 한번 보고 미소를 짓더니 텔레비전 불빛으로 눈길을 돌렸다.

"어떻게 지내셨어요, 월버?" 내가 물었다.

"썩 나쁘지 않아요." 그는 그렇게 말하고 바닥으로 눈길을 돌렸다. "그리 나쁘지 않아요." 그런 다음 고개를 들어 내 눈을 바라보면서 평소처럼 새로운 소식을 전하기 시작했다. 새로운 진료 예약이 몇 개 잡혀 있고, 의사들이 자신의 통증을 다스리려고 애쓰고 있으며, 수액 때문에 다리가 또 붓지 않게 하려는 시도가 효과가 없다는 이야기였다. 환자로서 겪는 생활의 부침이 모두 담겨 있었다. 월버는 잘 연습한 대사를 숨 가쁘게 나열했고 대사가 빨리 끝나기를 바라는 것 같았다.

나는 테이블을 가리켰다. "퍼즐 맞추시는 거예요?"

"그래요. 그런데 지금 어려운 부분이라 쩔쩔매고 있어요." 그는 의자에 느긋하게 앉아서 퍼즐 속 농장 부분의 진초록, 파란색, 붉은색을 가리켰다. 그다음 그는 눈을 들어 내 눈을 지그시 바라보았다. "교회에서 아이들을 돕던 때가 너무도 그립습니다."

"그래요, 저희도 뵙고 싶습니다. 주일 오전에는 특히 그래요."

윌버가 말했다. "교회에 갈 수 있는 방법을 계속 찾아보는 중입니다. 이 휠체어는 너무 커서 교회 버스에 들어갈 수 없지만, 이런 생각을 해 봤어요. 그냥 밖으로 나가서 휠체어를 타고 교회로 가면 어떨까요?"

"인도로요?" 내가 물었다.

그가 대답했다. "네, 3킬로미터도 안 될 거예요. 비벌리가 교회 버스에서 새런과 함께 있어 줄 수 있다고 했어요. 나는 도로를 따라 휠체어로 갈 수 있을 겁니다. 시간은 좀 걸리겠지만, 아무 문제 없을 겁니다." 윌버는 이 생각을 전에도 이야기한 적이 있었다. 그는 내 승인을 구하는 것 같았다.

내가 대답할 말을 생각하고 있을 때, 냐옹이가 숨어 있던 곳에서 나와 윌버와 새런 맞은편 소파 위로 튀어 올랐다. "이야옹, 이야옹." 녀석이 깡충깡충 뛰었다. 우리가 도착한 이후 처음으로, 새런의 시선이 빛나는 텔레비전 화면에서 완전히 떠나 작은 고양이의 움직임을 따라갔다.

"어디 있지? 냐옹이 어디 갔어요?" 너새니얼이 어깨를 으쓱 하면서 물었다. 집게손가락으로 소파 쿠션 가장자리를 가리키는 섀런의 얼굴에 미소가 피어올랐다. "야옹, 저기 있네!" 너새니얼은 텔레비전보다 더 큰 소리로 외쳤다. 섀런은 부드럽게 웃으면서 파란 휠체어 옆, 냐옹이가 있는 새로운 위치를 가리켰다. 너새니얼은 섀런의 관심을 이끌어 내는 데 나보다 훨씬 성공적이었다.

윌버는 고개를 돌려 다시 나를 바라보았다. "음, 여기서는 식사가 다 해결되니 참 좋습니다. 음식도 맛있어요." 그는 "음식"과 "맛있다"라는 단어를 맛을 보듯 음미하며 말했다. "하지만 지금은 더운물이 충분히 안 나와요." 그는 큰 방 바로 옆 작은 욕실에 있는 샤워기를 가리켰다. "밤중에 다리가 아파서 잠에서 깨는데, 새벽 두세 시쯤 깨면 그때 샤워를 합니다. 그 시간에만 더운물이 나오거든요."

가장 인기 있는 손님인 너새니얼은 몇 분 만에 들뜬 토끼처럼 깡충깡충 뛰고 있었다. 나는 다 같이 손을 잡고 마무리하는 시간을 갖자고 제안했다. 너새니얼의 작은 손은 내 손을 꽉 쥐었고, 다른 손으로는 섀런의 손을 잡았다. 우리는 눈을 감고 함께 기도했다. "하늘에 계신 우리 아버지……."

얼마 후, 너새니얼은 나와 함께 복도를 걸어 나오면서 죽어 감과 죽음에 대한 몇 가지 질문을 더 했다. 대부분은 어렵지 않은 질문이라 하나씩 대답했다. 그러나 몇몇 질문에는 나도 주춤했고 당황했다. 나는 그 질문들이 쉽든 어렵든 필멸의 존재가 (일곱 살배기라 해도)

물을 수 있고 물어야 할 내용임을 다시 기억했다.

아들은 이후 몇 주 동안 계속해서 죽음에 대해 물었다. 어느 날 아이가 돌보는 어항에 사는 작은 얼룩 무늬가 있는 메기의 움직임이 느려졌고 짙은 갈색 점들이 탁한 노란색으로 바뀌었다. 녀석은 먹이를 찾아 돌멩이와 플라스틱 성 주위를 춤추듯 돌아다니지 않았다. 그물로 찔러 봤더니 몸이 뻣뻣했다.

너새니얼은 기르던 물고기가 죽어서 찾아온 슬픔과 혼란 때문에 어쩔 줄을 몰라 했다. 나는 그런 상황에서 부모가 흔히 하는 두 가지 대사 중 어느 것을 따라야 할지 도무지 알 수 없었다. "네 메기는 잘 살았어"가 좋을까, "슬픈 일이지. 하지만 모든 물고기는 언젠가 죽어야 한단다"가 좋을까. 아들에게 형성적 예전을 제시할 기회였다. 두 가지 중 어느 쪽이 생명을 인정하면서도 필멸성을 받아들이게 하는 대사일까? 이 질문이 머릿속에서 떠도는 사이에 나는 불쑥 둘 다 말해 버렸고 옆에 있는 너새니얼을 꼭 안아 주었다.

며칠 후 아침, 너새니얼은 침대에서 튀어나오더니 인사 대신에 한 가지 소식을 알렸다. "아기 폼폼이 어젯밤에 죽었어요"('폼폼 가족'은 여러 마리로 구성된 작은 갈색 개 인형 가족이었다). "아기 폼폼이 숨 쉬는 법을 잊어버렸어요. 하지만 어젯밤 엄마 폼폼이 알을 낳았어요." 한 생명이 끝나고 새 생명이 태어났다는 이야기였다. "이건 슬픈 소식이지만 또 행복한 소식 아닌가요?" 아이가 진지하게 물었다. 자기가 그 이상한 현실을 처음 발견한 사람인 것처럼 말이다. "그래, 슬픈 소식이고 또 행복한 소식이구나" 내가 말했다.

출생과 죽음이 하나의 이야기 안에서 한데 엮여 있는 너새니얼 의 상상의 세계는 죽음을 부정하는 우리 문화가 자주 홍보하는 망상 속 거품을 걷어 냈다. 또 누가 알겠는가? 어쩌면 이 아이는 자신이 속한, 더 큰 죽음을 부정하는 문화에 대한 저항의 씨앗을 기르고 있는지도.

죽음의 기술은 곧 삶의 기술이다

죽어 가는 이들 사이에서 살아가고 자녀를 키우려는 내 불완전한 시도는 아르스 모리엔디, 즉 "죽음의 기술"로 알려진 전통으로 기독교에서 오랜 역사를 지니고 있다. 이 전통은 오늘날 우리가 만나는 '죽음을 부정하는 예전'에 맞선 또 다른 저항의 예전이고, 살아 있는 동안 우리의 필멸성을 받아들이고 무덤 너머에서 전능하신 주님을 만나도록 준비하게 하는 유서 깊은 길이다.

우리의 일상생활에서 죽음을 부정하는 예전이 두드러지다 보니 많은 비종교인도 일종의 아르스 모리엔디를 촉구했다. 밀레니얼 세대 '무종교인'(none; 종교 조사에서 '상기 항목에 해당 사항 없음'에 표시하는 사람)을 자처하는 케이틀린 도티를 생각해 보자. 그녀가 쓴 베스트셀러 《잘해 봐야 시체가 되겠지만》(*Smoke Gets in Your Eyes*)은 이렇게 마무리된다. "우리는 죽음이라는 디스토피아로 더 깊숙이 걸어 들어가 우리가 죽을 것임을 부정하고 시신을 안 보이는 곳에 감출 수 있다. 그런 선택을 내리면 우리는 죽음을 무서워하고 죽음이 우리 삶의 방식에서 차지하는 큰 역할에 무지한 채 남게 될 것이다. 그러니 우리의 필멸성을 되찾고, 현대 세계를 위한 우리 고유의 아르스 모리엔디를 담대하고 용감한 필체로 써 나가자."[16]

외과 의사이자 하버드의학전문대학원(Harvard Medical School) 교수인 아툴 가완디는 베스트셀러 《어떻게 죽을 것인가》(*Being Mortal*)에서 기독교적 아르스 모리엔디를 탐구하는 데 한 꼭지를 할애한다. 그는 그리스도인은 아니지만 한때는 죽어 감의 일부였다가 이제는 안타깝게도 사라진 "일련의 정해진 관습들"을 소개한다. 그중에는 "자신의 신앙을 재확인하고, 자신의 죄를 회개하고, 세속적 소유를 정리하는 일"과 함께, 죽어 가는 이들 및 그들의 신앙 공동체를 위해 기도하는 일이 포함되었다.[17]

그는 호스피스 운동이 어떤 면에서 우리 시대를 위해 아르스 모리엔디의 공동체적 차원을 되살려 내고자 한다고 짚어 준다. 그러나 가완디가 볼 때 절대적으로 중요한 일은 죽음의 기술을 회복하는 것이다. 그 형태가 역사 속 기독교적인 것이냐, 보다 현대적이고 세속적인 것이냐는 상관없다. "죽음을 의학적 경험으로 만드는" 현대의 "실험"은 그 기간이 "수십 년밖에 되지 않았다. 그 실험은 역사가 짧고, 많은 증거가 보여 주듯이 실패하고 있다."[18]

기도, 공동체, 목사, 화해의 순간들은 현대 보건의 대전환에서 한참 뒤로 밀려났다. 한때 의사들은 이렇게 말했다. "이제 우리가 할 수 있는 일은 없습니다." 그러나 요즘 의사들은 언제나 뭔가 '더' 할 수 있다. 그 '더'가 회복의 가망이 없는 고문과 같은 치료의 악순환이라 해도 말이다. 죽음의 문 앞에서 의사가 목사를 대체했고, 인공호흡기가 기도서를 대신했다. 그리고 가완디는 이 때문에 우리가 더 빈곤해졌다고 말한다. 외과 의사인 그는 의학에 대한 우상숭배가 어떻게 "냉담함, 비인간성, 그리고 지독한 고통을 초래했는지" 직접 목도했다.[19] 최고의 의학도 죽음의 문제를 해결할 수는 없다. 그런데 마치 의학이 그럴 수 있는 것처럼 반응하면 가족, 신앙 공동체, 그리고 죽어 감이라는 자연적 과정에서 분리된다.

그리스도인에게 아르스 모리엔디 전통은 삶의 끝만이 아니라 삶 전체와 연결되어 있다. 나이가 많든 적든 우리 모두는 삶에 끝이 없는 것처럼, 우리의 세속적 성취와 부가 영원한 투자인 것처럼 사는 경향이 있다. 그러나 죽음의 필연성을 직면한 시편 기자는 이렇게 기도한다.

> 내게 알려 주십시오, 오 여호와님, 내 끝을! 내 한평생이 얼마나 될지를. 알고 싶습니다. 내 삶이 얼마나 덧없는지를. 보십시오, 주님이 내 한평생을 손 너비만큼 되게 하시니 내 생애가 주님 앞에서는 없는 것 같습니다. 사람은 누구나 입김처럼 서 있을 뿐입니다.
>
> 시편 39편 4-5절, 새한글성경

우리의 날은 한낱 "입김"일 뿐이다. 죽음은 종종 뜻밖에 찾아온다. 죽음은 당장 가까이 있을 수도, 멀리 있을 수도 있다. 우리는 모른다. 그리고 시편 90편 10절의 고백처럼 일흔이나 여든 살까지 사는 사람들조차 인생의 날은 "신속히 가니 우리가 날아"간다. 영원하신 주님 앞에서 우리의 수명은 "없는 것 같"다. 필멸의 존재들에게 죽음은 모든 것을 평등하게 해 준다. 우리가 준비가 되었든 안 되었든, 안전하다고 안심하든 위험하다고 느끼든, 죽음은 똑같이 찾아온다.

수 세기 동안 가톨릭 사제들과 개신교 목사들은 죽음의 기술에 의지하여 살아가는 법을 교인들에게 가르쳤다. 16세기 종교 개혁가 마르틴 루터의 목회적 조언과 실존적 투쟁은 이에 대해 특히 많은 것을 말해 준다. 루터에 따르면, 우리 몸이 활기차게 느껴질 때도, 죽음이 먼 나라 일처럼 보일 때도, 죽음과 자주 친분을 쌓아야 한다. "우리는 살아 있는 동안에 죽음과 친숙해져야 한다. 아직 죽음이 멀리 떨어져 있고 활동하지 않을 때 죽음을 우리가 있는 자리로 초대해야 한다."[20]

루터는 왜 이런 조언을 할까? 그의 병적인 성향 때문이 아니라 시편 기자가 삶이 하나님 앞에서 한낱 입김이라고 말한 것과 똑같은 이유 때문이다. 죽음은 세상이 나를 중심으로 펼쳐지는 드라마라는 우리의 교만에 상처를 낸다. 죽음은 생명의 하나님, 마른 뼈에 육신을 입히시는 하나님을 현세와 내세 모두에서 우리의 유일한 소망으로 지목한다. 우리가 죽을 존재임을 기억하는 것은 영원하신 분을 의지하는 데 도움이 된다. "우리 모두는 떠나야만 하고 그래서 하나님을 바라봐야 하기" 때문이다. "죽음의 길은 우리를 그분에게로 인도하고 이끈다."[21]

우리에게 죽음을 상기시키는 것들은 하나님을 있는 힘껏 붙드는 데 도움이 될 수 있기에, 루터에게 "세례부터 무덤까지 그리스도인의 삶" 전체는 "거룩한 죽음의 시작일 뿐이다."[22] 루터가 보인 이 통찰은 실존적인 동시에 신학적이다. 죽을 존재인 우리는 자기기만의 달인이다. 우리는 자신이 피조물이고 전능하신 주님만이 하나님이라는 사실을 부정한다. 우리는 하나님과 그분의 약속을 붙들도록 창조되었지만, 죄악된 "인간은 본질상 하나님이 하나님이기를 원할 수가 없다. 참으로, 그[인간]는 자신이 하나님이기를 원하고, 하나님이 하나님이기를 원하지 않는다."[23] 따라서 "거룩한 죽음"은 사실 죄악된 옛 자아를 세례 안에서 죽이는 거룩한 삶의 방식이고 하나님만 소망하는 상태로 살아가는 것이다.

루터에게, 생명을 가져다주는 "거룩한 죽음"의 가능성이란 단순히 하나의 개념이나 이론이 아니다. 옛 자아를 죽이고 우리의 피조물적 현실을 받아들이는 일은 가족과 신앙 공동체라는 상황 안에서 구체적인 실천을 통해 이루어진다. 스미스가 사용한 용어로 말하자면, 이런 실천들은 일종의 "예전"이며, 우리가 필멸의 한계를 받아들이고 영원하신 주님을 깊이 신뢰하는 데 도움이 된다. 예를 들어, 루터는 자녀들이 "기도, 금식, 철야, 노동, 예배, 하나님의 말씀 듣기, 안식일 준수" 같은 자기 부인의 실천을 통해 죽음을 준비하도록 그리스도인 부모가 도울 수 있다고 조언한다. 이런 실천들은 고통을 면하게 해 주지는 않지만, 죽음을 준비하고 "일시적인 것들을 가벼이 여기고, 불운을 침착하게 견디고, 두려움 없이 죽음을 직면하고 이생에 집착하지 않는"[24] 법을 배우는, 생명을 주는 길의 일부가 될 수 있다.

하지만 루터는 이런 자기 부인과 예배를 위한 실천들이 믿음(우리 스스로 만들어 낸 믿음이 아니라, 그리스도 안에 있는 하나님의 자비를 믿는, 성령께서 주시는 확신)의 열매로서 흘러나온다는 사실 또한 독자들에게 자주 상기시킨다. 경험적으로 말하면, 믿음은 (구원을 얻고자 하나님을 피해 멀리 달아나는 것이 아니라) 스스로를 구하려는 노력을 포기하고 하나님께 달려가는 결과를 만들어 낸다.[25] 믿음은 예배하고 금식하고 하나님의 말씀을 들음으로써 표현되고, 우리에게 절실히 필요한 진리를 얻도록 돕는다. 하나님의 말씀을 갈망하고 사모하며 그분의 약속을 소망할 때 우리는 진정 믿음으로 사는 것이다. 참으로, 루터는 우리가 믿음으로 다가가면 인생의 시련조차 "거룩한 것"이 될 수 있고 주께서 그것들을 사용하여 죽음을 기억하게 하시고 새 생명을 육성하실 수 있다고 말한다. "사람들은 고난과 불운을 거룩한 것으로 여겨야 하고, 그것들이 닥칠 때 기뻐하고 하나님께 감사해야 한다."[26]

내가 듣기에는, 고난과 불운을 믿음으로 받으면 "거룩한 것"이 된다는 루터의 말이 지나치게 경건한 척하는 느낌이 든다. 그러나 심각한 질병과 씨름한 루터가 잘 보여 주다시피, 믿음은 자동적으로 성취되는 것이 아니다. 믿음은 하나님이 행하시는 일이요, 교회 공동체 안에서 받는 선물이다. 루터는 질병으로 몇 번이나 죽을 뻔했는데, 그에 대해 태연히 고통을 감내하는 식으로 반응하지 않았다. 신학자 켈리 카픽이 소개한 사례를 보면, "루터는 방에 있는 모든 사람을 일일이 바라보며 이렇게 요청했다. '나를 위해 기도해 주십시오, 부탁입니다.'"[27]

그는 주위 그리스도인들에게 기도해 달라고 소리쳐 요청했다. 가끔 마음이 혼란스러울 때면 믿음조차 붙잡기 힘들어 보였다. "파도와 바람 같은 절망과 하나님을 향한 신성모독 속에서 나는 하마터면 그리스도를 잃어버릴 뻔했다. 그러나 하나님은 성도들의 기도에 마음을 돌리사 나를 불쌍히 여기셨고 내 영혼을 지옥 밑바닥에서 건져 주셨다."

절망의 벼랑 끝에 선 이런 순간들은 불운이 "거룩한 것"일 수 있다는 그의 믿음과 거리가 멀어 보인다. 루터는 우리가 만나는 재앙이 타당하다거나 우리 힘으로 극복할 수 있다고 말하는 게 아니다. 그가 주장하는 것은 우리가 기도하고 금식하고 하나님의 말씀을 구할 때, 우리 힘으로는 도저히 믿음으로 살 수 없음을 인정하게 된다는 것이다. 성령이 오셔서 그리스도의 몸을 입은 지체들이 서로의

짐을 지게 하시고 어둠 속에서도 온몸을 머리 되신 그리스도께 붙어 있게 해 주셔야 한다. "고통이 찾아올 때, 괴로울 때, 우리가 죽을 때, 이 사실을 기억하자. 우리는 혼자가 아니고, 그리스도와 교회가 우리의 고통과 괴로움과 죽음의 때에 함께한다는 것을 분명히 믿고 확신하자." 루터는 그렇게 썼다.[28]

이 시대의 그리스도인이 아르스 모리엔디 전통을 회복하려면, 제자도에서 일생의 특징인 죽음을 준비하는 일이 지닌 가치를 재발견해야 한다. 죽어 가는 이들과 접촉하고 그들과 함께 앉아 기도할 기회를 찾아 나서야 한다. 우리 자녀들이 죽어 가는 이들을 알게 되는 것을 환영하고 그렇게 되도록 이끌어야 한다. 자녀들을 장례식에 데려가는 일을 피해서는 안 된다. 이는 죽어 가는 이들뿐만 아니라 자녀들과 우리를 위한 일이기도 하다.

생명을 주시는 하나님 앞에서 우리가 지닌 필멸의 한계를 기억하려고 매일같이 하는 실천도 아르스 모리엔디에 포함된다. 친구와 함께 식사하기, 감사 표현하기, 바늘 위를 걷는 듯한 발의 통증 돌보기, 인내심 기르기, 이웃집 개에게 소리 나는 장난감 던져 주기, 놀이의 단순한 즐거움 누리기 같은 일들이다. 이런 실천들은 창조주께 생명과 호흡을 받은 필멸의 존재들이 몸으로 하는 활동이다. 우리는 육체를 지니고 있고 시간의 제약을 받으며 언젠가는 사라질 존재로서 먹고 아픔을 느끼고 논다. 이런 우리는 우주를 책임지는 존재가 아니다. 필멸의 한계를 인식하면 짐이 가벼워지고 기쁨은 더욱 커진다. 우리는 작은 존재다. 온 세상을 어깨에 짊어진 주체가 아니다.

왜소하고 취약한 우리에게 의학은 창조주가 베푸시는 도움의 손길이 될 수 있다. 하지만 현대 의학의 예전은 우리가 의학을 도움 이상의 것으로 보게 부추긴다. 우리는 의학을 구세주로 여기고 가장 중요한 것을 지켜 줄 수 있는 일종의 마법으로 보라는 유혹을 받는다. 수천 가지 자잘한 방식으로, 우리는 의학이 미래에 대한 통제력을, 어쩌면 죽음에 대한 통제력까지 줄 거라고 상정한다.

그러나 내 동료 리사가 알다시피, 통증, 죽어 감, 쇠퇴는 예외가 아니라 규칙이며, 결국 우리 모두에게 들이닥칠 것이다. 내 일상적 통증은 현실 세계에 사는 사람들이 '고칠 수 없는' 몸이라는 사실을 기억하게 한다. 의학은 우리의 짧은 순례 길에서 바를 수 있는 정말 유용한 연고일 수 있지만 그 효력은 일시적이다. 의학이 대단해 보여도 우리가 생명과 호흡의 근원이신 분께 온전히 의지하는, 허약하고 의존적인 피조물이라는 사실을 바꾸지는 못한다. 우리의 죽음이 때에 맞게 일어나든 비극적으로 일어나든 따스한 몸은 차갑게 식을 것이다.

하지만 그리스도인이 볼 때, 죽음이 몸과 영혼, 개인과 공동체를 느닷없이 찢어 놓아도 최종 발언권을 갖지는 못한다. 루터는 찬송가 〈내 주는 강한 성이요〉(A Mighty Fortress Is Our God)에서 "이 땅에 마귀 들끓어 우리를 삼키려 한다"는 사실을 상기시킨다. 하지만……

> 우리 편 되신 주님이 성령과 은사 주신다.
> 내 가족 내 재물 내 명예
> 내 생명 다 빼앗긴대도 진리는 살아서
> 그 나라 영원하리라.

죽음이 마지막 전투에서 이기는 것처럼 보여도 사실은 그렇지 않다. 하나님이 그리스도 안에서 굳게 서시고, 그분의 나라는 영원하기 때문이다.

우리가 구원받으려고 하나님을 찾을 때, 하나님의 말씀을 붙드는 예배의 실천이 아주 중요한 역할을 한다. 참으로, 루터는 송영(doxology)에 참여하는 것이 언제나 죽음의 기술이 추구하는 궁극적 목표라고 보았다. 호흡이 있는 모든 사람은 거기에 참여하도록 초청을 받는다. 호흡하는 피조물들이 찬양하지 않으면, 창조 세계의 다른 것들이 찬양할 것이다.

> 산들과 언덕들이 너희 앞에서 노래를 발하고 들의 모든 나무가
> 손뼉을 칠 것이며.
> 이사야 55장 12절

회중과 더불어 일어서서 송영을 부르는 시간은 주일예배에서 내가 정말 좋아하는 순서다. 나이 든 이들과 젊은이들이 함께 목소리를 높일 때, 그 노래는 우리 자신이나 우리의 고상한 계획이나 우리의 믿음 그 이상이 된다. 찬양할 때 우리는 실재에 대한 진리, 우주의 중심이 되는 진리를 노래한다. 그 진리는 우리가 그것을 고백하든 하지 않든, 우리가 살아 있든 아니든, 어떤 인간들이 천사와 합류하여 그것을 노래하든 하지 않든 변함이 없다. 송영은 영존하시는 한 분 주님을 흠모한다.

만복의 근원 하나님,
온 백성 찬송 드리고
저 천사여 찬송하세.
찬송 성부 성자 성령 아멘.

/ 인생의 끝을 기억하는 시간 /

- 현대 의학이라는 '행성'에서 삶과 죽음은 무엇을 의미하는지 생각해 보라. 사람들의 삶을 형성하는 현대 의학의 힘이 주위 사람들에게 어떤 영향을 미치는 것을 보았는가?

- 의료적 결정을 놓고 여러 선택을 내린 끝에 결국 자신이 선택하지 않은 지점에 이르게 된다는 상황이 무엇인지 감이 오는가? 현대 의학이라는 이 이상한 신세계를 경험한 적이 있는가?

- 의학은 하나님이 주신 훌륭한 선물이지만, 그것 역시 강력한 우상이 될 수 있다. 의학은 어떤 식으로 우상화되는가?

- 현대 세계는 우리의 필멸성과 필멸의 한계를 사실상 부정하고 시설에 고립되어 거기서 죽어 가는 이들에게 관심을 거두게 하는 문화적 예전으로 우리에게 영향을 줄 수 있다. 스마트폰 속 세상과 우리가 소비하는 문화는 죽음이 다른 사람에게만 일어난다고 생각하게끔 우리를 이끈다. 자신 및 가까운 이들의 삶이 죽음을 부정하는 문화적 예전에 의해 어떤 식으로 형성되고 있다고 보는가?

- 장례 예배를 드리는 목적이 무엇이라고 생각하는가? 장례식은 어떤 식으로 죽음을 부정하는 예전에 맞설 수 있을까? 지금까지 참석한 장례식에서 죽음의 부정을 부추기는 측면이나 그에 맞서는 측면들이 있었다면 말해 보라.

- 어떻게 하면 오늘날 교회가 아르스 모리엔디(죽음의 기술)의 공동체적 의미를 되찾을 수 있을까?

part 2.

성전으로

열정을 다해 '영생'을 사모하다,
그리스도를 통해

5

그리스도인의 삶에서 '번영'이란 무엇인가

1987년 중부 캔자스에 있는 고등학교에 입학했을 때 나는 번영(prosperity)의 모습을 안다고 생각했다. 아니, 적어도 그 색상이 빨간색에 난 검은 줄무늬라는 것 정도는 알 것 같았다. 그것은 텔레비전에 나온 타미 페이 베커의 새빨간 립스틱과 프레이즈더로드(PTL) 방송국을 위한 기금 모금 행사 도중 그녀의 양 볼에 눈물과 함께 흘러내린 마스카라의 검은 흔적이었다. 그녀와 남편 짐은 이른바 '번영 복음'을 가르쳤다. 짐의 텔레비전 사역의 전조가 된 1980년의 저서에서 그는 이렇게 썼다. "하나님은 당신이 행복하기를 원하신다. 하나님은 당신이 부자가 되기를 원하신다. 당신의 영혼이 번영하듯 당신이 번영하길 원하신다."[1]

타미 페이의 빨간색 립스틱과 검은색 마스카라의 흔적은 베커 부부가 24시간 텔레비전 방송국을 위해 벌인 기금 모금 드라마의 일부였다. 짐이 음모와 사기 혐의로 기소되고 '번영'이 추문으로 밀려난 뒤에는 동일한 색상들이 〈타임〉(*Time*)과 〈뉴스위크〉(*Newsweek*) 표지 기사를 장식했다. 이 거짓 번영의 드라마를 본 나와 반 친구들은 베커 부부와 그들이 내세운 번영 복음을 조롱했다. 우리에게 그 복음은 농담 거리 정도에 불과했다.

고등학교에서 조롱거리가 된 번영의 열망은 베커 부부의 욕망뿐만이 아니었다. 당시에는 검은색 나이키 로고가 박힌 새빨간 에어조던 하이 탑[목이 긴 농구화-옮긴이]의 전성시대였다. 비범한 점프와 완벽한 슛을 구사하던 농구 스타 마이클 조던은 번영의 이미지 그 자체였고, 내가 다니던 고등학교에는 조던처럼 되고 싶어 하는 아이들이 수두룩했다. 조던이 받은 훈련과 기량을 본받을 수 있든 없든, 그들은 빨간색, 검은색, 하얀색 에어 조던 하이 탑을 신는 것으로 그의 슬램덩크에 담긴 승리의 기운을 나타내고 싶어 했다.

당시 나는 토론 동아리에 속해 있었다. 토요일 아침마다 해가 뜨기 전에 집을 나서 토론대회에 참가했고, 동전을 던져 레이건 정부의 감세 정책이나 사회보장제도 유지 가능성에 찬성 또는 반대하는 주장을 펼쳤다.

또래 사이에서 토론 동아리원은 따분한 놈들이었고 성공적인 고등학교 생활의 표본은 절대 아니었다. 고교 농구부가 지역 주민 수백 명의 환호를 받으며 10대 신분 서열에서 정상을 차지했다. 그러나 토론 동아리에 있던 우리는 성공의 길은 하나가 아니라고 생각했다. 우리 중 한 아이는 소리가 전혀 들리지 않을 만한 거리에서 농구선수들을 이렇게 놀려 대곤 했다. "너네는 언젠가 우리 밑에서 일하게 될 거야."

어디에서든 자리를 찾고 싶었던 우리는 농구를 떠받드는 지역 분위기에 맞서 반격에 나섰다. 우리는 지역 리그를 거쳐 우리끼리 농구부를 결성하는 게 가능하다는 것을 알아냈다. 따로 테스트도 필요 없었다. 머릿수를 채우고 참가비만 내면 경기에 낄 수 있었다. 고교 농구부에서 뛰지는 못해도 마이클 조던을 지망하는 학생들과 경쟁할 수 있었다.

우리는 자칭 '에어 디베이트'(Air Debate; 에어 토론)였고 유니폼은 에어 조던 유행에 맞게 빨갛고 까만 스타일로 맞췄다. 유니폼 번호는 우리가 모범생임을 당당하게 선포했다. 내 등번호는 3번이나 9번, 33번이 아니라 유서 깊은 직각삼각형에 관한 정리였다. 마이클 조던이 피타고라스를 만난 것이다.

우리는 신나게 놀았다. 물론, 모든 경기에서 졌다. 점수 차가 100점이 넘을 때도 있었다. 그러나 치어리더가 붙을 만큼 인기가 많았던 팀은 우리뿐이었다. 정말 즐거운 시간이었다. 우리는 농구 코트에서 토론 동아리 범생이 무리를 이겼다며 마이클 조던이라도 된 것처럼 뻐기는 학교 아이들을 조롱했다.

성공과 번영을 규정짓는 방법은 많다. 짐 베커는 시청자들이 부자가 되기를 하나님이 바라신다고 주장하면서 그들의 돈을 받았고 내용을 조작한 책을 집필하여 호화 생활비를 충당했다. 우리 학교 농구부 아이들은 자신들이 마이클 조던처럼 떠오르는 차세대 영웅이라고 주장했다. 내가 속한 토론 동아리도 나름의 방식으로 번영을 정의했다. 우리는 베커 부부와 운동부 학생들을 조롱했고 뛰어난 두뇌 덕분에 언젠가 일터에서 그 아이들을 부리게 될 거라고 믿었다. 따지고 보면 우리나 운동부 녀석들이나 캔자스의 작은 동네에서 지위를 놓고 경쟁하는 불안한 아이들에 불과했다. 우리가 가진 번영에 대한 열망은 다 부질없는 것이었다.

하지만 솔직히 말하면, 일상을 살아갈 때 나는 번영 복음에 진짜로 끌리는 것을 느낀다. 암 치료의 영향으로 두들겨 맞은 것처럼 아플 때면 갈라진 틈새에서 새어 나오는 한 톨의 소망에도 이끌린다. 나는 이 어둠 속에서 절망하거나 애먼 주위 사람에게 분노를 쏟아낼 수 있다. 하지만 번영 복음은 그런 대안들과 달리 좀 더 건설적인 방향으로 나를 이끌어 주는 것 같다. "절망이 짓누를 때 희망을 가지라. 긍정적으로 생각하고 시도해 보라. 나는 여기서 빠져나갈 수 있다. 열심히 노력하거나 올바른 방식으로 믿음의 발걸음을 내디디면, 좋은 삶으로 보상받을 것이다."

베커 부부는 언론의 관심에서 멀어졌고 마이클 조던은 더는 NBA에서 뛰지 않지만, 번영 복음은 널리 퍼졌다. 처음에는 분명 미국에서 생겨났지만 이제는 전 세계에서 나타난다. "하나님은 내가 행복하기를 원하신다. 하나님은 내가 번영하기를 원하신다."

나도 번영의 메시지에 이끌리는 것을 느낀다. 다소 순화된 형태이긴 해도 말이다. 나는 개인 제트기 또는 농구 스타의 업적과 명성을 원하진 않는다. 그러나 내 아이들이 고등학교 졸업하는 모습을 볼 때까지 살고 싶다. '이것이 지나친 요청입니까, 하나님? 이것은 하나님이 원하실 것 같은 번영의 일부 아닙니까?' 언젠가 손주가 태어난다면 그 때도 살아 있으면 좋겠다. 내 내면 한구석에서 하나님은 내게 이런 일이 일어나길 바라실 것이 분명하다고, 아니 그래야 마땅하다고 말하고 있다.

하지만 성경이 번영에 관해 말하는 것을 들으면, 그 방향이 좀 다르다는 것을 알 수 있다. 한편으로 하나님은 그분의 피조물들이 샬롬(공동의 평화, 온전함, 번성)을 누리길 원하신다. 하지만 이 번성(flourishing)은 우리가 독자적으로 추구하는 번영과는 다르다. 예수 그리스도의 하나님의 지혜에 따르면, 인간의 번성은 십자가 모양, 즉 십자가를 지는 특성을 보인다.[2] 참으로, 샬롬의 평화는 보다 근본적 실재(십자가에 달려 죽으시고 부활하신 주님, 하나님 나라의 왕의 통치)를 증언한다. 주기도문에서 우리는 우리가 바라는 번성이 이루어지는 것이 아니라, 하나님 나라의 도래를 구한다. 참으로, 우리는 자신의 추진력이나 훈련으로 획득한 것이 아닌, 실재(도래할 천국)를 받아들이고 자신의 소원에 대해 무심해지기를 기도한다. 암 환자이자 어린 자녀들을 둔 아버지인 나는 하나님이 내게 중산층 미국인의 '번영'을 주시는 것과는 다른 뭔가를 계획하신 게 아닌가 싶다.

종교로 시선을 돌리는 환자들

번영한다는 것은 무슨 의미일까? 우리가 진짜 번영, 진짜 번성을 본다면 그것을 제대로 알아보기는 할까? 사람마다 종류가 다른 자기기만에 눈이 가려진다면, 우리가 정말 어떤 번영 개념에 따라 살고 있는지를 드러내는 것은 아주 복잡한 과제가 될 수 있다. 지난 6년간 나는 말기 암 환자들 사이에서 참여 관찰자였다. 나는 온갖 화학요법과 임상 시험 배후에 인간의 번성에 대한 어떤 관점이 자리 잡고 있으며, 암 환자들이 미래에 어떻게 접근하도록 격려받는지 참여 관찰자로서 밝히려 노력했다.

대학에서 들었던 문화인류학 수업이 기억난다. 우리는 '참여 관찰'을 배웠는데, 어떤 문화나 하위문화에 참여하여 내부 규칙과 규범을 면밀히 관찰함으로써 그 문화에 관해 배우는 연구 기법을 말한다. 이 수업 직후 나는 이 방법을 실천에 옮겨 우간다의 참여 관찰자로 6개월간 지역사회 개발단체에서 일했다. 이 부분에 대해서는 4장 오첸에 관한 이야기에서 밝혔다. 나는 그 문화에 푹 젖어 호기심을 갖고 필기하며 질문을 던졌다. 나는 언제나 외부자였다. 그러나 결혼식 같은 예식에 참석하려면 신부나 신랑 부족의 일원이어야 했다. 그래서 자기소개를 할 때 나는 이렇게 재치 있게 말하곤 했다. "마 바 노리"(나도 노리족 사람입니다). 그러면 기쁨의 함성과 웃음이 터져 나왔다. 우간다 사람들은 내게 특별한 환대를 베풀었다. 하지만 내부자 행세를 하면서 최대한 많이 배우고 있었어도 내가 외부자라는 사실에는 의심할 여지가 없었다.

그로부터 수십 년 후 이전까지 내 눈에 가려져 있던 하위문화인 암 공동체가 미시간에서 그 모습을 드러냈다. 나는 그 공동체의 관습, 규범, 가치들을 재빨리 배우기 시작했다. 스테로이드로 들뜬 상태거나 피로로 무기력하지 않을 때면 나는 이 새로운 문화를 해독하는 데 호기심이 일었다. 이제 나는 내부자로서 참여 관찰자였고, 공동체의 일원이 되려고 꾀를 내지 않아도 됐다. 암 클리닉에서 내가 만난 간호사와 의사들은 환자들을 익히 알았고 내가 지닌 온갖 이상한 질문과 문제들에 대한 대응 방안도 숙지하고 있는 듯 보였다. 나는 처음에 낯설었던 다른 환자들과 진단 내용이나 검사실 번호 등을 서로 이야기하고 신경 통증을 비교하고 가족들의 이야기를 나누면서 점차 친구가 되었다. 수많은 진료 예약, 입원, 암 지지 모임을 거치는 사이에 일련의 패턴이 분명히 드러났다.

그중 충격적인 특징은 암 환자들이 종교적인 사람들이라는 것이다. '암 진단 이전에는 종교가 없던' 암 환자를 만나는 것은 드문 일이 아니었다. 하지만 암 진단 이후에는? 냉소적인 회의론자까지도 그 마음이 누그러져 기도하고 싶어 하고 신에 관해 새롭게 이것저것 물어보고 싶어 했다. 병원에서 후원하는 대부분의 암 그룹들은 비종교인을 아우르려고 세속주의를 가장하고 있지만, 내가 보니 그런 모임에서도 기도, 기적, 하나님이 이런 난장판 속에서 무엇을 꾀하실 수 있는지에 대한 이야기가 대화에 종종 등장했다.

이 주제에 대한 학술 문헌들을 찾아봤더니 아니나 다를까, 대부분의 암 환자들은 종교가 자신의 삶에서 '중요하다' 또는 '아주 중요하다'고 여기고 있었다. 의사들 생각과는 달리, 암 환자들은 기도와 믿음이 치료의 길을 분별하는 데 핵심이라고 봤다.[3] 이 같은 점에서 의사와 환자들 생각이 다르다 보니, 종교적 관심이 살아난 환자들이 병원이라는 삭막하고 세속적으로 보이는 공간에서 자신들의 믿음이 제대로 다뤄지지 않는다고 느끼는 것은 놀라운 일이 아니다. 한 연구에서 72퍼센트의 암 환자가 "의료 체계는 자신들의 영적 필요를 거의 또는 전혀 돌보지 못한다고 밝혔다." 이 사실이 안타깝지만 더 놀랍게도, "거의 절반(47퍼센트)이 종교 공동체가 자신들의 영적 필요를 거의 또는 전혀 돌봐 주지 않았다고 밝혔다."[4]

암 환자라는 집단은 종교적 소망이 살아난 이들의 모임이다. 그들은 전체 인구에 비해, 그리고 암 진단 이전의 자신에 비해 더 많이 기도하고 더 열렬히 믿는다.[5]

흥미롭게도, 신을 믿지 않고 건강하게 최대한 오래 사는 것만이 목표인 사람도 종교 행위에서 유익을 얻는다. 전체 인구를 대상으로 한 수많은 실증적 연구를 보면, 강한 종교성은 정신 건강(행복감 증가, 자살 가능성 감소 등)과 신체 건강(위험한 행동을 피하는 자제력 소유, 질병으로 인한 스트레스와 상실에 대처하는 능력 등) 모두에서 긍정적인 결과와 관련이 있다.[6] 종교적으로 독실한 사람들이 누리는 이런 건강상의 혜택은 광범위한 문화적 상황에서 연구하는 이들(상당수는 종교가 없다)이 전하는 말이다. 사람이 좀 더 오래 사는 데 종교가 도움이 된다면, 암 환자들이 종교에 의지하는 것은 옳다.

하지만 이런 연구들이 보이는 한 가지 문제점은 '종교'를 대단히 넓게, 형식적으로 정의한다는 것이다. 현실을 살펴보면 모든 종교적 헌신이 신앙인을 동일한 결과로 이끌진 않는다. 기도와 신앙생활을 적극적으로 하는 그리스도인 환자 사이에서도 소망의 대상은 극적으로 다를 수 있다. 신학자 조지 린드벡이 말한 대로, "사람이 언어 일반을 구사할 수 없는 것처럼, 일반적인 종교인이 되는 일 역시 불가능하다."[7] 그런데, 사회학자가 정립한 '종교'가 바로 이런 것이다. 이 종교는 사회적으로 만들어진 범주이고 그 안에 다양하게 구분된 (그리고 상충하는) 신학적 비전이 담겨 있다.

달리 말하면, 많은 암 환자들은 특히 말기 진단을 받은 후에 자신이 이런저런 구덩이에 빠져 있음을 인식하는 것 같다. 그러나 그런 상황에 대처하기 위해 무엇을 하는지는 분명하지 않다. 치료해 달라고 기도하는가? 아니면 성전, 즉 살아 계신 하나님의 임재를 구하는가? 피조물인 자신의 필멸성을 받아들이는가? 나는 죽음의 부정이 초래하는 위험에 대해 어쩌면 암 공동체에 속한 그리스도인이 주변 문화를 향해 증언할 수 있을 거라는 소망에 잠시 마음이 들떴다. 그러나 많은 그리스도인 말기 환자들에게 종교적 열정이 실제로 작동하는 방식을 탐구하면서, 격려를 받기보다는 걱정스러워졌다.

하나님의 대본에는 치유와 회복만 있다?

환자들이 죽을병에 걸리기로 선택한 것은 아니다. 하지만 중병 진단에 대한 그들의 반응은 그들이 어떤 종류의 '번영'을 추구하고 있는지에 대해 많은 것을 시사해 준다. 우리가 앞서 살펴본 새로운 의료적 '예전'에는 극단적 또는 '영웅적'(heroic) 조치들이 담긴 일련의 말기 선택지들이 들어 있다. 즉, 말기 환자들은 성공 가능성이 거의 또는 전혀 없는 공격적인 치료법을 제의받을 수 있다. 상태가 완화되거나 회복이 불가능해도, 의사들이 할 수 있는 일은 늘 더 있다. 하버드 외과에서 일하는 아툴 가완디가 설명한 것처럼, "효과가 밝혀지지 않은 독성 약품을 줄 수도, 종양 일부를 제거하는 수술을 할 수도, 환자가 먹지 못하는 경우 영양 공급관을 삽입할 수도 있다. 언제나 무언가 할 일은 있다."[8] 하지만 이러한 극단적 조치들은 대체로 죽어 가는 이들의 수명을 연장하지 못한다. 그런 조치들은 엄청난 대가를 요구하고 재정적·사회적·심리적으로 많은 경우 심각한 부작용을 초래하여 환자는 마지막 나날 동안 친구 및 가족들과의 의사소통마저 거의 불가능하게 된다.

극단적 조치를 선택하는 것은 도박이다. 가완디는 이렇게 지적한다. "우리는 의학적 복권과도 같은 것을 제공하려고 몇 조 달러 규모의 체제를 만들었지만, 그 복권에 당첨될 확률이 거의 없다는 사실에 환자들이 적응하도록 준비시키는 데는 아주 초보적인 체계만을 갖추고 있다."[9] 당첨되지 않은 복권은 환자에겐 고통의 증가를, 남은 가족에겐 트라우마를 안긴다. 복권에 당첨되어도 고작 며칠이나 몇 주 더 숨을 쉴 따름이다. 이런 선택을 왜 한단 말인가?

감사하게도, 대부분의 환자들은 이런 복권을 거부한다. 그러나 처음 내 마음을 복잡하게 만든 소식은 이런 '영웅적' 조치들에 동의할 가능성이 가장 높은 이들이 바로 종교적으로 독실한 환자들이라는 것이었다. 보스턴 데이나파버암연구소(Dana Farber Cancer Institute)

에서 수행한 대규모 연구에서, 종교적으로 독실한 암 환자들(주로 그리스도인)은 다른 환자들에 비해 극단적 조치를 선택할 확률이 세 배나 높다고 증언했다.[10] 이 자료는 다른 연구 자료나 내가 암 공동체에서 참여 관찰자로서 경험한 사실과도 일치한다.[11]

연구자들이 실패할 게 거의 확실한 치료법을 선택한 이유를 환자들에게 물었을 때, 환자들은 엄밀히 말해서 의료적 이유보다는 아주 분명한 신학적 이유들을 제시했다. 그들은 그 선택이 하나님께 기적을 행하실 기회를 드리는 것, 자신들을 치유하실 시간을 더 드리는 것이라고 말했다. 그 답변들은 내가 암 공동체에서 너무나 자주 듣는 표현과 거의 동일하다. 말기 질환에 걸린 사람들의 치료 상황을 알리는 SNS 댓글에서 그런 표현이 특히 자주 등장한다.

"온전한 치유를 위해 기도하고 있습니다!"

"기적이 곧 나타날 겁니다!"

"하나님의 기적을 기대하세요!"

"부활하신 그리스도가 당신의 기도에 응답하실 수 있어요."

"우리는 기적을 구하고 있습니다. 기적이 일어날 수 있다고 믿으니까요!"

"하나님은 경이롭고 강력한 치료자십니다."

데이나파버암연구소에서 진행된 한 연구에 참여한 사람은 이를 이렇게 전했다. "그 환자들은 …… 그들에게 기적을 베풀고 그들을 구원해 줄 기회를 신에게 최대한 제공하고자 가능한 한 오랫동안 버

될 것 같다." 하지만 이 사례나 비슷한 종류의 다른 연구가 보여 주듯, 이런 영웅적 조치는 환자들의 희망에 부응하지 못했다. "우리는 보다 공격적인 치료를 받은 이들의 삶의 질이 더 나빠진 것을 발견한다." 참으로, "보다 공격적인 치료는 생존율을 높이지 못했다."[12]

극단적인 치료법은 삶의 질의 저하뿐 아니라 대단히 실질적인 다른 대가들도 요구한다. 가완디가 진술한 설명을 들어 보자. "작별 인사를 하거나 '괜찮아', '미안해', '사랑해'라고 말할 기회도 없이 마지막이 찾아온다." 손을 잡고 주기도문으로 기도할 기회, 애창하던 찬송가를 부를 기회도 주어지지 않을 수 있다. 암 대처 프로젝트로 진행된 연구를 보면, 극단적 치료를 받은 환자가 사망하고 6개월 후, 그 환자를 돌봤던 사람들은 그런 조치를 받지 않은 환자를 돌본 이들보다 "주요 우울증에 걸릴 확률이 세 배나 높았다."[13]

종교적으로 독실한 이(대부분이 그리스도인인) 환자들은 인간의 번성에 관해 어떤 생각을 하고 있을까? 헌신된 그리스도인이라면 죽음을 맞을 때 평안이 있어야 하지 않을까? 그들은 왜 자신의 인생이 짧다는 것을 받아들이며 남은 힘을 하나님과 이웃을 사랑하는 데 쓰는 대신 이런 도박을 택하는 걸까? 이런 질문들도 난감하지만, 참여관찰을 한 나는 이보다 더 심란한 가능성을 마주했다. 일부 독실한 그리스도인은 바로 그들의 믿음 때문에 자신의 필멸성이라는 현실을 받아들이지 못하고 부정하는 것일 수도 있다는 것이다.

어쩌면 바로 이것이 그들이 영웅적인 조치를 선택할 가능성이 훨씬 더 높은 이유일지 모른다. 그들은 하나님이 치유와 회복이라는 한 가지 대본에 따라서만 일하신다고 생각한다. 그들이 이전까지 제자로 살아온 길은 아마 이 대본과 잘 들어맞았을 것이다. 그러나 그들이 이 땅에서 마지막 장에 들어서는 지금은 그 대본이 더 이상 들어맞지 않는다. 그 대본에는 죽어 가는 예수님의 제자가 맡을 역할이 없다.

부활 소망의 실종

나는 이 질문들을 놓고 몇 년 동안 고민했고, 죽음을 앞둔 친구들과 지인들에게 펼쳐지는 드라마를 지켜보았다. 완치를 목적으로 한 치료들이 실패하고 자신의 상태가 말기라는 것이 분명해지면, 환자는 종종 죽음의 현실에 그제야 마음을 연다. 그러나 환자의 배우자, 자녀, 가족과 교회에게는 그 일이 훨씬 더 힘들다.

환자 매기가 보여 준 사례는 내 머릿속에 깊이 각인되었다. 매기는 나와 나이가 같았다. 교회 활동에 열심히 참여했고 암 치료를 받을 당시 우리 부부처럼 어린 자녀 둘이 있었다. 연이은 치료가 하나둘 실패하고, 소망과 기도로 갖가지 치료법을 받았지만 번번이 실망으로 끝났다. 그렇게 숱한 치료가 끝나자, 매기의 몸은 두들겨 맞은 것처럼 만신창이가 되었다.

매기가 힘겹게 싸우는 동안, 그녀의 어머니는 기적을 구하는 기도를 계속했다. '기도의 용사들' 지원이 쏟아졌다. 매기를 호스피스로 옮기는 것은 패배를 의미한다고 그들은 믿었다. 그러나 매기가 살아남아 어린 자녀들이 장성하여 부모가 되는 것을 보게 해 달라는 기도가 열렬히 드려진 지 며칠 만에, 결국 그녀는 호스피스 병동으로 옮겨졌다. 이틀 후, 그녀는 끝내 죽고 말았다.

나는 매기의 가족과 친구들을 손가락질할 수 없다. 그들은 말로 표현하기 힘든 엄청난 상실을 겪었다. 그러나 나는 거듭거듭 이런 의문이 들었다. 유년기, 사춘기, 성인기를 거치며 그들의 기독교 신앙이 어떻게 형성되었기에 하나님이 젊은 사람들에게 더 오랜 삶을 주신다는 대본에 따라 일하시는 게 틀림없다고 믿게 되었을까?

나보다 나이가 많고 역시 독실한 그리스도인이었던 린다의 경우, 그녀의 상태가 심각하다는 의사의 진단이 나오자 그녀의 친구들은 메기의 가족과 비슷하게 기도했다. 어느 날, 나는 호기심에서 그녀의 치료 상황을 알리는 블로그에 접속해 거기 있는 글과 댓글들을 쭉 살펴보았다. 블로그에는 하나님과 기도와 치유에 대한 언급이 수백 개나 있었고, 부활의 소망이나 천국이나 내세를 말하는 글은 하나도 보이지 않았다.

나는 린다와의 우정을 소중하게 생각한다. 그녀를 잃고 싶지 않다. 그러나 70대 중반인 그녀는 심장박동과 호흡을 계속 유지하려고 극단적인 조치들을 거듭해서 받았다. 그녀의 블로그에 달린 수백 건의 댓글 중 하나님이 그녀가 죽음을 준비하기를 원하실 수도 있다고 넌지시 말하는 내용은 하나도 없었다. 그들은 한결같이 한 곡만 노래한다. 하나님은 치유자시고 그분의 주된 역사는 기적을 행하시는 것이기에 치유된 상태, 온전한 건강을 회복한 상태를 바라보는 것이 참된 소망이라는 노래다.

혹시 매기나 린다가 '번영 복음'을 가르치는 교회에 다녔을까? 그들의 목사들은 하나님이 우리가 부자가 되기를 원하신다고 설교했던 짐 베커의 제자였을까? 절대 그렇지 않았다. 경험 많은 교인이었던 그들의 친구들은 믿음이 돈과 건강을 얻는 도구라고 생각했을까? 물론 그렇지 않았다.

그러나 그들이 노래하는 한 가지 곡조에는 하나의 질문이 숨어 있다. '어찌 하나님이 매기와 린다를 치유하시지 않으려 하실 수가 있을까?'

그들의 기도는 진실했다. 종종 그들은 이렇게 기도했다. "오, 주님, 주께서 매기를 치유하실 때 주님의 이름이 널리 높여질 것입니다. 많은 이들이 주님의 선하심을 알게 될 것입니다!" (하나님이 어떻게 그것을 원하시지 않을 수 있을까?) "주께서 린다를 치유하시면 많은 이들이 이 기적의 근원을 물을 것이고, 우리는 주님의 능력만을 증언할 것입니다!" (하나님은 분명 이것을 바라시지 않을까?)

내 친구들의 교회 식구들은 진실하고 또 간절했다. 그들은 하나님을 슬롯머신처럼 취급하거나 그분이 주실 '물건'에만 관심을 보이지 않았다. 그들이 치유를 원했던 것은 매기와 린다가 부르는 찬양과 구원의 노래를 듣고 싶었기 때문이다. 그들은 비그리스도인이 신앙으로 나아오기를 바랐다. 매기와 린다의 삶과 가정이 온전해지기를 바랐다. 하지만 그들이 신체적인 치유에 온전히 몰두하는 사이, 기독교 신앙의 중심에 있는 뭔가가 흐려졌다. 우리의 소망은 생명 연장이 아니고, 5년이나 심지어 50년 더 살게 해 줄 치유가 아니라는 사실 말이다. 우리의 소망은 그리스도와 함께, 그분 안에서 누리는 영생이다. 우리는 그 기쁨을 지금 맛본다. 그 기쁨은 우리가 십자가를 질 때도, 심지어 죽음의 수모를 겪을 때도 이어진다.

치유는 분명 좋은 선물이다. 우리는 고통을 당하거나 질병으로 쓰러질 때 치유를 갈망할 수 있고, 그래야 한다. 일용할 양식을 하나님 아버지께 구하는 것이 옳은 일이듯 치유를 구하는 것도 그렇다. 하지만 치유는 일용할 양식처럼 일시적이고 지나가는 것이다. 우리가 단 몇 년을 살든 수십 년을 더 살든, 전도서 기자가 말한 대로다. "모태에서 벌거벗고 나왔은즉 그가 나온 대로 돌아가고 수고하여 얻은 것을 아무것도 자기 손에 가지고 가지 못하리니"(전 5:15).

바울은 자신을 포함한 초대 그리스도인들이 겉으로는 "낡아"진다고 언급하면서 쇠퇴의 과정에서 건짐을 받거나 그 과정이 지연되는 것에 소망을 두지 않았다(고후 4:16). 그보다는, 그리스도와 함께하는 다가올 부활 안에서 그분과의 연합이 온전히 꽃필 때 시작될 영광, 우리의 고난과는 "비교할 수 없을 정도로 영원하고 크나큰 영광"에 소망의 닻을 내렸다(17절, 새번역).

몸의 실체를 보라. 하나님이 주신 놀랍고 선한 선물이지만 일시적이고 갈수록 낡아지는 선물이기도 하다. 용기를 내어 지금은 보이지 않는 영원한 영광에 소망을 두라(고후 4:18). 이 땅의 여정에는 치유의 순간이 있고, 우리는 일용할 양식에 감사하듯 그런 순간을 허락하신 하나님께 감사해야 마땅하다. 그러나 풍성한 잔치와 영원한 영광이 주어질 텐데 왜 일용할 양식인 만나만 바라본단 말인가? 우리 욕망의 더 큰 목적을 추구하자. 시편 기자의 말을 빌리면, 그것은 "내가 여호와께 바라는 한 가지 일 그것을 구하리니" 곧 성전에서 "여호와의 아름다움을 바라보"는 것이다(시 27:4).

생활 깊숙이 스민 번영 복음

이상하게 들릴지 몰라도, 현대의 많은 그리스도인에게는 건강과 부라는 짐 베커식 번영 복음의 한 형태가 근본적인 믿음이 되어 버렸다. 그들이 질병이나 비극을 마주할 때 바로 그 믿음이 수면 위로 떠오른다. 그러나 그 믿음은 그들 안에 항상 존재했고 그들의 생각을 자극하여 번영하는 삶을 추구하게 한다.

40명의 암 환자로 이루어진 청중 앞에 섰던 때가 생각난다. 나는 탄식의 기도에 대한 강연 후 받은 한 질문에 어떻게 답할지 생각하며 초조하게 앞뒤로 몸을 흔들고 있었다. 질문자의 목소리는 나지막했고 다른 사람들은 제대로 들으려고 몸을 앞으로 기울였다. "어렵습니다. 말씀하신 대로, 하나님의 약속에 대한 소망을 잃지 않는 것은 참 어려워요. 하지만 저는 그분의 약속을 계속해서 소망합니다. 종양학과 담당 의사는 틀렸고 제 암은 악화되지 않을 거라는 약속 말입니다."

내가 이해할 수 없는 상황 속에서도 하나님의 약속에 근거하여 그분께 외치는 일의 필요성을 막 말하고 난 뒤 받은 피드백이었다. 여기서 내가 말한 약속은 하나님께 버림받은 것처럼 느껴질 때도 생명의 하나님은 우리를 저버리지 않는다는 것이었다. 그런데 어쩐 일인지 질문자는 내가 말한 "하나님의 약속"이 '이 암을 제거하겠다는 약속'을 의미한다고 해석했다.

나는 멈칫거렸고, 강의실은 조용했다. '지금은 아직 때가 아니야. 지금은 내 생각을 말할 때가 아니야.' 나는 그렇게 생각했다. 하나님의 약속은 언약의 구주이자 주가 되시겠다는 것이라고 지적하고 싶었다. 성경 속 하나님은 지금 우리의 모든 질병을 치료하시겠다고 약속하시지 않는다. 하나님은 생명 연장을 약속하시지 않았다. 그러나 질문자는 이미 하나님이 세상에서 행하시는 방식에 대한 생각 스크린을 통해 내 말을 걸러서 듣고 난 뒤였다. 꽤 긴 시간을 말없이 고민한 끝에, 나는 질문자에게 자신의 관심사를 하나님 앞에 계속 가져가라고 격려했다. 종양학과 담당 의사가 틀렸을 거라는 질문자의 소망에 대해 뭐라고 대답해야 할지 확신이 서지 않았다.

하나님을 그런 식으로 바라보는 것은 그 질문자만이 아니었다. 퓨재단(Pew Foundation)의 최근 연구를 보면, 미국에서 신을 믿는 사람 중 56퍼센트가 "신은 충분한 믿음이 있는 신자들에게 건강을 주고 질병에서 건져 줄 것"이라고 믿는다. 신체적 번영에 대한 이 기대는 하나님이 재정적 번영을 보장하신다는 생각과 종종 함께 나타난다. 종교를 믿는 미국인의 거의 절반(46퍼센트)이 "하나님은 충분한 믿음이 있는 모든 신자에게 물질적 번영을 허락하실 것"이라고 주장하는 상황이다.[14]

이런 믿음들이 주류가 되었고 오순절파와 비오순절파, 개신교, 초교파, 가톨릭을 아우르는 다양한 기독교 전통에서 전 세계로 퍼져나갔다. 사실, 다른 많은 나라에서는 번영에 대해 긍정적으로 대답한 비율이 미국보다 훨씬 높았다. 예를 들어, 케냐에서는 84퍼센트가 하나님이 재정적 번영을 주실 것이라고 대답했고, 하나님이 건강과 치유를 허락하실 거라고 답한 비율은 90퍼센트에 달했다.[15] 중병에 걸린 이들에게 주시는 하나님의 '약속'을 말할 때, 나는 많은 청중이 하나님은 우리에게 건강과 치유를 약속하신다고, 지금이 아니라면 탄원과 기다림의 시기가 지난 후에 그렇게 하실 거라고 받아들이는 것에 놀라지 말았어야 했다.

물론, 최고의 사회학 연구라도 영혼을 들여다보는 투명한 창은 아니다. 의미의 뉘앙스는 문화마다 다르고, 사람이 인생의 어떤 시기를 보내고 있느냐에 따라 달라진다. 설문지에서 "하나님이 건강과 치유를 허락하실 것"이라는 문구를 본 어떤 이들은 그리스도인이 된 이후 중독과 결핍에 시달리던 자신의 삶이 어떻게 달라졌는지를 생각했을 것이다. 어쩌면 그들은 그런 변화의 과정에서 이전에 알지 못했던 건강과 재정적 안정을 찾았을 수도 있다. 그런가 하면 일부 응답자들은 이 문제에 대한 자신의 생각을 제대로 표현하지 못했을 수도 있다. 신학적 확신들은 아주 미묘해서 사회학 조사로 온전히 평가할 수 없을 때가 많다.

하지만 퓨재단의 조사 결과로 드러난 내용은 내가 앞서 언급한 종교적으로 독실한 암 환자들에 대한 연구 결과와 주요 맥락에서 일치한다. 많은 환자들은 하나님이 무엇에 관심을 가지신다고 생각할까? 바로 건강, 치유, 기적, 생명 연장인 것 같다. 이런 내용이 답변 목록 맨 꼭대기에 있고 나머지는 그 아래로 밀려나 있다. 암 공동체에서 나는 하나님이 '번영'에 대한 우리의 정의, 즉 장애나 약함을 배제하는 정의에 맞게 우리가 번영하기 원하신다는 진심 어린 확신을 거듭해서 만난다.

오늘날에는 이런 생각이 흔하지만, 번영하는 삶에 대한 이런 생각을 다른 누구도 아닌 그리스도인들이 받아들인다는 것은 상당히 기묘한 일이다. 우리 몸이 귀히 여길 만하고 선하게 창조되었고 주님에게 "기이하게 지음을 받은" 것은 사실이다(시 139:15). 그러나 하나님의 주된 관심사가 우리의 건강과 재정이 번영하는 것이라면, 인류는 메시아가 세상의 영광에 싸인 채로 이 땅에 오실 거라고 예상했을 것이다. 그러나 메시아 예수님의 오심은 그것과 놀라울 정도로 달랐다. 목수의 아들로 나신 예수님은 수치스럽게 조롱받았고, 채찍에 맞으셨고, 십자가에 못 박혀 죽으셨다. 노년의 '황금기'〔golden years; 65세 이후 연금 생활 시기-옮긴이〕에는 이르지도 못하셨다. 그렇다면 십자가에 못 박힌 주님을 따르는 이들이 세상의 위로와 안락함을 기대한다는 것은 정말 이상한 일이다.

사도 바울의 "육체의 가시"

번영을 추구하는 그리스도인들은 자신들의 신학을 뒷받침하려 논리적 주장을 펼칠 수 있다. 목사 조셉 프린스는 특히나 선명하게 주장한다. 프린스는 주일예배 참석자가 3만 명이 넘는 싱가포르 뉴크리에이션교회(New Creation Church) 담임목사인데, 방송을 통해 그의 설교를 전 세계 사람이 듣는다. 프린스는 이렇게 말한다.

> 제 성경은 하나님이 사랑의 하나님이고 좋으신 하나님이라고 분명히 말하고 있습니다. …… 따라서 우리가 병들 때 치유하고 건강과 생명을 회복시키는 것이 하나님의 마음이고 이 사실은 언제나 변하지 않습니다. 하나님은 우리가 건강하게 생명을 누리기를 너무나 원하셔서 사랑하는 아들 예수님을 우리에게 주셨습니다. 우리가 생명을 얻고 더 풍성히 얻게 하기 위해서였습니다(요 10:10).

〔하나님의 뜻은〕 우리가 충분한 건강과 생명 가운데 행하는 것입니다. 하나님은 통증이나 질병, 질환으로 우리 몸과 생명이 약해지고 무능해지고 무력해지는 것을 원하시지 않습니다. 하나님은 결코 치유를 보류하지 않으실 것입니다.[16]

프린스의 추론은 역설의 거북함 없이 한 생각에서 다른 생각으로 자연스레 흘러간다. '하나님이 우리를 사랑하신다. 그러므로 우리가 병들기를 결코 원하지 않으신다. 하나님은 우리가 풍성한 삶을 누리길 원하신다. 그리고 물론, 풍성한 삶은 질병과 병존할 수 없다. 통증, 질병, 질환은 우리의 생명과 에너지를 빼앗기 때문에 하나님은 '치유를 결코 보류하지 않으실 것이다.'

이 추론은 만성 통증과 지속되는 질병에 시달리는 사람들에게 무엇을 의미할까? 한 가지 가능성은 분명하게 배제된다. 그들의 병이 하나님이 원하시는 상태일 가능성 말이다. 하나님은 번영을 바라시고 번영하려면 건강해야 한다는 것이다.

그렇다면 병자들은 왜 질병으로 고통받을까? 번영 복음의 진영에는 익숙한 답변이 있다. 병자들 탓이라는 것이다. 하나님이 우리에게 병을 허락하신다는 생각을 배제한 상태에서는 다른 어떤 답변도 가능하지 않다. 질병은 믿음이 없다는 증표이니 우리는 손을 내밀어 믿음으로 하나님의 약속을 내 것으로 주장해야 한다.

내가 암 진단을 받은 후, 한 친구는 내 눈을 똑바로 쳐다보고 미소를 지으며 이렇게 말했다. "암은 영적 상태에 불과해요. 암은 그리스도의 십자가를 통해 이미 치유되었어요. '그가 상처를 입음으로 우리가 고침을 받았'거든요(사 53:5, 쉬운성경)." 다시 말해, 내 아이들이 초등학교도 졸업하지 않은 상태에서 아빠를 잃는다면, 그것은 하나님이 아니라 내 탓이라는 말이었다.

이런 논증에 담긴 단순 명쾌함은 확실성을 추구하는 환자들과 보호자들에게 매력적으로 다가올 수 있다. 시편 기자는 질병에 걸렸을 때 이렇게 탄식했다. "여호와여 나의 뼈가 떨리오니 나를 고치소서 나의 영혼도 매우 떨리나이다 여호와여 어느 때까지니이까"(시 6:2-3). 그러나 번영 신학을 믿는 그리스도인은 그런 탄식을 건너뛸 수 있다. 병들었다면 전능자께 "어느 때까지입니까?"라고 탄원하지 말라. 그분은 할 수 있는 일을 이미 하셨다. 조셉 프린스는, 예수님을 통해 "우리의 치유의 대가가 십자가에서 이미 치러졌다"고 말한다.[17]

하지만 이런 사고방식은 사도 바울의 가르침과 정면으로 배치된다. 그리고 나중에 살펴보겠지만 예수님의 가르침과도 배치된다. 바울은 "십자가에 못 박힌 그리스도"를 전파했지만 그리스도 십자가의 가시적이고 신체적인 혜택을 묵상한 적이 없다. 오히려 그 정반대였다. "유대인은 표적을 구하고 헬라인은 지혜를 찾으나 우리는 십자가에 못 박힌 그리스도를 전하니 유대인에게는 거리끼는 것이요 이방인에게는 미련한 것이로되"(고전 1:22-23). 우리는 십자가에서 "하나님의 어리석음이 사람보다 지혜롭고 하나님의 약하심이 사람보다 강하"다는 것을 본다(25절).

이것이 바울의 메시지였다. 그가 고린도후서에서 자신에게 있는 "육체의 가시"를 말할 때 이것은 뼈아픈 개인적인 메시지가 된다. 바울은 한 가지 고통에서 건져 달라고 믿음으로 기도했지만 하나님은 그의 간청을 들어주지 않으셨다. 바울은 십자가에 못 박혀 죽으셨다가 부활하신 주님의 능력이 "그리스도를 위하여 병약함과 모욕과 궁핍과 박해와 곤란을 겪는 것" 가운데 드러난다고 고백한다. "내가 약할 그 때에, 오히려 내가 강하"다(고후 12:10, 새번역). 바울은 번영을 하나님이 복을 주셨다는 투명한 증표로 보기는커녕, "그리스도의 능력이 내게 머무르게 하기 위하여" 자신의 "약점들을 자랑"한다(9절, 새번역).

조셉 프린스 같은 번영 복음을 말하는 설교자들은 육체의 가시에 대한 바울의 가르침에 어떻게 대답할까? 프린스는 그 구절이 바울의 적들, 즉 복음 때문에 그를 핍박하던 자들을 가리킨다고 주장한다. 흥미롭게도, 프린스는 그리스도인들이 복음을 위해 핍박받는 상황을 예상해야 한다고 주장한다. 그러나 그는 신약성경의 바울은 물론이고 오늘날의 그리스도인도 질병 때문에 고통을 겪지는 않는다고 말한다. 십자가가 질병을 무찔렀기 때문이다.

프린스를 포함한 번영 복음 설교자들에게는 바울이 말한 육체의 가시가 질병임을 부정하는 것이 대단히 중요하다. 바울의 언어를 고대 문맥 속에서 검토한 대부분의 학자들은 육체의 가시가 분명 질병이고, 만성 질병일 가능성이 있다고 추측한다. 그러나 번영 복음 설교자들에게 이 해석은 대단히 위협적이다. 질병은 이미 십자가로 정복되었기 때문이다. 그래서 그들은 그리스도인의 삶에 대한 영웅적 견해를 내세운다. 복음을 담대하게 선포하는 건강한 그리스도인은 복음의 원수들의 반대를 받는다는 내용이다. 번영 복음에 따르면, 바울과 참된 그리스도인들에겐 불확실성이 거의 없었다. 그들의 삶은 치유를 구하며 부르짖는데도 여전히 질병에 시달리는 시편 기자와 전혀 달랐다.

역사적으로 보면 우리는 바울이 말하는 "육체의 가시"가 무엇인지 확신할 수 없다. 우리는 바울이 "이것이 내게서 떠나가게 하기 위하여 내가 세 번 주께 간구하였"다는 것을 분명히 안다(고후 12:8). 그러나 그 가시는 그를 떠나지 않았다. 대신에, 부활하신 주님은 그에게 이렇게 말씀하셨다. "내 은혜가 네게 족하도다 이는 내 능력이 약한 데서 온전하여짐이라"(9절). 그뿐만 아니라, 곤란해 보이는 이 상황에서 바울의 헬라어 문법을 보면 한 가지 분명한 것이 있다. 육체의 가시 그 자체에 선한 것이 없다 해도, 그리고 그것이 "나를 괴롭히는 사탄의 사자"로 다가온다 해도(7절, 현대인의성경), 그 가시가 바울을 괴롭히도록 허락하신 분은 바로 주님이시라는 사실이다. "내 육체에 가시 곧 사탄의 사자를 주셨으니"(7절)의 원문은 '신적 수동태'로서 "하나님이 이 쓰라린 경험의 배후에 있는 보이지 않는 행위

자"이심을 나타낸다.[18] 따라서 하나님의 능력이 약함 가운데 온전해진다는 계시의 말씀과 육체의 가시는 궁극적으로 하나님이 주신 것이다.[19]

이것은 우리가 조셉 프린스 같은 사람들이 말하는 논리에 만족할 수 없다는 의미다. 하나님은 사랑이시기에 "치유하고 건강과 생명을 회복시키는 것이 하나님의 마음이고 이것은 언제나 변하지 않을 것"[20]이라는 그들의 논리가 대단히 분명하고 명료해 보이는 것은 사실이다. 하지만 그것은 사도 바울의 경우와도, 그가 선포한 복음의 내용과도 다른 것 같다. 바울은 모든 병의 치유를 약속하는 복음을 선포하지 않았다. 그가 전한 복음은 그리스도를 따르는 이들이 때때로 이해할 수 없는 이유로 고난을 받는다고 말한다. 한 주석가의 말을 인용하자면, "주님은 바울의 육체의 가시를 제거해 주시지 않고 그런 약속도 하시지 않는다. 이 문제에서 사도의 기도는 응답되지 않는다. 오히려, 그는 자신의 고난을 하나님의 강력한 은혜가 작용하는 무대이자 통로가 되는 약함의 일부로 이해하라는 명령을 받는다."[21]

욥이 그랬던 것처럼 바울도 자신이 이런 고난을 받아야 하는 이유를 몰라 혼란스러웠고 괴롭기까지 했다. 그는 가령 그 가시가 그의 신실함의 증표였다든지(핍박 때문에 생겼으니) 하는 이유를 듣지 못했다. 그는 부활하신 그리스도에게서 "내 은혜가 네게 족하도다"라는 말씀과 십자가에 못 박힌 주님의 백성은 그분의 능력을 특이한 방식으로, 곧 "약한 데서" 드러낸다는 말씀만 듣는다. 바울은 그의 편지 다른 부분에서 이렇게 썼다. "우리가 항상 예수의 죽음을 몸에 짊어짐은 예수의 생명이 또한 우리 몸에 나타나게 하려 함이라"(고후 4:10).

복음의 능력은 지위나 건강으로 '번영'을 선사하기는커녕 십자가에서, 그 이해할 수 없는 고통 가운데서 힘을 드러낸다. 바울의 십자가 신학을 재발견한 위대한 인물 마르틴 루터가 한 말을 들어 보자. "거룩한 복음은 강력한 말씀이다. 그래서 복음이 역사할 때는 시련이 따를 수밖에 없고, 복음을 맛본 사람만이 그 안에 강한 능력이 있음을 인식한다. 고난과 십자가가 있는 곳, 그곳에서 복음은 능력을 드러내고 발휘할 수 있다."

그렇다면 복음은 우리가 고난 자체를 목적으로 추구하도록 이끌거나, 빛에서 등을 돌리고 스올의 어둠을 바라보게 하는가? 절대 그렇지 않다. 우리는 구덩이 속에 처할 때 성전을 바라보고, 어둠 속에 있을 때 주님의 빛을 바라본다. 그러나 그리스도 안에서 세상에 그분의 사랑을 나타내신 하나님이 우리를 고난과 시련에서 자유롭게 하시지 않는다고 해서 놀라서는 안 된다. 하나님은 우리를 사랑하신다. 우리가 약해지고 죽을 피조물답게 그분을 의지할 때 우리를 통해서 그분의 능력을 나타내신다. 루터는 복음이란 "생명의 말씀"이고, "그래서 죽음 안에서 그 능력을 발휘하기 마련이다"라고 선언한다.[22]

젊은 사람에게든 나이 든 사람에게든, 바울의 십자가 신학은 듣고 곧바로 이해하기 쉬운 이야기는 아니다. 최근 한 친구가 사례 하나를 들려주었다. 그 친구는 어느 기독교 여름 캠프에서 중학생 상담 사역을 맡고 있었다. 하루는 신체 일부를 갑자기 못 쓰게 되었을 때 세상이 어떻게 다가오는지 이해하도록 도우려고 고안된 활동에 캠프 참가자 전원이 참여했다. 아이들은 자기 눈을 가리거나, 귀를 막거나, 휠체어에 앉았다. 물론 그런 훈련으로 신체장애가 있는 사람의 일상 경험을 온전히 알 수는 없겠지만, 공감 능력을 배우는 것이 그 프로그램의 목표였다.

행사가 시작되고 어느 정도 시간이 지났을 때, 헤일리라는 소녀가 눈가리개를 벗고는 다시 쓰려 하지 않았다. 그 아이에게는 신학적 근거가 있었다. "제가 눈이 멀면 하나님이 고쳐 주실 거예요." 헤일리는 예수님에 대한 믿음이 있었다. 그리고 그 믿음 때문에 하나님이 자신에게 번영하는 삶을 주실 거라 확신하고 있었다. 만약 헤일리의 눈이 먼다면, 하나님이 그 상태를 고쳐 주실 것이다. 우리는 이렇게 물을 수 있을 것이다. '왜 안 되겠어? 하나님은 헤일리가 건강하길 바라시잖아? 헤일리가 번영하기를 바라시잖아?'

헤일리의 번영관에서 보자면, 그 아이가 그리스도인으로서 살아가고 하나님을 믿으면 하나님이 거기에 대한 반응으로 그 아이에게 건강과 치유를 주실 것이다. 헤일리의 접근 방식이 바울의 십자가 복음과 상반되는(그 아이가 주님의 제자로 계속해서 살아가는 데 위험한) 이유는 하나님이 기적을 행하실 수 있다고 믿어서가 아니다. 예수님은 기적을 행하셨고 눈먼 사람들을 치유하기도 하셨다. 거침없이 그렇게 하셨다. 하지만 성서학자 데이비드 크럼프는 치유를 구하는 이들이 믿음을 드러낸 경우도 있지만, 종종 그들은 겉으로 볼 때 믿음이 없는 것처럼 보였다고 지적했다.[23]

문제는 하나님이 치유와 기적을 행하실 수 있는가 또는 하나님이 우리를 사랑하시는가가 아니라, 성경 속 하나님이 헤일리가 기대하는 유형의 번영을 결코 약속하신 적이 없다는 것이다. 우리는 일상의 필요를 구하는 기도를 할 수 있고 또 해야 한다. 그러나 하나님이 우리가 바라는 유형의 번영을 주시게 만드는 메커니즘은 존재하지 않고, 번영과 '복 있는 상태'에 대한 예수님의 말씀은 무의미한 고난과 분리된 삶을 바라는 헤일리의 소망보다는 바울의 십자가 신학에 훨씬 더 가까운 듯 보인다.

> 심령이 가난한 자는 복이 있나니 천국이 그들의 것임이요 애통하는 자는 복이 있나니 그들이 위로를 받을 것임이요 온유한 자는 복이 있나니 그들이 땅을 기업으로 받을 것임이요.
>
> 마태복음 5장 3-5절

산상설교가 전하는 복 있는 상태는 더할 나위 없이 좋은 일이다.

그러나 이 복 있는 상태는 소셜 미디어에서 지위와 신체적 번영을 자랑하는 수많은 사진의 '#복받은' 상태와는 거리가 아주 멀다. 예수님의 설교에서 복 있는 상태는 건강이나 물질적 번영을 뜻하지 않는다. 그렇다고 해서 마조히스트처럼 고난을 추구한다는 뜻도 아니다. 그분이 말씀하시는 복 있는 상태에는 아픔과 탄식, 우리의 지위와 번영 개념을 뒤집어 놓을 다가올 하나님 나라의 질서를 고대하는 일이 포함된다. 자신이 이미 승리했다고 생각하는 이들이 아닌, 심령이 가난한 자, 애통하는 자, 온유한 자가 복이 있다. 구덩이 속에서 성전을 구하는 자, "의에 주리고 목마른 자", "마음이 청결한 자"가 복이 있다. "그들이 하나님을 볼 것"이기 때문이다(마 5:8).

복 있는 상태의 의미를 알고자 신약성경의 복음서를 펼치면 그리스도의 나라에 있는 생명이 개인적인 성공이나 신체적·재정적 번영을 주로 말하는 것이 아님이 참으로 분명해진다. 우리는 그런 번영이 아니라 도래할 하나님 나라를 열망하고 갈망하는 복, 우리의 복 있는 상태가 우리의 돈지갑이나 신체적 번영에 의존하지 않음을 깨닫는 복을 기대해야 한다(마 19:16-30; 25:1-13; 눅 6:46-49 참조).

신약성경 여러 부분에서 거듭 강조하듯, 그리스도인들은 설명하기 힘든 고난이 있는 삶을 예상해야 한다. 성령으로 지금 우리 안에 거하시는 그리스도라는 특별한 선물을 받은 우리는 "하나님의 상속자요 그리스도와 함께한 상속자"다. 이 말은 "우리가 그와 함께 영광을 받기 위하여" 지금 당장에는 "고난도 함께 받"는다는 뜻이다(롬

8:17).

베드로전서 1장 6절 말씀에 따르면, 그리스도인들은 현세에서 "여러 가지 시험"이 있을 것임을 예상해야 한다. 중병을 앓는 신자들은 "지금 하나님의 기적을 기대하라"는 말을 자주 듣지만 베드로전서는 그리스도와 우리의 연합이 부활이라는 영원한 유업 안에서 꽃피고 정점에 이른다고 말한다. 그 유업은 우리를 끔찍한 질병이나 경제적 문제에서 당장에 구해 주지 않는다.

우리는 그런 것들 대신에 "예수 그리스도를 죽은 자 가운데서 부활하게 하심으로 말미암아 〔주어진〕…… 산 소망 …… 썩지 않고 더럽지 않고 쇠하지 아니하는 유업 ……〔우리를〕 위하여 하늘에 간직하신 것"을 바라본다. 우리는 "말세에 나타내기로 예비하신 구원을 얻기 위하여 믿음으로 말미암아 하나님의 능력으로 보호하심을 받았"다(벧전 1:3-5). 예수 그리스도의 하나님은 재정적·신체적 복이 규정하는 번영보다 훨씬 나은 것을 약속하신다. 하나님은 그리스도의 부활을 통해 그분의 자녀인 우리가 "썩지 않고 더럽지 않고 쇠하지" 않는 유업을 받게 될 거라고 약속하신다. 이 유업은 하늘에 안전하게 간직되어 있고 마지막 때에 온전히 나타날 것이다.

믿음의 법칙과 지금 누리는 천국

구약성경에 나온 일부 구절은 성경의 나머지 부분과 분리해서 읽으면 현대의 번영 복음 설교자들이 말하는 내용과 어느 정도 비슷하게 들린다. 잠언 10장이 그중 한 가지 사례다.

> 손을 게으르게 놀리는 자는 가난하게 되고 손이 부지런한 자는 부하게 되느니라 여름에 거두는 자는 지혜로운 아들이나 추수 때에 자는 자는 부끄러움을 끼치는 아들이니라 의인의 머리에는 복이 임하나 악인의 입은 독을 머금었느니라.
>
> 잠언 10장 4-6절

성경의 지혜문학은 창조 세계에서 인간은 세상의 적극적인 청지기로서 행하도록 창조되었다고 말한다. 잠언이 자주 지적하듯, 지혜로운 행위는 좋은 열매를 맺고 악한 행위는 끔찍한 결과로 이어질 수 있다. 주님은 의인들에게 때때로 장수하는 복을 주시는데 "아주 늙은 나이에 기운이 다하여서, 숨을 거"둔 아브라함이 그런 경우다 (창 25:8, 새번역).

하지만 구약성경에 등장하는 번영의 주제들은 하나님의 은혜로운 주도권이라는 상황 속에 자리 잡고 있다. 예를 들어, 아브라함에 대한 하나님의 축복은 그분의 언약적 약속에 근거한다. 그것은 의로운 행위에 대한 보상이 아니다. 더욱이, 구약성경의 지혜문학에는 순종과 번영 사이의 기계론적 연결 고리를 찾으려는 모든 시도를 허무는 사례가 허다하다. 여기에는 부와 건강을 잃어버린 의로운 욥 이야기와 어느 누구의 행동이나 불순종과도 연결되지 않은 질병, 상실, 고난의 경험을 반영하는 수십 편의 탄식 시가 포함된다.

흥미롭게도, 오늘날 번영 복음 설교자들은 인류가 대부분 구원 역사에서 더 높은 단계에 도달했다고 생각한다. 따라서 우리 시대에는 구약성경의 지혜문학(비극과 질병이 의로운 사람들과 불의한 사람들을 모두 덮친다고 주장하는)이 더 이상 적용되지 않는다고 본다. 그들은 옛 언약의 약속을 뛰어넘는 온전한 새 언약의 약속을 믿음으로 주장하라고 격려한다. 오늘날의 그리스도인은 그리스도 안에 있는 새로운 권위를 주장하여 치유와 번영을 누려야 한다는 것이다.

19세기 말과 20세기 초에 활동한 번영 복음 설교자 E. W. 케니언은 이런 주장의 사실성에 관한 신학적 설명을 제시하여 많은 영향을 끼쳤다. 케니언은 그리스도의 죽음이 죄의 권세만 깨뜨린 것이 아니라 오랫동안 사탄의 통치 아래 있었던 물질계의 권세에서도 신자들을 구해 냈다고 보았다. 그는 19세기의 믿음신유운동에서 영감을 얻었는데, 그 운동은 "하나님의 뜻이면" 치유해 달라고 기도하는 이들을 꾸짖었다.[24]

병자는 하나님의 뜻이면 치유해 달라고 구하는 대신, 치유가 이미 이루어진 것처럼 행동해야 마땅하다는 것이었다. 설령 질병의 통증이나 증상에 대한 징후가 계속된다고 해도 말이다. 그들에겐 믿음으로 행동하는 것이 중요했다. 케니언은 이 원리를 보다 일반적으로 확대하여, 우리는 자신의 믿음과 모순되는 것 같은 '감각 지

식'을 무시하고 그리스도 안에서 법적으로 물려받은 삶을 누려야 한다고 주장했다.[25]

그가 볼 때는 하나님의 자녀들이 질병이나 가난을 감수할 이유가 전혀 없었다. 예수님의 이름으로 기도할 때 우리에게는 건강과 재정의 복을 주장할 수 있는 법적 권리가 주어지고, 성령이 그 권위를 행사하도록 도우실 테니 말이다. 참으로, 케니언은 우리의 제한된 몸, 죽어 가는 필멸의 몸에 대한 감각 관찰 내용에 신빙성을 부여하지 않았고, 성령 충만한 신자들은 "초인"이라고 주장했다. "세상 사람들은 오늘날 그들 한복판에 초인이 존재한다는 사실을 알지 못했다."[26]

나는 케니언의 신학에 동의하지 않지만, 한 가지 중요한 점에서는 그가 옳다고 본다. 신자들은 그리스도의 죽음뿐 아니라 그분의 부활 안에서도 그리스도와 연합한다는 사실을 신약성경에서 읽어냈다는 것이다. 사도 바울은 우리가 그리스도와 함께 일으킴을 받은 일을 이생에서 미리 맛본다고 두 대목에서 언급한다. 하지만 그는 이생에서 그리스도의 부활에 참여하는 일을 세속적 이김과 승리의 관점에서 표현하지 않는다.

에베소서 2장 6-22절에서 바울은 그리스도의 부활 안에서 그분과 연합함을 거론하며 그리스도인들에게 유대인과 이방인이 서로에게 느끼는 적대감을 극복하고 그리스도의 "새 사람"으로 살아가는 부담스러운 발걸음을 내디디라고 격려한다(15절). 부활을 미리 맛보는 이 일은 우리가 그 완성을 위한 때를 계속 고대하면서도 서로와 화해하고 교제하는 부담스러운 활동에 당장 돌입해야 함을 말해 준다.

바울이 이생에서 그리스도의 부활에 참여함을 말한 또 다른 대목은 '그리스도인이 현세에서 번영하는 것'이 무엇을 의미하는지를 더 자세히 보여 준다. "그러므로 너희가 그리스도와 함께 다시 살리심을 받았으면 위의 것을 찾으라 거기는 그리스도께서 하나님 우편에 앉아 계시느니라 위의 것을 생각하고 땅의 것을 생각하지 말라 이는 너희가 죽었고 너희 생명이 그리스도와 함께 하나님 안에 감추어졌음이라 우리 생명이신 그리스도께서 나타나실 그 때에 너희도 그와 함께 영광 중에 나타나리라"(골 3:1-4).

그리스도와의 연합은 우리의 참된 정체성을 드러낸다. 우리는 "그리스도와 함께 다시 살리심을 받았"고 그리하여 "하나님 우편에 앉아" 있는 피조물들이다. 그러나 바울은 이것이 우리 죽을 몸의 아픔과 쇠퇴를 부정해야 한다는 뜻이라 말하지 않고 오히려 정반대 방향으로 나간다. 그는 "너희 생명이 그리스도와 함께 하나님 안에 감추어졌"으니 "위의 것을 생각하"라고 말한다. 왜냐하면 현재의 삶은 우리가 내세에서 경험하게 될 부활의 복을 반영하지 못한다. 한 주석가가 밝힌 대로, "고난과 고통으로 점철된 사도 바울의 사역은 '그리스도와 함께 하나님 안에 감추어진' 생명을 보여 주는 참으로 생생한 사례다."[27]

몸의 통증과 고통을 무시하지 말라. 우리의 참된 생명은 아직 나타나지 않았다는 사실을 명심하라. 매일 통증을 경험하는가? 치유의 물이 당신을 그냥 지나쳤는가? 재정적 안정이 요원해 보이는가? 바울의 답변은 분명하다. 당신이 감추어져 있음을 기억하라. 건강과 부라는 표지는 당신이 실제로 누구인지 증언하지 않는다. 당신이 실제로 누구인가(그리스도와 함께 죽고 부활한 사람이라는 것)는 다가올 그 날에야 드러날 것이다. "우리 생명이신 그리스도께서 나타나실 그 때에 너희도 그와 함께 영광 중에 나타나리라." 몸의 필요와 통증을 무시하지 말고 하나님 나라를 구하라.

예수님은 이렇게 말씀하셨다. "목숨을 위하여 무엇을 먹을까 무엇을 마실까 몸을 위하여 무엇을 입을까 염려하지 말라 목숨이 음식보다 중하지 아니하며 몸이 의복보다 중하지 아니하냐 공중의 새를 보라 심지도 않고 거두지도 않고 창고에 모아들이지도 아니하되 너희 하늘 아버지께서 기르시나니 너희는 이것들보다 귀하지 아니하냐 너희 중에 누가 염려함으로 그 키를 한 자라도 더할 수 있겠느냐"(마 6:25-27).

우리는 음식과 옷이 필요하다. "너희 하늘 아버지께서 이 모든 것이 너희에게 있어야 할 줄을 아시느니라"(32절). 그러나 이런 일시적인 물품들을 그 무엇보다 먼저 구하는 것은 어리석은 행동이다. 그것은 혼자 힘으로 번영을 추구하는 일이다.

먼저 성전을, 하나님 나라를, 홀로 생명을 간직하신 하나님을 구하라. 예수님은 이렇게 말씀하신다. "너희는 먼저 그의 나라와 그의 의를 구하라 그리하면 이 모든 것을 너희에게 더하시리라 그러므로 내일 일을 위하여 염려하지 말라 내일 일은 내일이 염려할 것이요 한 날의 괴로움은 그날로 족하니라"(33-34절).

예수님은 우리가 가진 필멸의 취약함을 거듭해서 상기시키신다. 우리에겐 음식이 필요하고 옷도 필요하다. 그분은 우리의 취약함으로 생길 수 있는 위험들을 부정하지 않으신다. 그럼에도 그분은 "걱정하지 말라"고 명령하신다. 이것은 위협에 직면할 때 보이는 우리의 투쟁-도피 반응과 거의 정반대 모습이다. 자신의 약함이나 필멸의 상태라는 취약함을 부정하고 물질계를 뜻대로 부릴 수 있는 것처럼 행동하지 말자. 아름다운 것들을 기뻐하고, 그날그날에 감사하고, 괴로움을 각오하자. "한 날의 괴로움은 그날에 겪는 것으로 족하다"고 했으니. 창조주가 매일같이 주시는 선물로 기쁨을 누리자. 그러나 이 여행에서 끝까지 살아남지는 못할 것임을 기억하자. 매일같이 주시는 힘을 성전과 그 나라와 왕을 구하는 데 쓰자.

죽음 앞에서 선택한 하나님 나라의 번영

죽음을 맞이하면서 하나님 나라의 번영을 추구하는 것은 어떤 모습일까? 이번 장에 나타난 여러 쟁점은 제자도의 삶 전체에 적용되지만, 그리스도인이 죽음을 맞이할 때 그리스도의 나라를 어떻게 증언할 수 있는지 잘 보여 주는 두 가지 사례로 이번 장을 마무리하고자 한다. 이 사례들은 현대 의학의 문화적 예전을 헤쳐 나가며 죽음 앞에 이른 이가 하나님 나라를 구하려고 한 시도가 담겨 있다. 그들은 베커 부부와 지위에 굶주린 에어 조던 흉내쟁이들에게 활력을 주었던 '번영'의 광채를 등지는 모습을 보여 준다. 두 사례 모두 하나님 나라의 번영의 아주 작은 조각을 반영하는데, 성경을 보면 이 번영에는 다시 오실 부활하신 왕 앞에 함께 무릎을 꿇는 이들과의 교제가 포함된다.

"싸움을 포기했습니다."

잭이 휠체어에 앉은 채로 내게 말했다. 아마도 내 얼굴에 놀라움이나 충격이 드러났을 것이다. 그는 몇 년간 퇴행성 질환으로 입원과 퇴원을 반복하면서 목숨을 걸고 싸워 왔다. 그랬던 그가 비강 산소관으로 호흡한 지 몇 달 후 그렇게 말했고 바로 한마디를 덧붙였다. "하지만 소망을 포기한 건 아니에요." 그는 나를 안심시키려는 듯 미소를 지었다.

이미 잭의 몸은 광범위한 검사와 치료로 엉망이었다. '완치 목적의' 치료를 포기하고 호스피스 병동에 들어가게 되어 자신도 아내도 얼마나 안심이 되는지 모른다고 설명하는 그에게서 명랑함이 느껴졌다. 그는 언제나 구약성경을 더 읽고 싶어 했다. 당시 그는 그 일을 이미 시작했고 질문도 생겼다. '목사님은 미가에 대해 어떻게 생각하세요?'

잭은 그가 가르쳤던 학생들과 오랜 친구들에게 편지로 감사를 전했고, 삶과 믿음에 대한 호기심을 보였다. 그는 아이들을 환영하며 맞았고 내 딸아이가 나와 함께 그의 집을 방문했을 때 고전적인 장난감 기차 세트를 정성껏 보여 주었다. 그는 자연 경관에 감탄했고 아파트 창으로 몇 시간씩 새를 관찰했다. 그는 카메라로 찍은 새 사진들을 내게 몇 번이나 보내 주었다. 내 생일에는 부드러운 황금빛 배와 적갈색 머리, 끝이 뾰족한 갈색 날개가 돋보이는 창밖의 여새 사진을 이메일로 보내기도 했다.

잭은 다음엔 어떤 의료 결정을 내릴지, 또다시 응급실을 찾을 때 아내가 어떻게 대처할지 더 이상 염려하지 않았다. 그는 성경을 읽고, 친구들과 대화하고, 함께 기도하고, 창밖에 주어진 선물과도 같은 장관을 진심으로 기뻐했다. 잭이 호스피스 병동에 있는 동안 그는 내게 선물과도 같은 존재였다. 나는 미결 서류 처리에 급급했지만, 그는 아름다움을 보는 안목이 있었다.

아이러니하게도, 보다 극단적인 치료로 질병과 싸우려는 노력을 포기하자 잭의 건강 상태가 호전되었다. 그는 의사들이 예상한 것보다 호스피스 병동에서 더 오래 살았다. 잭이 그 길을 선택한 것은 더 오래 살기 위해서가 아니라 호흡이 있는 마지막 나날을 하나님과 이웃, 자연과 교제하며 보내고 싶었기 때문이다. 그 나날 동안 그는 번성했다. 싸우기를 포기하고 부활하신 그분께 소망을 둠으로써 번성했다. “우리가 예수께서 죽으셨다가 다시 살아나심을 믿을진대

이와 같이 예수 안에서 자는 자들도 하나님이 그와 함께 데리고 오시리라"(살전 4:14).

두 번째 사례다. 클로드의 담임목사(내 친구)가 병실로 들어섰을 때, 침상을 둘러싸던 이들은 의사와 간호사들이 아니라 가족과 친구들이었다. 클로드는 퇴행성 질환 말기여서 산소호흡기가 있어야만 생명을 유지할 수 있었다. 산소호흡기를 달고도 숨쉬기가 힘들었다. 의학적으로 볼 때 회복은 불가능했다.

그래서 그를 사랑하는 이들이 한자리에 모였다. 그들은 빙 둘러서서 한 명씩 클로드에게 사랑의 말을 전했다. 작별 인사를 하는 동안 눈물도 있었지만 미소와 웃음도 있었다. 사람들이 말을 마치자 병실은 잠시 조용해졌고 다들 목사를 바라보았다. 우리는 하나님의 것이라는 그리스도인의 담대한 신뢰에 관해 목사가 말하기 시작하면서 클로드를 주님께 맡기는 기도를 드리려 할 때, 클로드가 손을 뻗어 얼굴에서 산소호흡기를 뗐다. 그를 둘러싼 사람들은 순간 너무 놀라 숨이 멎는 듯했다. 산소호흡기가 없으면 그는 채 몇 분도 호흡을 유지하지 못할 터였다. 가쁜 숨을 내쉬며 말을 할 수 있게 되자, 클로드에게서 그가 어릴 때 배웠던 구절들이 흘러나왔다.

> 살아서나 죽어서나 당신의 유일한 위로는 무엇입니까? 살아서나 죽어서나 나는 나의 것이 아니요, 몸도 영혼도 나의 신실한 구주 예수 그리스도의 것이라는 사실입니다.[28]

하이델베르크 교리문답의 첫 번째 질문과 답변을 읊조리는 그의 목소리가 서서히 작아졌다. 마지막 호흡이 끊어졌다 이어지면서 이 땅에서 보내는 마지막 순간이 다가왔다. 내 친구 목사는 이 이야기를 내게 들려주면서 눈물을 흘렸고, 이야기가 모두 끝났을 때는 나 역시 마찬가지였다.

오늘날 많은 그리스도인은 사회적 지위와 건강에 대한 번영을 예수 그리스도의 복음과 결합하려 시도한다. 끔찍한 질병 끝에 맞이하는 죽음을 패배 이외의 다른 것으로 생각하지 못하는 이들이 적지 않다. 그러나 클로드는 이 땅에서 보내는 삶의 마지막 장면에서 가족들에게 다른 종류의 번영을 맛보게 해 주었다. 그는 사회적 지위, 은행 잔고, 심지어 수명으로도 측정할 수 없는 번영을 증언했다. 평범한 병실에서, 비디오카메라도 기자도 없는 상태에서 자신의 약함을 받아들였다. 그는 산소호흡기를 벗었고, 그 자리에 모인 사람들은 그 순간 잠시 숨을 멈추었다. 그리고 예수 그리스도의 소유가 된 사람의 샬롬, 온전함, 평화의 향기를 들이마셨다. 클로드는 약함 속에서 담대함을 드러내며 자신의 몸과 영혼을 하나님 나라의 왕, 성전의 제사장, 십자가에 못 박히고 부활하신 구세주, 진정한 번성을 친히 구현하신 분께 맡겼다.

- 이번 장은 우리가 지닌 번영관을 다른 시각에서 보게 해 준다. 자신의 삶을 돌아볼 때, 당신에게 번영은 무엇이었나?

- 최근 연구에 따르면 종교적으로 독실한(주로 그리스도인) 암 환자들이 극단적인 치료법을 선택할 확률이 세 배나 높다. 이것은 하나님의 계획에 대한 그리스도인들의 통상적 이해에 관해 무엇을 말해 주는가?

- 건강 상태를 알리는 글에는 종종 하나님을 "위대한 치유자"로 일컫는 댓글이 달린다. 이 표현은 하나님의 주된 역사가 기적을 행하는 것이라고 가정하는 듯하다. 당신은 이에 대해 어떻게 생각하는가? 바울의 십자가 신학은 이런 접근 방식에 어떤 영향을 주는가?

- 마태복음 5장 1-12절과 6장 19-34절은 죽을 인간들을 위해 하나님 나라가 형성하는 번영의 비전을 제시한다. 이 구절들을 다시 한번 읽어 보라. 이 구절들은 우리가 지금 여기서 기대해야 할 번영이 어떤 것인지에 대해 무엇을 말해 주는가?

이번 장은 클로드 이야기로 마무리된다. 그의 마지막 말은 하이델베르크 교리문답 첫 번째 질문과 그 답변이었다. "살아서나 죽어서나 당신의 유일한 위로는 무엇입니까? 살아서나 죽어서나 나는 나의 것이 아니요, 몸도 영혼도 나의 신실한 구주 예수 그리스도의 것이라는 사실입니다." 이 말은 우리를 어떻게 위로하는가? 그리고 오늘날 널리 퍼진 '번영하는 삶'에 대한 여러 기독교적 이해와 어떻게 대비되는가?

6

끊어진 우리의 이야기, 희미하게 볼 뿐인 사후 세계

대학교 겨울방학이 막 끝났지만 아직 겨울은 끝나지 않았다. 나는 가늘게 뜬 눈으로 앞쪽 붉은색 미등들을 보았지만 자동차 앞 유리를 두텁게 덮은 부드럽고 습기 많은 눈 때문에 시야가 흐릿했다. 따뜻하고 건조한 공기가 히터에서 줄곧 뿜어져 나왔고, 와이퍼가 끼익 소리를 내며 좌우로 움직이고 있었다. 그때, 트럭 한 대가 내 왼쪽으로 쏜살같이 지나갔다. 질세라 나도 가속페달을 살짝 밟았다. 느린 속도 때문에 다른 차에 치이고 싶지는 않았다.

그러다 일순간 내 차가 앞 차량 빨간 미등 쪽으로 빠르게 움직였고, 나는 브레이크 페달을 세게 밟았다. 내 전륜구동 혼다 시빅의 방향이 바뀌는가 싶더니 멈춘 바퀴가 도로 위로 미끄러지면서 차가 빙그르르 한 바퀴를 돌았다. 눈 덮인 빙판길에선 마찰력이 작용하지 않았다.

눈앞에서 인생 전체가 번개처럼 지나갈 정도는 아니었어도 한 가지 생각이 잔뜩 긴장한 내 몸을 사로잡았다. '이렇게 끝나선 안 돼!' 몇 시간 전만 해도 나는 친구들에게 장래 계획, 그 계획과 내가 대학에서 공부하는 내용의 연관성, 그리고 다음번에 우리 가족을 언제 볼지를 이야기하고 있었다. 그런데 도로 위에서 차가 빙그르르 돌면서 그 모든 이야기가 위협을 받았다. '이런 식으로 끝낼 순 없다'는 반응의 논리는 '내 이야기는 이런 결말과 어울리지 않아. 이런 식으로 죽는다면 내가 받은 교육, 쌓아온 우정, 가족 이야기는 무의미해질 거야'인 것 같았다.

우리는 학생으로, 딸과 아들로, 노동자로, 친구로 매일을 살아가면서 우리 이야기의 결말이 어떻게든 이치에 맞을 거라고 가정한다. 삶이라는 영토에 임의로 흩뿌려진 유리 조각처럼 맥락 없이 지리멸렬하진 않을 거라고 생각하는 것이다. '이렇게 끝나선 안 돼.' 하루하루 살아가고 사랑하고 배울 용기를 끌어내려면 무의미한 이야기 그 이상의 것이 필요하다.

우리는 망가진 결말 이상을 원한다. 다저스타디움으로 야구 경기를 보러 갔는데 미국 국가 〈별이 빛나는 깃발〉(The Star-Spangled Banner)을 부르던 가수가 갑자기 "자유로운 이들의"에서 멈춘다고 상상해 보자. 이 노래는 음악학자들이 말하는 '원조'(原調, home key)에서 시작하여 텐션과 변주로 한껏 고조되고 다시 자연스럽게 원조로 돌아간다. 만약 노래가 원조로 돌아가지 않고 중간에서 멈춘다면, 아마 관중들이 그다음 부분("땅, 용기 있는 자들의 고향에서!")을 직접 노래할 것이다. 그렇게 하지 않으면 제대로 끝맺지 못한 그 상태가 너무 어색해서 고통스러운 긴장을 느낄 것이다. 인간은 해결된 결말을 간절히 원하도록 만들어진 존재다.[1]

하지만 때로는 원조로 되돌아가기 전에 음악이 끝나고 만다. 하버드대학교 교수 제임스 쿠겔은 악성 암 진단을 받았을 때 "배경음악이 갑자기 멈춘" 듯한 느낌을 받았다. 그가 말한 배경음악은 "끊임없이 연주되는 일상생활의 음악, 무한한 시간과 가능성의 음악"이었다. "음악은 갑자기 사라졌고 이제 그 자리엔 아무것도 없다. 고

요뿐이다."[2] 이 고요는 우리가 작고 없어도 되는 존재임을 떠올리게 한다. 조화롭게 끝날 것 같던 곡이 도중에 끊어져 조용해지면 지독한 불협화음처럼 느껴진다. 이러한 흐름은 곡의 결말을 바꿀 뿐 아니라 곡 전체의 통일성에도 영향을 미친다. 원조로 돌아가 정리되어야 하는 자리에 적막이 흐르면 곡 전체가 웃음거리가 될 우려가 있다. 곡 앞부분에서 표현된 희망과 약속이 잔인한 속임수처럼 느껴지기 때문이다.

그리스도인에게는 그리스도의 승리가 있지만, 끊어진 곡이라는 불안한 현실이 그냥 사라지지는 않는다. 우리는 사도 바울이 한 말이 할머니 장례식에서 선포되는 것을 들을 수 있다. "사망을 삼키고 이기리라." 아멘. 이 말은 기독교의 핵심적인 신앙고백이다. 그러나 이 우주적 전환은 아직 일어나지 않았다. 이미 세상을 떠나 주님과 함께 계시는 할머니에게도 마찬가지다. 바울이 바로 앞 문장에서 쓴 동사 시제가 중요하다. "이 썩을 것[몸]이 썩지 아니함을 입고 이 죽을 것[몸]이 죽지 아니함을 입을 [그] 때에는 사망을 삼키고 이기리라고 기록된 말씀이 이루어지리라"(고전 15:54).[3] 우리는 이런 일이 일어날 거라는 하나님의 확실한 약속을 받았지만 그 일은 아직 일어나지 않았다.

아우구스티누스의 말을 빌리면, 그리스도 안에서 "죽음이 죽었기" 때문에 우리는 "죽음이 우리 안에서도 죽을 것"을 기뻐할 수 있다. 그러나 이 일이 언제 일어날까? "세상의 종말에, 죽은 자들이 부활할 때."[4] 죽은 자들과 산 자들이 모두 바라보는 그 마지막 날이 올 때까지 죽음은 우리 안에서 죽지 않을 것이다. 그 부활의 날에 그리스도가 재림하여 "산 자와 죽은 자를 심판하시고"[5] 그분의 나라를 완성하실 것이다. 성전에 있는 주님의 영광이 창조 세계 전체로 임하기 전까지 죽음은 죽지 않을 것이다. 그 일은 아직 일어나지 않았다. 심지어 돌아가신 할머니에게도.

따라서 우리는 기독교적 소망이 있어도 끊어진 결말이 안겨 주는 불편한 질문들을 그냥 지나칠 수 없다. 우리가 참석하는 장례식 주인공이 죽음의 시간을 예견했던 연로한 조부모든 제대로 마무리하지 못하고 음악이 멈춰 버린 젊은이든 사정은 같다. 매일이, 순간이 우리에게 의미 있는 것은 그 순간이 하나의 이야기로 이어져 있기 때문이다. 그러나 아직 죽지 않은 죽음이 우리 이야기 안으로 치고 들어오면 그 의미의 태피스트리가 찢어질 수 있다. 이 땅에서 보내는 마지막 장인 죽음은 우리에게 펼쳐지는 것이지, 우리가 직접 쓰는 장이 아니다. 그리고 남겨진 사랑하는 이들에게는 종종 열린 질문들과 생생한 상처가 남는다. 그들은 이어지는 자신의 삶을 새로운 방식으로 이해해야 하는 어려움 앞에 서게 된다.

이번 장의 목적은 죽어 가는 피조물인 우리가 각자의 인생 이야기를 어떤 식으로 이해하는지와 이것이 하나님 및 다른 이들과 이어지기 원하는 우리의 갈망과 어떤 관련이 있는지 살펴보는 것이다. 우리의 인생 이야기는 죽음으로 중단되고, 우리는 이런 상황에 뭔가 조치를 취하고 싶다.[6] 우리는 죽음에 대한, 그리고 무덤 너머의 삶에 대한 수많은 이야기 가운데 참된 기독교적 소망을 분별해야 할 도전에 직면해 있다.

끊어진 서사를 고치려는 시도

영어나 중국어를 쓰든 아랍어나 수화를 사용하든 인간인 우리는 자신의 삶을 서로에게, 그리고 자신에게 끊임없이 이야기한다. 그러나 죽음이 찾아와 그 이야기들이 중단되면 어떤 일이 일어날까? 내 경우, 그날 혼다 시빅을 운전하다가 뭔가를 들이받아 내 필멸의 삶이 끝났다면 어떻게 되었을까? 다음번 진료에서 암이 확실히 재발했다고 드러나 몇 달 만에 죽게 된다면?

그러면 나는 더 이상 내 인생과 역사의 내레이터가 되지 못할 것이다. 내 가족과 친구들은 내 이야기의 끊어짐으로 여러 질문을 던질 것이다. 말로 표현하든 아니든, 그들의 슬픔에는 많은 질문이 담긴다. '이 친구 없이 어떻게 앞으로 어쩌지?' '아빠 없이 이제 어떻게 살까?' '엄마가 자동차 사고가 났을 때 왕이신 하나님은 어디 계셨지?' '어째서 내 여동생은 한 번 더 일어날 수 없었던 걸까?'

어린 자녀가 죽게 되면 부모는 그 갑작스러운 결말을 서사적으로 이해할 수 없을 것이다. 하지만 산 사람에게는 스토리텔링이 계속해서 이어진다. 종교가 있든 없든 마찬가지다. 우리는 다가올 내세의 어느 날에 관한 소망을 이야기한다. 실제로, 하나님을 믿지 않는 이들 중 3분의 1이 사후 세계를 믿는다.[7] 그런 믿음은 증가 추세에 있다. 시카고대학교(University of Chicago)의 한 연구가 보여 주듯이 신을 믿고 특정 종교에 참여하는 비율은 지난 수십 년 동안 미국에서 줄었지만, '사후 세계'를 믿는 이들은 점점 늘어 2016년에는 그 비율이 80퍼센트에 이르렀다. "종교에 참여하거나 기도하는 사람 수는 줄었는데 내세를 믿는 사람은 더 많아진 것이 흥미로웠다." 샌디에이고주립대학교(San Diego State University)의 한 연구원의 말이다. 왜 내세를 믿는 사람이 더 많아졌을까? 연구자들은 추측할 따름이지만, 그중 한 사람은 "그 현상은 커져 가는 특권 의식(자신은 아무것도 안 해도 뭔가를 얻을 수 있다는 생각)의 일부일 수도 있다"라고 진단한다.[8] 이런 믿음이 커지는 이유가 무엇이건, 내세에 관한 이야기들은 서양 문화에서 여전히 중요한 자리를 차지하고 있다. 종교적 소망이 점잖은 대화에서 금지되는 상황에서도 그렇다.

나는 일반 사회에서 이런 현상과 관련된 사례를 보았는데, 이번 장을 쓰는 사이에 일어난 조지 H. W. 부시의 사망이 계기가 되었다. 전 미국 대통령인 조지 H. W. 부시는 여러 고위직을 역임했고 정치가로 활동하면서 다양한 영역에서 세계적인 영향력을 행사했다. 그러나 조지 H. W. 부시의 사망 당시 많은 뉴스 보도는 그와 그의 아내 바바라 부시가 지니고 있던 아픈 상처에 초점을 맞추었다. 반세기도 더 전에 딸 로빈을 잃은 상처였다. 로빈은 태어난 후 3년간은 오빠 조지 W. 부시의 건강한 여동생이었던 것 같다. 로빈은 여느 아이들과 마찬가지로 "싸우면서 놀았"지만, 아버지는 아이의 성격이 "부드럽고" 평온함을 알았다.[9]

세 살이 되었을 무렵 로빈은 몸에 힘이 빠지고 움직임이 둔해졌다. 피검사 결과 백혈병이었다. 공격적으로 치료받았지만 로빈은 진단을 받은 지 6개월 만에 네 번째 생일을 맞이하지 못한 채 죽고 말았다.

수십 년이 지나, 당시 부통령이던 조지 H. W. 부시는 한 어린이 병원을 방문했다. 백혈병에 걸린 어린 소년이 나와서 그에게 인사했고, 조지 H. W. 부시는 울기 시작했다. 그날 저녁, 조지 H. W. 부시는 일기장에 그 일을 자세히 기록했다. "내 눈에는 눈물이 가득 찼다. 내 뒤쪽에 방송국 카메라들이 잔뜩 늘어서 있었다. 이런 생각을 했다. '나는 몸을 돌릴 수 없어. 매일 환자를 위해 헌신하는 간호사들 앞에서 개인적으로 슬프다고 무너질 수는 없어.' 그래서 나는 그 어린 친구를 바라보면서 그대로 서 있었다. 내 양 볼로 흘러내리는 눈물을 아이가 보지 않기를 바라면서. 만약 아이가 본다면 내가 그를 사랑한다는 것을 느꼈으면 했다."[10]

수십 년간 세계의 이목을 한 몸에 받은 바바라 부시와 조지 H.

W. 부시는 말년에 이르러 이 끊어진 서사로 다시 돌아왔다. 로빈을 잃은 상처는 아무것으로도 치유되지 않았다. 그 상실에 어떤 의미가 있는지 그 어떤 방법으로도 이해할 수 없었다. 이야기에 덧붙은 장, 사후의 장에 대한 소망만이 남아 있을 뿐이었다. 바바라 부시는 조지 H. W. 부시가 죽은 직후 "처음 만나는 상대"는 로빈일 거라고 말한 적이 있다. 조지 W. 부시는 아버지를 위한 추도문에서 이렇게 말했다. "슬프지만, 아빠가 로빈을 안고 있고 엄마 손을 다시 잡고 있음을 아니 미소를 짓게 됩니다."[11]

양당의 분열을 뛰어넘는 보기 드문 이 순간, 조지 H. W. 부시의 정치 경력에 비판적이었던 많은 이들이 로빈 이야기에서는 잠시 비판을 멈췄고 예우를 표했다. 널리 유포된 한 정치 만화에서는 노령의 바바라 부시가 금발의 곱슬머리를 한 어린 여자아이의 손을 잡고 있다. 아이는 하늘에 떠다니는 구름 위에서 깡충깡충 뛰놀고 있다. 바바라 부시는 소녀의 다른 손을 잡는 노령의 조지 H. W. 부시에게 말한다. "우린 당신을 기다렸어요."

사후의 가족 상봉에 관하여

부시 가족이 자신들의 삶과 죽음을 이해하는 데 매우 중요한 역할을 했던 '가족 상봉의 이야기'를 우리는 어떻게 받아들여야 할까? 조지 H. W. 부시와 바바라 부시는 어린 딸을 잃고 극심한 상실감에 시달렸다. 그 사건이 있기 3년 전에 바버라 부시의 어머니가 갑자기 돌아가신 터라, 딸을 잃은 상처는 더욱 쓰렸다. 그러니 회의론자는 부시 가족이 '희망적 사고'에 빠졌다고, 사후 가족 상봉에 대한 상상에 빠졌다고 말할 것이다.

내세를 향한 부시의 소망은 과연 희망적 사고에 불과할까? 종교적 헌신이 무너지는 오늘날에도 그런 믿음이 두드러지는 현상은 신이 우리의 끊어진 이야기들을 봉합하도록 내세를 준비해야 한다고 여기는 문화의 산물일까?

사후 가족 상봉에 대한 관념으로 우리의 끊어진 이야기를 이으려는 시도는 내가 참석했던 많은 기독교 장례식에서 중요한 부분이었다. 장례식에서 유족들은 고인이 이제 앞서간 다른 가족과 재회하고 야구 경기, 사슴 사냥, 아이스크림 먹기 같은 옛날에 즐기던 활동을 이어 가고 있을 거라고 확신하며 말한다. 한 장례식에서는 〈작별 이후의 해후〉(Hello After Goodbye)라는 노래를 부르고, 그곳에 "생전에 약속한 복된 재회"가 있을 거라고 이야기한다. 그 노래는 사후에 사랑하는 이들과 보내는 시간이 이생보다 많을 거라고 자신 있게 선포한다. "그들 없이 보낸 시간보다 훨씬 오랫동안 함께하리." 80대인 내 지인은 아내 때문에 슬퍼하면서 이 노래가 "정말 맞다"고 거듭거듭 말했다. 치매로 서서히 그에게서 멀어져 가던 아내가 이제 세상을 떠나고 만 것이다. 아내의 장례식을 마친 후, 그는 휠체어에서 몸을 앞으로 구부린 채 내 손을 꽉 쥐고 그 노래 가사대로 두 사람이

"이전처럼 웃으며 이야기할" 날에 대해 말했다.

이런 소망은 희망적 사고나 특권 의식을 반영한 것에 불과할까? 초자연적인 것을 미심쩍게 여기는 일부 관찰자들은 대뜸 그렇게 말할 것이다. 아이러니하게도, 많은 기독교 신학자 또한 이런 소망에 대해 비슷한 회의론을 보이고 있다. 그들은 초자연적인 것 자체를 부정하지는 않지만 내세에 대한 흔한 소망과 추측하는 근거에 많은 의문을 제기한다.

나는 그런 신학적 우려가 정당하다고 생각한다. 가족 상봉 서사는 사후 세계에 대해 성경이 말하는 소망과 첨예하게 대비되기 때문이다. 성경은 내세를 신의 현현(theophany), 즉 하나님의 오심과 나타나심으로 소개하고, 주요 배경은 집단적이면서 범우주적이다. 성경적 소망의 중심에는 하나님이 새로워진 창조 세계에 임재하시고 거하심이 있다. 다음 장에서 좀 더 자세히 살펴보겠지만, 하나님이 이렇게 성전에 임하시고 창조 세계와 함께 거하심의 절정은 다름 아닌 신약성경에 등장하는 예수 그리스도시다.

마지막 날의 우주적 신의 현현에서 그리스도는 몸으로 재림하시고, 모든 민족과 나라 사람들과 함께 거하시며, 그들을 다스리시고, 그들의 경배를 받으실 것이다. 이때, 하나님이 인류를 창조하신 목적이자 모세에게 주신 약속인 "너희를 내 백성으로 삼고 나는 너희의 하나님이 되리니"가(출 6:7) 놀랍게 성취되면서 하나님의 백성이 하나님의 어린양, 예수님을 한목소리로 찬양할 것이다.

보라 하나님의 장막이 사람들과 함께 있으매 하나님이 그들과 함께 계시리니 그들은 하나님의 백성이 되고 하나님은 친히 그들과 함께 계셔서.

요한계시록 21장 3절

하나님의 언약적 약속을 이루는 최고봉은 주님과의 위대하면서도 우주적인 만남에 있다. 이 만남에서 다른 이들과 화해하고 누리는 교제가 흘러나온다. 바울이 말한 소망의 중심 역시 마지막 "주의 날"에 그분이 그분의 창조 세계로 오시는 우주적 "강림"이다(살전 4:15; 5:2).[12] 요한계시록은 주님이 오셔서 새 예루살렘에서 그분의 백성과 함께 거하실 때 "곡하는 것이나 아픈 것이 다시 있지 아니하리니"라고 말한다(계 21:4). 그러나 이 일은 우리가 좋아하는 인간적 바람을 채우려는 게 아니다. 살아 계신 하나님은 "사람들" 사이에 거처를 정하시고 성전에 거하시듯 창조 세계와 온전히 함께 계시고자 오셨기 때문이다(계 21:3).

개인과 가족은 이 위대한 드라마의 주인공이 아니다. 하지만 그들도 그 드라마 안에 있다. 바울은 주님의 오심을 소망하고, 데살로니가 교회 교인들에게 소망 없는 자들처럼 슬픔에 무너지지 말라고 안심시킨다. 죽음을 맞이한 그리스도 안의 형제자매들은 마지막 날에 부활할 것이기 때문이다(살전 4:13-16). 이것은 중요한 격려의 말이다. 하지만 그 근거가 되는 것은 "주의 날"에 이루어질 그리스도의 재림이라는 더 큰 우주적 소망이다(살전 5:2).

성경에 예수 그리스도를 찬양하는 시와 노래가 담겨 있다는 사실은 근본적인 측면에서 의미심장하다. 언약의 주님이신 그분은 다시 오셔서 신부인 그분의 백성과 함께 거하실 것이다. 그러나 성경에 헤어진 가족이나 친구와의 재회를 이야기의 절정으로 다루는 노래는 없다. 그런 재회는 기독교적 소망의 핵심이 아니다.

따라서 그리스도 안에서 하나님이 오시고 창조 세계를 새롭게 하심은 기독교적 소망을 이루는 숨 막히는 그랜드캐니언이라 할 수 있다. 너무나 넓고 깊고 광활한 그 풍경은 받아들이기가 버거울 정도로 경이롭다. 겨울철 도로 위를 달릴 때나 사랑하는 이가 죽을 때 너무나 크게 다가오는 우리 인생 이야기는 놀랄 만큼 깊은 골짜기와 높은 절벽, 광활한 공간 한복판에서는 먼지처럼 미미하면서도 하찮다. 자신의 죽음, 사랑하는 이의 죽음에 직면할 때 우리는 시편 기자와 더불어 이렇게 물어야 한다. "사람이 무엇이기에 주께서 그를 생각하시며 인자가 무엇이기에 주께서 그를 돌보시나이까"(시 8:4).

하지만 나는 신자로서 그리스도가 재림하실 때 이루어질 우주의 갱신에 시선을 고정하면서도, 그 구속의 위대한 교향곡에는 나와 조지 H. W. 부시 가족, 그리고 아내를 잃은 내 지인 같은 먼지 조각들을 위한 짧은 악절들이 대주제에 어느 정도 붙어 있을 거라고 믿을 수 있다. 신약성경에는 가족 상봉을 말하는 대목은 없지만, 그리스도 안에서 죽은 이들이 어떻게 의식하고 그분과 함께하는지를 다룬 아주 개인적인 묘사가 있다. 하나님 나라가 완성되어 죽은 자들이 몸으로 부활하는 장엄한 악장이 펼쳐지기 이전에도 그들은 주님과 함께한다는 것이다.

사도 바울은 그리스도가 재림하시고 죽은 자들이 부활하여 세상을 흔들어 놓을 날에 대해 쓰는 동시에, 감옥에서 빌립보 교회 교인들에게 쓴 편지에서는 "내게 사는 것이 그리스도니 죽는 것도 유익"하다고 밝힌다. 어떻게 그럴 수 있을까? 그리스도와 연합하는 것은 그의 현재 삶을 아주 깊이 규정해서 그 연합이 죽음 직후, 최후의 부활 이전에도 이어질 것이고 심지어 더 깊어질 거라고 확신하는 것이다. 참으로, "세상을 떠나서 그리스도와 함께 있는 것"이 "훨씬" 좋은 상태로 변화하는 것이다. 하지만 당장에는 육신을 입고 사는 것이 더 낫다. 그리스도의 교회를 위해 "유익"한 수고를 할 수 있기 때문이다(빌 1:21-24). 고린도후서 5장에서 바울은 부활이라는 거대한 교향곡이 우리 소망의 핵심이지만, 죽음 직후의 상태, 즉 신학자들이 말하는 (부활 이전의) 중간 상태에서도 그리스도와의 교제가 계속 이어질 것이라고 말한다. 죽은 후 부활하기 전, "몸을 떠나" 있는 동안에도 우리는 "주와 함께 있"을 것이다(고후 5:8).[13]

신약성경은 중간 상태에 관해 그리스도와의 연합이 있다는 것 말고는 거의 말하지 않는다. 죽음 직후에 그 연합이 정확히 어떻게 이루어지는지에 대한 이론도, 몸과 영혼의 관계를 말하는 정교한 인간론도 제시하지 않는다. 그리스도의 재림 이후 최종 완성은 갖가지 이미지로 묘사된다. 혼인 잔치, 지상에 임한 천상의 도시, 성전, 이외에도 많다. 그러나 삼차원적으로 그려지는 총천연색 최종 완성과는 달리, 중간 상태를 다루는 대목들은 이상하게도 이차원적이고 흑백 장면처럼 느껴진다.

죽음 직후의 삶에 대한 소망은 결국 그리스도가 창조 세계를 갱신하실 일에 뿌리를 둔 우주적 소망의 부속물이라고 할 수 있다. 그러나 신약성경이 대체로 이 소망을 지엽적으로 다루긴 해도 바울과 한목소리로 이 소망이 존재함을 선포하는 것만은 분명하다. 사복음서, 요한계시록, 히브리서, 베드로전·후서도 우리의 육신은 부패해도 개인의 정체성은 그리스도를 통해 계속 이어질 거라고 암시하거나 분명히 가르친다. 그리고 이 일은 하나님의 드라마에서 나타날 위대한 역사인 부활 이전에 일어난다. 물론 중간 상태는 중심 악장이 아니지만, 예수님이 십자가 위에 있던 강도에게 "네가 오늘 나와 함께 낙원에 있으리라" 말씀하시는 대목, 요한계시록에서 순교자들의 영혼이 도래할 심판을 기다리는 대목, 바울이 죽음도 삶도 우리를 그리스도 안에 있는 하나님의 사랑에서 끊을 수 없다고 선언하는 대목에서 우리는 이 소망의 근거를 발견하게 된다(눅 23:43; 계 6:9-11; 롬 8:38-39).

하지만 많은 기독교식 장례식과 서구 대중이 지닌 일반적인 상상에서는 이 부차적 소망이 그리스도와의 연합과 우주적 회복을 기다림이라는 초점을 상실해 버린 경우가 많다. 천국을 거론하는 대부분의 장례식에서는 고인이 천국으로 올라간다는 암시와 더불어 이야기가 끝난다. 갈등이 해소되고, 고인은 고통 없이 친척들이 올 날을 기다리며 지상의 삶을 대체로 그대로 이어 간다. 이것은 사실상 한 단계에 국한된 종말론이다. 이를테면, 로빈 같은 어린아이가 죽으면 천국으로 휙 데려간다. 그것으로 이야기는 끝난다.

이에 반해, 유서 깊은 기독교 전통에는 종말에 관한 두 단계의 소망이 있다. 이 이야기에서는 죽은 로빈이 그리스도와 함께 있다. 아이는 위대한 드라마가 펼쳐지기를 기다린다. 그 날에 죽은 자들이 새 몸을 입고 부활할 것이고, 그리스도가 "산 자와 죽은 자를 심판하러 다시 오실" 것이며(사도신경), 하늘과 땅의 모든 것이 예수 그리스도 앞에 무릎을 꿇을 것이다. 이 드라마의 절정부에서 모든 창조 세계가 새롭게 될 때, 하늘과 땅이 재결합하고 주님이 마치 성전에 계시듯 그분의 피조물들과 함께 거하신다.

그렇다면 사후에 사랑하는 이들과 재회하기 바라는 우리의 애틋한 소망은 어떻게 바라봐야 할까? 이를 온전히 탐구하려면 죽음 자체의 본질을 살펴야 한다. 사후에 이야기가 다시 이어지고 교제가 회복되기를 바라는 우리 인간들의 애달픈 갈망의 기반이 되는 현실인 죽음이란 도대체 무엇일까?

졸졸졸 흐르는 물소리와 신선한 내음은 내 기분을 차분하게 가라앉힌다. 숲속 개울가에 앉아 있으면 기분이 상쾌해지고 평온하다. 그러나 몇 달 전, 사무실에서 물이 튀는 소리를 들었을 때는 그렇지 않았다. 평소 습관과 달리, 물병 뚜껑 닫는 것을 잊었다. 칠칠맞지 못하게 팔뚝으로 물병을 치면서 노트북 키보드에 그만 물이 쏟아지고 말았다. 나는 컴퓨터에 입력하고 있던 생각에서 벗어나지 못한 채 순간 얼어붙었다. 그러다 허겁지겁 키친타월을 집어 미친 듯이 키보드에 스며든 물기를 닦아 내려 했다. 그러나 불행히도, 노트북에 물이 들어가는 것을 막으려던 내 시도는 수포로 돌아갔다. 기계를 잘 다루는 동료가 며칠 동안 노트북을 말리려고 시도한 끝에 알려 준 슬픈 사실이었다.

물이 쏟아지고 나서 다시 물을 담지 못한 이 상황은 성경에서 죽음을 묘사하는 데도 동일하게 쓰인다. 베들레헴 인근 마을에 사는 "지혜로운 여인"은 큰 맥락에서 이야기를 풀어 가며 다윗왕에게 이렇게 말한다. "우리는 필경 죽으리니 땅에 쏟아진 물을 다시 담지 못함 같을 것이오나"(삼하 14:14). 우리 존재도 물처럼 마른 땅에, 또는 노트북 키보드에 쏟아진다. 그 과정을 멈출 힘이 없어서 바닥 틈으로 흘러들고 끝내는 땅속에 스며든다. 이런 결말에서 스스로를 (또는 다른 사람을) 구해 내려는 시도는 다 부질없다.

물론 많은 그리스도인이 이와 같은 이미지들이 죽음에 대한 성경의 최종 발언이 아니라고 서둘러 지적할 것이다. 나도 동의한다. 그러나 죽음이 우리가 보지 못하는 목적지로 뚝 떨어지게 하는 벼랑, 절벽임을 과소평가하면 그리스도 안에서의 승리도 오해하게 된다.

우리는 죽음의 신비를 격파하는 것처럼 보일 법한 방식으로, 죽음을 과학적으로 분석하려 든다. 죽음은 벼랑이 아니라 어쩌면 생물학적 과정의 다음 단계, 온전히 이해 가능한 단계인지도 모른다. 심장이 뛰지 않고 더 이상 숨을 쉬지 않고 뇌 활동이 멈춘다. 살아 있는 몸에서 시체로의 전환은 어떤 의미에선 명료한 과정으로 보일 수 있다. 임사체험 같은 모호한 부분이 가끔 있기는 하지만, 대부분의 경우는 생명에서 죽음으로의 이행이라는 이 신비를 과학이 설명할 수 있지 않을까?

과학자들은 이 과정에 대해 모종의 설명을 할 수 있지만, 필멸의 피조물로서 죽음에 다가가는 경험은 과학적 분석으로 결코 온전히 설명할 수 없다. 이것은 어떤 사람이 당분, 점성 같은 꿀의 다양한 화학적 특성을 묘사하고 꿀을 이해했다고 생각하는 상황과 같다. 그러나 그가 꿀의 달콤함과 끈적거림을 맛보지 않았다면 사람이 지닌 꿀에 대한 지식은 한참 부족하다고 해야 할 것이다.

죽음을 아직 맛보지 않은 피조물인 우리가 이 벼랑 건너편에 이르는 일에 관해 말하려는 시도는 언제나 부분적일 수밖에 없다. 지그문트 프로이트는 이렇게 말했다. "우리는 참으로 자신의 죽음을 상상할 수 없다. 그 일을 시도할 때마다 우리는 죽은 자신을 지켜보는 관객이 된다."[14] 우리는 혀로 죽음이라는 꿀(또는 쓴 약초)을 맛본 적이 없다.

그 결과, 죽음은 살아 있는 필멸의 존재인 우리가 잘 아는 대상에서 늘 벗어나 있다. 우리는 죽음을 지배할 수도, 통제할 수도 없다. 생물학적 죽음 이후에 삶이 있을 가능성은 있다. 나는 그것을 바랄 뿐 아니라 과연 그럴 거라고 믿고 소망한다. 하지만 그 소망을 실험실에서 시험해 볼 수는 없다. 바울이 말한 대로, "우리가 지금은 거울로 보는 것같이 희미하나 그 때에는 얼굴과 얼굴을 대하여 볼 것이"다(고전 13:12). 구속(救贖)을 기다리는 필멸의 존재인 우리는 이 생에서 그리스도에 대한 믿음으로, 성령으로 세상을 바라본다. 그럴 때 세상의 모습은 그 자체 너머를 가리키고 앞날을 고대한다. 하지만 이 방식은 거울의 도움을 받아서 보는 것과도 같다. 우리에게 보이는 것은 간접적이고 일부이며 우리의 약함에 순응한 모습이다. 바울의 진술에서 "희미하게"(dimly)로 번역된 헬라어는 영어 "이니그마"(enigma; 수수께끼)와 어근이 같다. 우리에게는 퍼즐, 일종의 불가사의가 남는다. 우리는 하나님도, 우리 미래도 "얼굴과 얼굴을 대하는" 방식으로 보지 못한다.

다른 많은 종교 신자들이 그렇듯, 그리스도인도 생물학적 죽음이 우리 이야기의 마지막 장이 아니라고 믿는다. 하지만 적어도 그리스도인에게는 이 믿음이 언론에 실릴 법한 미래에 관한 지식이 아니라 하나님의 약속에 대한 소망의 형태를 띤다. 우리는 하나님의 약속을 신뢰한다. 생명이 땅바닥에 쏟아지는 일이 그분의 약속에 배치되는 것처럼 보여도 여전히 신뢰한다. "믿음은 바라는 것들의 실상이요 보이지 않는 것들의 증거"이기 때문이다(히 11:1).

신학자 앤서니 티슬턴은, 여기서 "보이지 않는 것들"은 아직 일어나지 않은 사건들이라고 말한다.[15] 티슬턴은 거의 죽을 뻔한 위기를 겪고 나서 이렇게 썼다. "임박한 죽음 앞에 서면, 미지의 세계 가장자리에 이른 것처럼 느껴질 수 있고, 이해할 만한 두려움에 사로잡혀 미지의 하나님과 달갑지 않게 조우하는 상황도 생각하게 될 수 있다." 하지만 말씀과 성례를 통해 하나님의 약속을 듣고 경험한 우리는 보지 못한 일을 감히 소망할 수 있다.[16] 죽음에 직면하여 생물학적 죽음이 우리의 마지막 장이 아니라는 것을 보거나 입증할 수 있는 사람은 아무도 없다. 그러나 우리는 광야에서 젖과 꿀이 흐르는 땅을 갈망했던 이스라엘 자손들처럼, 주님과 그분의 약속을 신뢰하라는 부름을 받는다.

그리스도인은 죽음을 상대로 이루어진 그리스도의 결정적 승리를 알리는 신약성경의 증언에 제대로 주목하지만, 죽음에 관한 구약성경의 증언은 때때로 건너뛴다. 구약성경에 속한 대부분의 책은 사후 세계를 강하게 암시하거나 시사하지만 그 세계에 대한 명확한 기대를 제시하진 않는다. 시편 기자들은 죽음이 침묵 속 끊어진 상태로 들어가는 일이라고 자주 탄식한다. "죽은 자들은 여호와를 찬양하지 못하나니 적막한 데로 내려가는 자들은 아무도 찬양하지 못하리로다"(시 115:17). 전도서 설교자는 이렇게 설명한다. "네가 장차 들어갈 스올에는 일도 없고 계획도 없고 지식도 없고 지혜도 없음이니라"(전 9:10). 신학자 칼 바르트는 구약성경에 나온 이 구절들을 묵상하며 무미건조하게 말했다. "죽은 자들은 극도로 약하고 무력한 상태로 존재한다." 산 자들에게 죽은 이들은 "전에 있었던 사람으로만 존재한다."[17]

종종 구약성경 기자들이 생물학적 죽음 너머의 삶을 향한 소망을 표현할 때가 있는데, 그것은 인간 이야기가 너무나 대단해서 그에 걸맞은 마무리가 필요해서가 아니다. 그 소망의 중심에는 인간이 아닌 하나님이 계신다. 캐롤 잘레스키가 주장한 대로, 구약성경 기자들은 사후 세계에 대해 말할 때 "사후 생명은 인간의 정당한 권리라고 감히 주장하지 않는다. 하지만 하나님이 그분에게 속한 이들을 영생에 참여하게 해 주실 거라는 소망을 감히 품는다."[18] 죽은 자들은 침묵 속에 갇히고 세상과 단절되고 철저히 무력해진다. 그럼에도 불구하고, 구약성경 기자들은 생명의 유일한 근원이신 하나님이 죽은 자들에게 그분의 생명을 일부 허락하실 거라는 소망을 간직했다.

죽음이라는 수수께끼는 언제나 경이롭다. 고고학자들은 인류가 신중하게 고안한 다양한 매장 의식으로 수천 년간 망자들을 기려 왔다는 증거를 발견했다. 이집트의 카이로 박물관을 방문했을 때, 나는 파라오 람세스 2세의 미라에 끌렸다. 그 미라를 잠시 살펴보고 나자, 그 방을 떠나 박물관에 있는 다른 보물도 봐야 한다는 생각이 들었다. 그러나 나는 그 미라로 자꾸만 되돌아갔다. 널리 알려진 전설대로, 이 강력한 파라오는 이스라엘 자손들을 포로로 잡아 두고 선지자 모세와 대결했고 열 가지 재앙을 견뎌 냈다. 왕으로서 그의 삶은 대부분의 사람과 달랐다. 그에게는 200명의 아내와 첩이 있었고 전쟁 영웅이었으며 수천 명의 군인, 석공, 기타 일꾼들을 부렸다. 하지만 그의 시신이 보여 주다시피, 그에게도 "치아 문제, 심각한 관절염, 동맥경화"가 있었다.[19] 나는 그의 얼굴에 드러난 특징을 여전히 알아볼 수 있었다. 그의 피부는 잘 보존되어 코와 귀를 덮고 있었고, 눈은 감겨 있었으며, 금발의 헝클어진 긴 머리가 두피 뒤쪽을 덮고 있었다.

람세스처럼 부유하고 강력한 이집트인이 왜 당대 최고 수준의 과학을 사용해 죽음 이후에 일어날 일을 통제하려 시도했을까? 그 이유 중 일부는 내세에 대한 믿음과 관련 있음이 분명하다. 그러나 왕을 보존하는 데 그렇듯 많은 에너지를 들인 것은 조금이나마 죽음 자체의 본질 때문이 아닐까 하는 생각이 든다. 죽음은 돌연한 종말이고 시체는 너무나 무력하다. 죽음은 그야말로 최종 단계이고 통제 불능으로 보인다. 고대 이집트의 파라오든 노화 문제를 '해결'하려 드는 오브리 드 그레이 같은 현대의 트랜스휴머니스트들이든, 죽음의 최종성과 불가사의함은 인류를 너무나 크게 조롱하기에 죽음을 인간의 지배 아래 놓으려는 우리의 노력을 자극하는 동력으로 작용할 수 있다.

하지만, 대부분의 시대와 장소에서 시신을 기리고 매장하는 일은 도금한 이집트식 관에 미라를 넣는 것과 무관하게 이루어진다. 기리는 행위 자체가 죽은 사람을 더 큰 신화나 이야기의 일부로 만들고자 하는 인간의 본능을 반영한다. 내 아들 너새니얼은 어항에서 기르던 제브라피시 한 마리가 죽자 소리 내어 슬피 울고는 나를 뒤뜰로 데려갔다. 나는 막대기를 든 손으로 흙바닥에 작은 구멍을 팠고 나머지 한 손으로는 작은 사체가 있는 어망을 들고 있었다. 너새니얼이 엄숙하게 말했다. "이 애는 이틀 동안 땅속에 누워 있을 거예요. 하지만 그다음엔 너새니얼-월드로 갈 거예요!" '너새니얼-월드'는 그 아이가 좋아하는 것들이 '현실' 세계보다 언제나 더 크고 더 좋게 보이는 상상의 나라다. 너새니얼은 손을 오목하게 오므려 작은 사체를 받아 구멍 안에 넣고는 즉석에서 가사를 지어 물고기를 기리는 노래를 불렀다. 노래는 처음에는 좀 슬펐지만 뒤로 갈수록 박자가 빨라졌다. 그다음, 너새니얼은 내게 죽은 물고기를 하나님께 맡기는 기도를 부탁했다. 기도를 마치고 집 안으로 돌아가는 길에 아이가 외쳤다. "너새니얼-월드에서 그 애를 다시 볼 거예요!"

제브라피시는 너새니얼이 못해 본 일을 했다. 녀석은 죽었다. 너새니얼은 작은 물고기의 사체를 존중하고 그 생애를 기렸을 뿐 아니라 특정한 형태의 이야기를 들려주었다. 바로 '통과'하는 이야기였다. 이 이야기에서 죽은 자는 터널을 지나듯 이곳을 '떠나서' 산 자들이 아직 경험하지 못한 영역으로 들어간다. 너새니얼과 고대 이집트인, 수십 개의 다른 문화들은 통과하는 이야기들로 죽음에 관한 심오한 내용을 전한다. 죽음은 한쪽에서 다른 쪽으로 옮겨 가는 일이고, 맛보기 전에는 알 수 없다는 것이다. 성경에는 죽은 자들이 스올로 '내려간다'는 대목이 있는데, 이 부분도 비슷한 내용을 말한다(욥 21:13).

내가 1장에서 언급한 것처럼, 구약성경에는 가끔 살아 있는 자들이 스올에서, 하나님의 임재로부터 소외된 곳에서 부르짖는 장면이 나온다. 요나가 물고기 뱃속에서 부르짖는 일이 그중 하나다.

> 내가 받는 고난으로 말미암아 여호와께 불러 아뢰었더니 주께서 내게 대답하셨고 내가 스올의 뱃속에서 부르짖었더니 주께서 내 음성을 들으셨나이다.
>
> 요나 2장 2절

그러나 욥기 같은 구약성경 중 다른 사례에서 스올은 산 자들이 죽은 후에 가는 장소이기도 하다. 이 이미지에서 죽은 이들은 우리 중 누구도 가 본 적 없는 곳으로 떠난다. 구약성경을 논외로 하더라도, 설령 내세가 존재하지 않는다 해도, '통과'의 이야기는 여전히 진실을 반영할 것이다. 살아 있다가 죽는 피조물만이 죽음이 무엇인지 참으로 알고, 그들만이 죽음을 맛본다는 진실 말이다.

이 모든 말은 이중의 절망적 조언으로 들릴 수 있다. 구약성경 기자들은 죽은 자들은 철저히 무력하다고 증언한다. 그리고 통과의 이야기에서 죽음이 정말 무엇인지를 얼굴을 맞대고 보듯 확실히 아는 지식은 너무 늦게, 이 땅의 삶에서 다른 곳으로 넘어간 후에야 찾아온다.

그러나 죽음의 실재에 관해 죽음은 무력한 상태로 들어가는 일이라는 지식은 사실 우리 같은 죽을 존재들에게 자비로운 소식이다. 우주에 홀로 있다고 생각하면 그 무력함이 어마어마하게 다가온다. 급류에 휩쓸려서 가고 싶지 않은 곳으로 실려 가는 나뭇조각이라도 된 것처럼 말이다. 그러나 그 개울을 움직이는 힘이 하나님의 사랑과 은혜라면 어떨까? 그러면 흐르는 개울물에 쓸려 가는 우리의 무력함이 오히려 위안이 될 수 있다. 무력한 죽은 자들은 사랑을 획득할 필요가 없다. 그들은 눈 내리는 저녁에 핸들을 잘못 돌려 자신과 타인의 목숨을 빼앗을 일이 전혀 없다. 무력한 죽은 자들은 우리가 흔히 하는 인사말처럼 그냥 '편히' 쉰다. 이 쉼이 전능자의 은혜로운 손안에서 이루어진다면, 우리는 안심할 수 있다.

신구약 모두 죽음을 말할 때 "잠"에 대한 은유를 자주 사용하지만, 그리스도의 죽음과 부활이라는 사건에 비추어 보면 이 잠은 무의식 상태가 아니다. 이 잠은 주님의 임재를 의식하며 쉬는 일이요,

모든 창조 세계가 하나님의 성전, 그분의 거처가 될 때 심판과 부활이라는 위대한 우주적 사건 안에서 온전해질 그리스도의 성전 임재를 미리 맛보는 일이다.[20] 그러나 이 또한 똑같은 안식이다. 요한계시록에서 성령이 요한에게 말씀하시듯, 그리스도로 인해, "지금 이후로 주 안에서 죽는 자들은 복이 있"다. "그들이 수고를 그치고 쉬"게 될 것이기 때문이다(계 14:13).

더욱이 통과의 이야기가 전제하는 본질은(한마디로, 죽은 사람만 죽음이 무엇인지 참으로 이해한다는 것) 살아서나 죽어서나 그리스도를 바라보는 살아 있는 이들에게 특별히 의미심장하다. 우리 중 그 누구도 죽음의 달콤함 또는 쓰라림을 맛보지 못했다. 하지만 자신을 희생제물로 기꺼이 바치신 성전의 제사장 그리스도가 세상을 위해 바로 이 일을 행하셨다. 그리스도는 우리처럼 피와 살을 가지시고 죽음을 친히 맛보셨다. 그분은 "하나님의 은혜로 말미암아 모든 사람을 위하여 죽음을 맛보"셨다(히 2:9).

우리는 죽음을 맛보지 않았지만, 십자가에 못 박혀 죽으시고 부활하신 주님을 섬긴다. 그분은 밧모섬에서 요한을 만나시고 놀라운 말씀을 하셨다. "나는 한 번은 죽었으나, 보아라, 영원무궁하도록 살아 있어서, 사망과 지옥[하데스]의 열쇠를 가지고 있다"(계 1:18, 새번역). 그분은 죽음을 맛보셨다. 죽음을 겪으셨다. 따라서 살아 계신 그분이 사망과 하데스('스올'의 헬라어 번역어)의 열쇠를 쥐고 계시는 지금은 우리 같은 필멸의 존재들이 처한 상황이 전혀 달라진다. 그분은 일시적 체류자로서 떠나가셨고 죽음을 통과하셨다.

그래서 우리는 대면하여 알지 못하는 것[죽음-옮긴이]을 그리스도와 연합하여 만난다. 실제로 세례에는 죽었다가 부활하신 분과의 연합을 통해 죽음을 미리 맛보는 일이 포함되어 있다. 바울이 말하듯, "세례를 받아 그리스도 예수와 하나가 된 우리는 모두 세례를 받을 때에 그와 함께 죽었"고 그로 인해 "부활에 있어서도 또한 그와 연합하는 사람이 될 것"임을 신뢰할 수 있다(롬 6:3, 5, 새번역). 세례받은 사람들이 죽음을 맛보았다고 주장할 수는 없지만 이미 죽음을 맛보신 분께는 분명 속해 있다. 몸을 물에 담그는 의식으로 가시화된 하나님의 약속을 통해 우리는 앞장서서 죽음을 통과하신 분과 연합한다. 세례를 통해, 우리의 무력함을 인정하는 일이 하나님의 강력한 은혜의 거센 강물에 꼼짝없이 떠내려가는 상태라는 선물의 일부가 될 수 있다.

흑인영가 〈내게 예수님을 주소서〉(Give Me Jesus) 가사에 담긴 평화로운 포기를 보라.

> 오, 내가 죽을 때
> 오, 내가 죽을 때
> 오, 내가 죽을 때
> 내게 예수님을 주소서.
> 내게 예수님을 주소서.

세상은 당신이 가지소서.

내게는 예수님을 주소서.[21]

임사체험을 어떻게 볼 것인가

물론, 죽음이 그렇게 신비한 게 아닐 수도 있다. 오늘날에는 개인적 경험의 증언이 상당히 무게감 있게 받아들여진다. 자신의 꼼짝 못 하는 몸을 보았다고, 커다란 빛을 향해 가다가 예수님이나 기타 종교적 위인들을 만났다고 주장하는 사람이 상당히 많다.

샌안토니오공항 푸드 코트에서 친구 디에나와 대화를 나누던 때가 기억난다. 디에나는 나처럼 말기 암 환자면서 신학자다. 우리는 음료수와 샌드위치를 먹으면서 죽음에 관해 이야기하고 있었다. 그때 두어 테이블 건너에 앉아 있던 한 중년 남자가 우리를 보더니 몇 분 후에 다가왔다. "두 분은 죽음에 관해 이야기하고 계시군요, 그렇죠? 저는 이미 한 번 죽어 봤습니다." 그는 담담하게 말을 꺼냈다. "제가 죽었을 때 ……" 이렇게 시작한 그는 자신이 몸에서 분리되어 빛을 향해 갔다가 15분 정도 후에 되돌아온 일을 설명했다. 그 이야기를 들으며 나는 머리가 어질어질했다. 디에나와 나는 무슨 말을 해야 할지 몰랐고 잠시 침묵이 이어졌다.

수백만 명의 사람들이 그와 비슷한 증언을 했다. 현대에 이르러 이런 경험을 대중화시킨 사람은 레이먼드 무디다. 그는 1975년 그의 저서 《다시 산다는 것》(*Life after Death*)에서 "임사체험"(near-death experience)이라는 용어를 고안했다. 무디는 그의 환자들이 들려준 임사체험 이야기에서 공통 패턴을 찾아냈다. 그들은 의사나 지켜보는 사람이 내리는 사망 선고를 듣고 나서 "평화롭고 차분한 감정"이 물밀듯 밀려들었다고 말했다.[22] 많은 경우 아름다운 음악이 들리기 시작하고, 그들은 몸 밖으로 끌려 나와 어둠 속에서 터널이나 굴 같은 공간을 통과하여 커다란 빛에 이르게 된다.[23] 거기서 그들은 다른 사람들을 만나고 "근처에 다른 영적 존재들이 있음을 인식"하게 된다.[24] 그리고 "지상에서 볼 수 없는 광채"를 지닌 "빛나는 존재"와 대화를 나눈다.[25] 이 시점에서 그들은 자신의 인생 경험을 "빠르고" "생생하게" 되돌아보게 되는데, "그 존재도 각 사람의 전 생애가 펼쳐지는 것을 볼 수 있음이 분명해진다."[26] 그들은 대부분 그 빛나는 존재가 있는 곳에 머물려 하지만 결국엔 되돌아오고 "물리적 삶으로의 귀환"을 경험한다.[27]

무디의 책은 1,300만 부가 넘게 팔린 초대형 베스트셀러가 되었다. 하지만 그 책의 취지는 비교적 소박하다. 무디는 임상적으로 죽은 상태였던 짧은 시간 동안 생생한 경험을 한 몇몇 사람들의 이야기를 들려준다.[28] 나중에 그는 철학 교수로서 학생들과 함께 영혼불멸에 대해 논하면서 임사체험에 관해 물었다. "놀랍게도, 서른 명 남짓 학생들이 참여하는 거의 모든 수업에서 적어도 한 명은 수업 후에 내게 와서 본인의 임사체험을 이야기하곤 했다."[29] 박학다식한 무디는 다시 학교에 들어가 의학 학위를 받았다. 그는 조지아의 어느 의학회에서 강의할 때 긴장했던 일을 떠올린다. "강의를 하다 보니 전혀 뜻밖의 광경이 시야에 들어왔다. 의사 한 사람 한 사람의 눈이 무슨 말인지 다 안다는 반응이었다."[30] 그들에게도 생생한 임사체험을 말하는 환자들이 있었던 것이다.

그래서 무디는 "아주 널리 알려져 있으면서도 잘 감춰진 현상에 관심을 유도하려고" 책을 썼다. 임사체험을 한 수많은 사람이 그 이야기를 다른 이들과 나누는 일을 부끄럽게 여겼던 것이다. "나는 사후 세계의 존재를 증명하려는 것이 아니다. 그런 '증명'이 지금 가능하다고 생각하지도 않는다."[31] 하지만 그는 임사체험 이야기들을 많은 독자 앞에 드러내어 그 이야기들이 공개적으로 논의되고 탐구되기를 원했다. 무디는 그 점에서 확실히 성공했다. 그 책으로 많은 종교인과 비종교인 사이에서 임사체험에 대한 관심이 광범위하게 일었다.

21세기를 여는 첫 20년간, 임사체험은 수십 권의 책, 다큐멘터리, 기타 매체의 주제였다. 특히 무디가 제시한 기본 패턴에 들어맞으면서 예수님을 만나는 증언에 대한 관심이 압도적으로 두드러졌다. 2016년부터 2018년까지 나는 여러 목사와 함께 대담 토의를 진행했는데, 거기에서 베스트셀러 책, 라디오 프로그램, 영화를 통해 널리 알려진 이 이야기들이 사후 생명에 대한 교인들의 상상력에 큰 영향을 끼쳤음을 알게 되었다. 아마도 다른 어떤 자료보다 더 큰 영향을 끼쳤을 것이다. 토드 버포가 쓴《3분》(*Heaven Is for Real*)이란 책은 2010년에 출간되었고 5년 만에 1,200만 부가 팔렸으며, 영화로 제작되어 1억 달러가 넘는 수익을 올렸다.[32] 돈 파이퍼의 책《천국에서 90분》(*90 Minutes in Heaven*)은 400만 부 넘게 팔렸고, 메리 닐 박사의《외과 의사가 다녀온 천국》(*To Heaven and Back*)도 〈뉴욕 타임스〉(*New York Times*) 베스트셀러 목록 상위권에 올랐다.

임사체험 이야기는 유명한 책과 영화뿐 아니라 교인들의 경험을 통해서도 많은 교회에 전해진다. 한 목사는 임사체험을 한 교회 장로가 그것을 어떻게 이해해야 할지 몰라서 조용히 찾아온 이야기를 내게 들려주었다. 이 체험들은 강력하고도 생생하다. 실증적 연구들은 임사체험 자체가 그것을 겪은 사람들에게 큰 영향을 미치고 있음을 보여 준다. 그뿐만 아니라, 대중의 상상력 가운데 이 이야기들은 과학이 모든 문제에서 최종 권위를 갖는다고 여기는 문화의 여러 부분에서 차가운 유물론을 논박한다. 이 이야기들은 교회 안팎에 있는 많은 이들에게 소위 과학과 종교의 전쟁을 완화시킨다. 초월적인 세계로 들어가는 실증적이고 경험적인 입구 노릇을 하기 때문이다.[33]

'통과'에 대한 생생한 기록이 담긴 이 이야기들은 죽음을 맛보는 일의 실체를 제대로 설명하여 사후에 일어날 상황에 대한 신비를 걷어 내 줄까? 그리고 내세에 대해 뭔가를 말해 줄까? 많은 사람이 양자택일의 답변을 전제하고 이 질문들에 접근한다. 임사체험은 완전한 환상 아니면 우리 모두가 사후에 경험할 일에 대한 목격자의 증언이라고 보는 것이다. 회의론자들은 종종 이 양자택일의 패러다임 안에서 종교인의 임사체험은 모든 사람에게 적용할 만한 일관된 내세관을 보여 주기보다는 그의 양육 환경을 반영한다고 주장한다. 모드 뉴턴은 《3분》 출간이 몰고 온 선풍적 현상에 관해 〈뉴욕타임스〉에 이렇게 썼다.

> 아이들이 임사체험 상황에서 경험한 장면들은 많은 경우 그들이 이미 믿고 있는 내용과 큰 관련이 있다. 이런 체험에는 문화에 따라 밝은 빛, 천상의 존재, 자신의 몸을 위에서 내려다보는 느낌이 포함되고, 이 세 가지가 모두 등장하기도 한다. 《뇌 안의 영적 출입구》(*The Spiritual Doorway in the Brain*)의 저자인 신경과학자 켄 넬슨은, 성인들은 흔히 인생을 돌아보는 느낌을 경험하고, 그런 관점이 없는 어린아이들은 "성(城)과 무지개"를 언급한다고 했다. "그곳에는 보통 애완동물, 마법사, 수호천사들이 살고 있고, 아이들도 어른들처럼 친척들과 종교적 위인들을 본다."[34]

《3분》에 나오는 어린 소년 콜튼 버포 이야기가 이 패턴에 들어맞는다. 네브라스카 소도시에 사는 목사 아들인 이 아이는 예수님을 만난 일을 이야기한다. 예수님은 "무지개 색깔의 말"을 갖고 있다고 한다. 콜튼은 이렇게 말했다. "저는 말을 쓰다듬었어요. 알록달

록한 말이었어요."[35] 이 말은 콜튼의 경험이 그의 종교적 배경과 유아적 상상력을 반영한다는 점에서 뉴턴의 설명과 일치한다. 무슬림들은 무프티(이슬람 율법의 전문가)를 만났다고 말하고 힌두교인들은 다양한 힌두교 신을 만났다고 하는 사실이 놀랍지 않다.[36] 베스트셀러 작가인 이븐 알렉산더는 자신의 임사체험이 환생의 교리를 입증한다고 주장한다.[37]

임사체험을 신적 계시나 종교적 지식의 원천으로 바라본다면, 체험자들이 믿는 내용만큼 다양한 주장에 직면하게 된다. 그 주장들을 결합하여 내세에 대한 종합적 그림을 만들어 내려 하면 지리멸렬 상태에서 허우적거리게 될 것이다.

스미스칼리지(Smith College)의 세계종교학 교수 캐롤 잘레스키가 쓴 두 권의 통찰력 있는 책은 내가 임사체험에 대한 생각을 정리하는 데 큰 도움이 되었다.[38] 그녀는 임사체험이 새로운 현상이 아님을 보여 준다. 임사체험은 이전 시대에 다양한 형태로 나타났다. 특히, 중세 그리스도인은 죽음과 연관된 환상을 자주 체험했는데, 그 내용이 현대 임사체험과 겹치는 부분이 많다. 하지만 당시에는 그런 환상을 '문자적'으로 받아들이지 말라는 경고가 이어졌다.[39] 6세기 그레고리우스 교황은 그런 환상은 종종 "망상"을 담고 있고 "배가 불러서도, 배가 고파서도" 생길 수 있다고 말했다.[40]

긍정적으로 보면 개인을 든든히 세우는 선물이 될 수 있지만, 그런 체험은 상징적 조우로 받아들여야 한다. 환상의 내용은 그것을 경험하는 사람의 수준에 맞추어진 것이지 천상의 현실과의 직접적인 조우가 아니다. 그런 환상들은 기독교 교리의 원천이라고 볼 수 없다.[41] 생생한 환상이지만 바울의 표현을 빌리면 "거울로 보는 것 같이 희미하"게 보는 것일 뿐, 부활하신 주님과 "얼굴과 얼굴을 대하여" 만나는 것은 아니라고 말할 수 있다(고전 13:12).

환상 속 만남에 대한 이런 중세적인 수용조차 지나치게 낙관적인 처사라고 보는 독자들이 있을 것이다. 나는 그들의 엄중한 경고가 정당하다고 생각한다. *The Heaven Promise*(천국의 약속)의 저자인 신약학자 스캇 맥나이트는 2016년 인터뷰에서 임사체험에 대한 자신의 생각을 이렇게 요약했다.

> 솔직히 나는 사람들이 〔임사체험에 근거하여〕 천국에 대해 말하는 많은 내용에 회의적이다. 그 이유는 임사체험이 (1) 흔한 인간의 경험이고 (2) 기록이 남아 있는 문명의 시작 이후로 줄곧 발생했으며 (3) 몇 가지 공통 주제가 있기는 하지만 '체험자의' 뇌에 새겨진 종교, 문화, 철학, 또는 종교에 따라 상당 부분, 때로는 전적으로 결정되며 (4) 세대와 문화마다 그 내용이 많이 다르기 때문이다.
>
> 임사체험은 무덤 너머의 삶에 대한 안내문으로서 신뢰하기 힘들다. 무엇보다 그것은 죽음 '이후'의 체험이 아니라 죽음 '이전' 또는 죽음에 '임박한' 체험이기 때문이다.[42]

임사체험이 죽음 너머의 삶에 대한 직접적인 지식을 주기보다는 그런 체험을 한 당사자에 대한 지식을 알려 준다는 맥나이트의 분석에 동의한다. 특히 그리스도인은 그런 이야기들로 성급하게 내세관을 형성해서는 안 될 것이다. 그리스도인은 모든 존재가 하나님의 어린양 앞에 무릎을 꿇을 때 이루어질 하늘과 땅의 위대한 결합, 우주적 성전 교제를 소망한다. 하지만 임사체험을 그저 자기 잇속에서 나온 망상으로 치부해야 한다는 말은 아니다. 여기에 대해서는 지금부터 더 살펴보기로 하자.

신화 그리고 진리의 문제

우리가 결국 피할 수 없는 질문이 있다. 죽음이 일으키는 단절을 생각하며 우리가 스스로에게 들려주는 서사는 참인가, 거짓인가? 그 서사들은 희망적인 사고가 가득한 망상인가, 아니면 실재를 가리키는가? 우리는 삶에서 발생한 단절을 온전히 바로잡을 수 없음을 안다. 그러나 깨어진 이야기 앞에 서면, 우리는 사후 세계에 대한 서사로 삶의 단절을 바로잡으려는 강한 경향을 보인다. 나는 이런 서사들을 "신화"라고 부른다. 여기서 말하는 신화는 유치한 동화나 사실이 아닌 내용을 말하는 것이 아니라 그날그날 우리 삶의 방향을 바로잡아 주는 이야기라는 의미다.

이런 신화들에 내재된 소망은 사실일 수도 환상일 수도 있지만,

어느 쪽이든 신화 자체는 삶의 이야기로서 기능한다. 조지 H. W. 부시나 바버라 부시가 로빈을 생각하지 않고, 로빈과의 재회에 대한 갈망 없이 단 한 주라도 지낸 적이 있을까? 아마도 없을 것 같다. 어린 자녀를 잃은 대부분의 부모는 그들의 부재와 함께 매일을 살아가고, 많은 이들은 사후 재회를 갈망한다. 종교가 있든 없든 우리는 관계적 피조물이고, 가족 관계는 우리 정체성 형성에 깊이 관여한다. 병원 원목들이 죽어 가는 이들에게서 가장 많이 듣는 소원이 먼저 떠난 가족과의 재회라는 사실은 놀라운 일이 아니다. 이 가족 상봉에 대한 갈망이 신화가 되고, 살아 있는 사람들은 장례식 때도 그 이후에도 이 신화를 받아들여 고인의 죽음을 견딘다.

그러나 과연 실제로 무슨 일이 생길까? 우리가 죽음과 관련하여 삶의 신조로 삼는 여러 신화 중 어떤 것이 망상이 아닌 실재를 드러낼까? 그 차이를 제대로 알 방법이 있을까?

나는 우리가 증거를 확보한다는 의미에서 '알' 수 있다고는 생각하지 않는다. 우리는 통제 실험을 실시하여 내세가 있는지, 내세 이야기가 어떤 게 사실인지 알아낼 수 없다. 하지만 매일 우리 각자는 경험으로 '증명'하기 힘든 세상에 대한 온갖 것들을 합당하게 믿는다. 철학자 앨빈 플랜팅가가 보여 준 대로, 우리가 지닌 신념의 절대 다수는 증명할 수 없지만, 그런 신념들을 받아들이는 것은 적절하면서도 타당하다. 참된 신념조차 어느 정도는 추측을 포함한다고 말할 수 있다. 지금 이 순간 나는 컴퓨터에 글을 쓰는 것이 아니라 꿈을 꾸는 중일 수도 있다. 그러나 내 몸이 적절히 기능하는 것처럼 보이고 최근에 몽유병 증세를 보인 적도 없기에 내가 컴퓨터 앞에 있다고 생각하는 것은 상당히 괜찮은 추측이다. 물론 내가 틀릴 수도 있다. 그러나 살아 있는 피조물인 나는 늘 어떤 증거 없이도 이런 식으로 (타당한) 판단을 내린다.[43]

특정한 내세관이 옳음을 증명할 수 없는 상황에서, 우리는 내세에 대한 지식을 알려 준다고 주장하는 다양한 원천을 어떻게 판단해야 할까?

그리스도인인 나는 내세에 대한 소망 중 가장 신뢰할 만한 원천을 가족 상봉이나 임사체험 이야기가 아니라 성경에서 찾을 수 있다고 믿는다. 이 주장은 자의적으로 생각한 것이 아니라 특정한 역사적 사건에 근거한다. 2천 년 전, 이스라엘의 하나님이 예수 그리스도 안에서 성육신하셨다. 그리스도는 구약성경을 하나님의 말씀으로 받아들이셨고, 신약성경 속 사도들의 진술은 이 땅에서 사시고 죽음을 맛보시고 부활하신 분, 고귀한 주님으로 지금도 여전히 살아계신 분을 증언한다.

그리스도는 요한계시록에서 이렇게 선언하신다. "나는 알파와 오메가요 처음과 마지막이요 시작과 마침이라"(계 22:13). 이 진술이 참이라면, 성경에서 말씀하시는 그리스도를 이후에 나온 사후 세계에 대한 진술로 무효화할 수 없다. 오히려, 성경에서 우리가 줄곧 듣는 이야기는 가족 상봉에 초점을 맞추지 않고 예수 그리스도의 재림

가운데 하나님이 나타나실 주의 날을 바라본다. 죽은 자들은 몸으로 부활할 것이고, 세상은 크게 흔들리고 심판받고 새롭게 만들어질 것이며, 하나님의 통치가 온전히 드러날 것이다. 이것이 위대한 우주적 이야기, 기독교적 소망의 중심에 있고 전 세계 그리스도인이 사도신경으로 매주 거듭 고백하는 이야기다. 죽은 자들이 부활하고, 부활하신 그리스도는 "산 자와 죽은 자를 심판하러 다시 오실" 것이고, 그리스도 안에서 부활한 이들은 "영원한 생명"을 누릴 것이다.

그렇다면 성경의 증언에 비추어 가족 상봉이나 임사체험 중 생생한 만남 같은 다른 이야기들은 완전한 망상이라고, 더 나쁘게는 우상숭배적 거짓이라고 치부해야 할까? 여기서 나는 우리가 발걸음을 조심해야 한다고 생각한다.

성경은 인간이 여러 형태로 망상과 우상숭배에 빠질 수 있다고 밝힌다. 하지만 인간은 살아 계신 하나님의 형상으로 창조되었고 하나님과의 관계를 위해 지어진 존재다. 사도 바울은 심지어 이렇게까지 말한다. "창세로부터 그의 보이지 아니하는 것들 곧 그의 영원하신 능력과 신성이 그가 만드신 만물에 분명히 보여 알려졌나니"(롬 1:20). 이것을 하나님이 인간의 마음에 보편적으로 심어 놓으신 "종교의 씨앗"이라고 말하는 신학자도 있다. 참으로, 창조 세계 자체가 하나님의 위대한 영광을 드러내는 극장이다.[44] 인간은 그럴 의도가 없을 때조차 불완전하게나마 이 영광을 반영한다. 어쩌면 사람들이 죽음의 목전에서 경험한 가족 상봉과 임사체험 이야기는 서로서로와 또한 초월적인 하나님과 교제하도록 만들어진 피조물이라는 우리의 위치를 불완전하게 증언하는지도 모른다.

3장에서 다룬 사회심리학의 공포관리이론 학파는 이 이야기들이 우리에 관해 말하는 것을 이해하도록 돕는 시각을 제시한다. 최근 공포관리이론 연구를 살펴보면, 우리가 인간인 자신에 관해 하는 이야기들은 우리 삶이 더 큰 신화적 목적에 참여함을 전제한다. 자연 선택의 과정이나 하나님의 설계를 통해서든 둘 다든, 우리는 자신에 관해 초월적인 설정이 필수라는 이야기를 하도록 지어졌다. 사실, 대부분의 무신론자조차 실제로 이와 다르게 행동할 수 없다. 클레이 라우틀리지는 최근에 이뤄진 이 연구의 자세한 내용을 2018년 책 ***Supernatural: Death, Meaning, and the Power of the Invisible World***(초자연: 죽음, 의미, 그리고 보이지 않는 세계의 힘)에서 통합해 엮었다.

라우틀리지는 사람들이 필멸성이라는 한계 안에서 자신의 삶을 어떻게 이해하는지를 다룬 수많은 연구를 조사했고, 절대다수의 피험자들이 "목적론적 의미"가 필수 요소인 관점에서 발언한다는 것을 발견했다. "목적론적 사고방식은 사람들이 현상을 목적의 관점에서 인식하는 것을 말한다."[45] 더 넓은 차원의 자기 이해에서 이것은 "초자연적" 사고방식이 된다. 이것은 하나님도, 자연도, 세계도 우리 삶에서 작용하는 의지나 설계를 갖고 있지 않다고 보는 '우주에 대한 엄격한 과학적 접근법'을 위배하는 사고방식이기 때문이다.

"종교적 신앙이나 신에 대한 믿음이 없어도, 사람들은 목적론적 의미에 끌린다. 그들은 우주가 어떤 의도나 계획이 있는 것처럼 우주를 대한다. 자연에도 마치 그만의 의지나 욕망이 있는 것처럼 다룬다."[46]

실제로, 자연과학 분야에서 박사 학위가 있는 무신론자도 목적론적 사고방식을 피하기는 어려웠다. 한 연구에서, 무신론자의 4분의 3 이상이 자신의 삶을 목적론적으로 설명하면서도 그런 식으로 말하지 않으려고 애를 썼다. 예를 들어, 그중 한 명은 "자신은 운명을 믿지 않는다고 분명히 밝혔지만, 그가 실직했을 때 그것이 예정된 일이라는 느낌을 떨치지 못했다."[47] 그뿐만 아니라, 하나님의 존재를 부인하는 사람들은 다른 방식으로 만족감을 얻게 해 줄 초월적 사고방식을 갈망하는 듯 보였다. 예를 들면, "무신론자는 유신론자보다 지적 외계생명체가 인간의 행동을 감시하고 거기 영향을 미친다"고 믿을 가능성이 더 높다.[48]

요약하면, 무신론자들을 포함한 절대다수의 사람들은 초월적 설계 또는 설계자를 전제하는 방식으로 자신의 삶을 이야기한다. 자연주의적 방식으로의 사회화가 수십 년간 진행된 이후에도, 무신론자들이 "설파하는" 내용(신이나 초월적 설계는 존재하지 않는다)은 그들이 실천하는 바와 잘 들어맞지 않는다. 라우틀리지가 한 말을 인용하면, "초자연주의적 성향이 거의 없이 살도록 준비되고 훈련된 사람들이 있을 수도 있지만, 그런 경우가 많을 것 같지는 않다. 그리고 연구에 따르면, 초자연적 생각과 신념이 자신의 태도와 행동에 영향을 미치지 않는다고 생각하는 사람 중 상당수는 틀렸다."[49]

이 자료가 신에 대한 믿음과 많은 종교인이 말하는 내세 서사가 타당함을 증명할까? 물론 그렇지 않다. 오히려, 어떤 이들은 반대쪽 증거만 있다고 해석할 것이다. 각종 학술 문헌은 "초자연적 사고방식"과 종교 공동체 참여가 위기 상황이 닥치거나 사랑하는 이가 죽었을 때 사람들이 삶의 의미를 발견하는 데 도움이 된다는 것을 보여 준다. 종교 공동체 참여가 정신 건강과 신체 건강 모두에 긍정적 결과를 낳는다는 수많은 연구 결과도 있다. "나이와 관계없이, 삶에 의미가 없다고 생각하는 성인은 자신의 삶에 의미가 충만하다고 인식하는 성인보다 죽을 위험이 더 크다."[50]

우리 인간은 자신의 삶을 의미와 이어 주는 신화들에 의거해 살아가도록, 우리 삶은 초월적 목적에 속한다고 믿도록 지음받았다. 사람이 이와 다른 식으로 자신의 삶을 일관되게 이야기하도록 설득하는 데는 수십 년에 걸친 어마어마한 노력이 필요하고, 그러고도 실제로 그렇게 할 수 있는 경우는 소수에 불과하다.

하지만 회의론자는 그 이유가 인간이 종교적인 존재로 진화했기 때문이라고 말한다. 이런 신화들은 세계에 대한 진정한 실재를 반영하는 것이 아니고, 어쩌면 종교 자체가(그와 더불어 내세 이야기들이) "서사 단절의 교정책"으로 진화한 것일지 모르며, 인간이 생명체로서의 취약한 삶에 적응한 결과라는 것이다. 그들은 이 신화들이 창조주의 영광이나 다른 어떤 초월적 실재와 목적을 반영하는 것이 아니라, 우리가 의지하고 사는 데 유용한 망상일 수도 있다고 본다.

이런 회의론적 우려를 잠재울 결정적 답변은 존재하지 않는다. 하나님, 우주, 내세에 대한 회의론자들의 생각이 맞을 수도 있다. 어쩌면 개인의 정체성은 죽는 순간에 소멸되는지도 모른다. 우리 삶이 더 큰 서사적 직물에 속한다 생각하고 그 직물이 죽음으로 찢어졌다고 슬퍼하는 것은 스스로를 속이는 일일지도 모른다. 하지만 이것은 또 다른 이야기를 꺼내 드는 것에 불과할 것이다. 무신론자들은 죽음을 맛보지 않았기에 소멸로서의 죽음을 이야기할 수 있는 것이다. 그것은 검증도, 반증도 불가능하다.

인간이 초자연적 사고방식을 갖고, 삶에 목적이 있다는 이야기를 하고, 다른 이들 및 하나님과 연결되는 내세를 믿도록 만들어져 있다는 (경험적) 사실은 진리의 한 요소를 증언하는 것일 수도 있다. 그리고 초자연적 사고방식은 인간의 의식을 괴롭히는 일종의 질병이 아니라, 하나님이 주신 참된 어떤 것의 씨앗일지도 모른다.

사실, 초월적 진리가 한 가지 존재한다면, 그와 비슷한 수십 가지 신화가 존재할 가능성이 다분히 있다. 여기서 C. S. 루이스가 도움이 된다. 그는 《피고석의 하나님》(*God in the Dock*)에서 전 세계의 다양한 종교적 시각과 이야기 사이의 공통 영역을 제시한 비교종교학자를 상대한다. 이전에 종교에 회의적이었던 루이스는 기독교가 신화(삶과 죽음에 의미를 부여하는 이야기)라는 점을 인정한다. 하지만 "기독교의 핵심에는 사실이기도 한 신화가 놓여 있다."[51] 우리에게 가까이 오시고 죽음까지 맛보시고 새 생명을 가져오시는 창조주 신에 관한 전 세계 사람들의 이야기와 희망과 전설은 예수 그리스도 안에서 구체적인 역사적 사실이 된다. 그분은 동정녀 마리아에게 나셨고, 본디오 빌라도의 지시로 십자가에 못 박혀 죽으셨고, 3일 만에 몸으로 살아나셨다.

그러나 "그것은 사실이 되고 난 뒤에도 여전히 신화로 존재한다. 이것이 기적이다."[52] 기독교라는 신화는 사람들의 삶과 문화에 양분을 공급하고 함양하는 거대한 이야기이자 진리로서 "우리의 사랑과 순종을 요구할 뿐 아니라" 우리 자신이 포함된 아름다운 드라마로서 "우리의 경이와 기쁨도 요구"한다.[53]

따라서 기독교가 참된 신화이고 인간 내면에 심긴 "종교의 씨앗"으로 하나님의 형상을 반영한다면, 부시 부부가 사후에 로빈과 재회하는 이야기, 임사체험에서 사랑과 평화의 빛 가운데 초월적 존재를 만나는 이야기, 그리고 우리 삶의 특징인 단절된 서사 앞에서 우리가 스스로에게 들려주는 여러 이야기가 들어설 세 번째 길이 열린다. 어쩌면 그 이야기들은 순전한 망상도 아니고 내세에 대한 신뢰할 만한 선취도 아닐지 모른다. 그 이야기들은 인간인 우리가 어떤 존재인지 반영하는 것일 가능성이 있다. 하나님의 장엄한 영광에 잠기고, 죽음 앞에서도 하나님을 알고 영화롭게 하는 우리의 초월적 목적을 증언하는 것일지도 모른다. 그 이야기들은 하나님과, 또 사람들과 서로 이어지도록 깊이 설계된 우리가 스스로에게 들려주는 불완전한 신화, 이야기들이다.

목사는 교인이 임사체험을 털어놓거나 먼저 떠난 배우자를 안아 보고 싶다고 말할 때, 그가 고작 자기기만적 망상을 드러낸다는 듯 대응해서는 안 된다. 짓눌리고 깨어진 상태에 있는 그들은 이야기 너머를 가리키는 이야기를 하고 있는 것이다. 그들은 자신의 상실을 '우연이 지배하는 세계의 임의적 사건'으로만 보는 것 이상을 원하는 기도를 드린다. 임사체험과 가족 상봉 이야기가 기독교적 관점에서 볼 때 내세에 대한 직접적인 '정보'를 전혀 제공하지 않는다 해도, 성전, 즉 하나님의 사랑의 임재와 통치를 향한 하나님이 주신 갈망을 표현하는 것임은 분명하다.

삶이라는 노래는 불협화음이 예기치 않은 화음으로 녹아들 때 뜻밖의 기쁨과 즐거움의 순간을 선사한다. 그런가 하면, 크게 기대했던 교향곡 악장들이 겨울 도로에서 빙그르르 회전하던 내 자동차처럼 끊어지고 중단되기도 한다. 삶에서 흐르던 음악이 갑자기 멈출 때 과연 우리에게 무엇이 남을까? 광활한 우주 속 자그마한 피조물인 우리는 침묵 가운데 홀로 남겨진다. 다음에 어떤 일이 찾아올지 우리는 알 수가 없다.

그러나 우리는 우리 자신이 아니라 삼위일체 하나님의 약속을 신뢰할 수 있다. 단절과 눈물이 최종 발언권을 갖고 있지 않다고 믿을 수 있다. 부활하신 그리스도는 밧모섬의 요한에게 그러셨던 것처럼 별 볼 일 없고 작고 무력한 이들에게 손을 내밀어 이렇게 말씀하신다. "두려워하지 말라 나는 처음이요 마지막이니 곧 살아 있는 자라 내가 전에 죽었었노라 볼지어다 이제 세세토록 살아 있어 사망과 음부의 열쇠를 가졌노니"(계 1:17-18).

죽음은 우리에게 신비다. 하지만 살아 계신 분이 죽음의 길에 오르셨고, 죽음을 통과하셨고, 죽음의 열쇠를 쥐고 계신다. 사랑하는 사람이 죽을 때 슬퍼할 수 있지만, 사도 바울이 말한 대로 우리는 "소망 없는 다른 이와 같이 슬퍼하지" 않아도 된다. "우리가 예수께서 죽으셨다가 다시 살아나심을 믿"고 "예수 안에서 자는 자들도 하나님이 그와 함께 데리고" 오실 것이기 때문이다(살전 4:13-14). 그리스도 안에 있는 하나님의 약속을 통해 우리는 소멸도, 영원한 가족 휴가도 아닌 결말을 충분히 소망할 수 있다.

우리는 온 우주를 지으신 주님이 그리스도를 통해 우리 같은 죽을 존재들에게 생명을 주실 것이고 그분의 백성 가운데 온전히 거하실 것이라고 얼마든지 소망할 수 있다. 지상의 노래 도중에 일어나는 죽음, 그 불협의 끊어짐이 결국 즐거운 찬양의 곡조로 다시 이어질 수 있기를 마음껏 소망할 수 있다.

- 당신은 자신의 삶을 어떤 이야기의 관점에서 생각하는가? 중심 인물은 누구이며, 줄거리에는 어떤 주요 사항이 있는가? 가능한 결말이 다양하다면 그것은 이야기 자체에 어떤 영향을 미칠까?

- 우리는 죽음과 사후 세계에 대한 우리 이야기 안에 해결책이 있기를 갈망한다. 천국에서의 '가족 상봉'을 말하는 것이 그런 해결 방식 중 하나다. 이 서사가 어떻게 표현되는지 들어 본 적이 있는가? 사후 세계에 대한 기독교의 소망은 가족 상봉 이야기와 어떻게 비슷하고 또 어떻게 다른가?

- 죽음을 이야기하는 또 다른 방식은 죽음을 통과 또는 여행으로 표현하는 것이다. 이 서사는 우리가 죽음이라는 미지의 사건에 직면할 때 어떻게 도움이 될까? 죽음에서 새 생명으로 넘어가신 분인 그리스도께 속한다는 것은 무엇을 의미할까?

- 우리가 사후 세계에 대해 믿는 내용의 최종 권위는 문화적 이해나 임사체험 이야기가 아니라 '성경'에 있어야 한다. 이 부분에 대한 성경의 증언은 고린도전서 15장 42-58절, 고린도후서 4장 16절-5장 10절, 빌립보서 1장 20-26절 등이다. 이 본문들을 읽어 보라. 이 구절들은 사후 세계에 대해 어떻게 말하고 있는가?

- 우리 삶의 이야기를 하기 위해 쓰는 여러 이야기 틀 중에 '신화'라는 표현이 있다. 자신을 이끄는 신화들을 묘사해 보라. 우리가 사는 궁극적 목적을 말해 주는 '참된 신화'는 무엇인지 자신의 말로 표현해 보라.

7 ∘ 다가올 세상 끝 날∘을 죽을 존재답게 소망하다

내가 어릴 때부터 제일 좋아하는 찬송가 가사에는 다가올 시대에 도취된 모습이 담겨 있다. 찬송가집을 들고 목이 쉰 소리로 주변 어느 교인보다 우렁차게 후렴을 부르던 아버지를 창피한 마음으로 올려다보던 기억이 생생하다. 지금 내가 아버지와 똑같이 찬양하면 딸아이가 눈을 휘둥그레 뜨며 쳐다본다.

면류관 가지고
보좌의 어린양께 드리세.
천상의 찬송이
온 땅에 퍼지네.
내 혼아 깨어서
널 위해 죽으신 분 찬양하여라.
영원토록 만왕의 왕이신
그분을 맞이하여라.

면류관 가지고
죽음 이기신 생명의 주께 드리세.
구원하러 오신 이들을 위해
싸우고 이겨 부활하셨네.
그분의 영광 우리 찬양하네.
죽으셨다가 높은 곳에 오르셨고

죽으시어 영생을 가져오시고

죽음이 죽도록 살아 계시네.[1]

어린 시절 침례교회 예배당에서 그랬던 것처럼, 나는 이후로도 주일 오전마다 많은 교회에서 교인들과 함께 "보좌의 어린양께" 드리는 "천상의 찬송"에 합류했다. 여러 번의 장례식에서 "죽음 이기신 생명의 주"를 찬양했고, 후렴을 부른 후에 사람들은 사랑하는 이의 시신을 무덤으로 옮겼다. 어느 이른 아침에 캔자스 농장에서 내가 이 후렴을 불렀을 때는 대평원을 날던 새들도 함께 따라 불렀다. 이 찬양 4절 마지막 가사처럼 나는 "주를 향한 찬양이 영원토록 그치지 않"을 것을 믿는다.

그런데 순간순간 찾아오는 압박과 과제에 사로잡혀 매일을 살아가는 내게 그리스도 안에서 역사의 완성이 이루어졌다는 믿음은 어떤 영향을 줄까? 나는 이것이 내 소망이라고 노래한다. 그러나 필멸의 삶에서 나는 다가올 시대를 죽을 존재답게 소망하는가? 그 소망은 역사 수업 시간에 배운 역대 미국 대통령 이름과 유명한 평화조약 날짜들과 함께 내 머릿속 한편에 그저 하나의 정보로만 처박혀 있는가, 아니면 매일 나와 참으로 함께 있어서 아침에 일어나 하루를 시작할 때 통증을 이기고 기쁨을 누리게 하는가?

사실, 부활절 찬양의 후렴이 잦아드는 날이면 내 기독교적 소망은 추상적 관념으로, 쟁여 둘 만한 정보로 바뀌는 경우가 많은 것 같다. 그런 순간에 기독교적 소망을 불신하는 것은 아니지만 그 소망은 뒤편으로 밀려난다. 데이비드 포스터 월리스는 케니언대학교(Kenyon College) 취임 연설에서 인상적인 발언을 했다.

> 내가 직접 경험하는 모든 것은 내가 우주의 절대적 중심이고, 존재하는 가장 실질적이고 가장 생생하며 중요한 사람이라는 내 깊은 신념을 뒷받침한다. …… 이 신념은 태어날 때 우리 회로판에 내장된 기본값이다. 생각해 보라. 당신이 경험한 것 중에서 당신이 절대적 중심에 있지 않았던 경우는 없다. 당신이 경험하는 세계는 당신 앞이나 뒤에, 당신 왼쪽이나 오른쪽에, 당신 텔레비전이나 모니터에, 기타 등등에 있다. 다른 사람의 생각과 감정을 알려면 어떤 식으로든 전달받아야 하지만, 당신 자신의 생각은 아주 직접적이고 절실하고 실제적으로 다가온다.[2]

그리고 그는 이것이 "내가 자동적으로 확신하기 쉬운 어떤 것이 완전히 잘못된 사례"라고 덧붙였다. 죽음과 내세에 대한 소망에 자연스럽게 따라오는 결론이 있다. 우리는 "내가 우주의 절대적 중심"이고, 따라서 피조물로서 한계 없이 영원히 살 수 있다고 가정하는 경향이 있다. 일부러 의식해서 그렇게 생각하는 건 아니지만, 그런 식으로 살아가는 것이다.

최근 나는 거실에서 두 손 두 발로 기다시피 하며, 발톱을 깎는 것이 그렇게 나쁜 일은 아니라고 우리 집 개 그레이하운드 개비를 열심히 설득했다. 개비는 설득에 넘어가지 않았다. 어느 시점에서 나는 쉬고 있는 개비의 뒷발 쪽으로 머리를 숙이고 다가갔다. 그런데 개비가 경고도 없이 벌떡 몸을 일으키더니 녀석의 긴 다리가 곡예하듯 움직여서는 앞발로 내 왼쪽 귀를 스치고 지나갔다. 그 순간 잠깐 인지하기는 했지만 녀석의 나머지 발톱을 다듬느라 그다지 신경 쓰지 않았다.

그날 저녁 늦게 잠자리에 들기 전 거울을 보니 얼굴은 익숙한 그 얼굴 그대로인데 귀가…… 정확히 말하면 왼쪽 귓불이 심상치 않았다. '저기 덮여 있는 붉고 찐득찐득한 게 뭐지?' 갑자기 관심이 생겼다. '아니, 내 귀잖아. 작고 이상한 게 하나 달려 있구먼. 아니, 두 개지. 그런데 하나는 붉고 찐득찐득한 것으로 덮여 있네? 피가 나는 건가?' 나는 그제야 수건을 집어 들고 물을 약간 묻혀서 상처를 살살 닦기 시작했다. 머릿속에서 생각이 많아졌다. '귀…… 그래, 나는 귀가 있지. 그런데 귓불은 어떻게 움직이지? 무슨 일을 하나? 이 상처로 청력에 영향이 가면 어쩌지? 항암 치료로 감염에 취약한데, 의사에게 연락해야 하나?' 온통 귀 생각뿐이었다.

대부분의 사람처럼 나도 주로 뭔가가 잘못될 때, 귀에서 피가 난다거나 몸이 아플 때 그제야 몸을 인식한다. 어쩌면 윌리스의 논평은 보다 미묘한 질문으로 우리를 이끄는지도 모르겠다. 일상생활에서 나는 세계를 어떻게 인식하는가? 나는 무엇을 당연하게 받아들이는가? 나는 내 몸이 선물로 느껴지는 다양한 경우를 모두 의식하며 살아가고 행동하는가? 내가 신체를 이루는 특별한 부위에 의지하여 세계를 경험한다는 것을 의식하며 살고 있는가? 귀 덕분에 음파를 받고 처리할 수 있는 것처럼 말이다. 불행히도 그렇지 못할 때가 대부분이다. 대체로 나는 거의 의식하지 못한 채 살아간다.

기독교 소망의 마지막 일에 대해 말하려 하면 필멸성이 나를 겸손의 자리로 몰아간다. 나는 나 자신이 죽을 존재임을 아는가? 그렇다. 그러면 나는 죽을 존재처럼 살고 있는가? 그렇지 못할 때가 많다. 그러나 이상하게도, 암 환자로 살아가면서 느끼는 찌르는 듯한 극심한 발의 아픔, 등과 목의 통증, 무겁게 드리우는 피로감은 실제로 매일 주어지는 기이한 선물이 될 수 있다. 어쩌면 그것들은 내게 다음 사실을 떠올리게 하는 몸의 신호다. "너는 흙이니 흙으로 돌아갈 것이니라"(창 3:19).

통증은 내 생명이 일시적인 호흡과 같음을 오전에도, 오후에도, 저녁에도 상기시킨다. 나는 창조주께 속한, 작고 약하지만 사랑받는 피조물이다. 내게는 세상을 구원할 힘이 없다. 내가 해내려고 상상했거나 바라던 일들을 다 할 수도 없다. 나 이전에 왔다 간 수백 세대의 사람처럼, 내 몸은 아프고, 나는 작고, 죽어 간다.

내 필멸성은 경이감을 불러일으키는 또 다른 역할도 한다. 나는 내세를 본 적이 없다. 내겐 내세에 대한 '관찰적' 지식이 없다. 나는 내세를 두 눈으로 보지 못한다. 사도 바울은 이렇게 말한다. "우리가 지금은 거울로 보는 것같이 희미하나 그 때에는 얼굴과 얼굴을 대하여 볼 것이요"(고전 13:12). 기독교적 소망의 직접적인 대상들(그리스도의 재림, 새 창조)은 필멸의 존재인 우리 눈앞에 펼쳐져 있지 않다. 그래서 온전히 이해하고 익히고 다루는 것이 불가능하다.

우리가 지닌 지식의 한계에 더해, 능력의 한계를 받아들이는 것도 어렵다. 우리가 인정하든 아니든, 하나님은 내세에서 하실 일을 친히 결정하실 것이다. 하나님이 오셔서 심판하실 것인가? 지옥이 있을 것인가? 우리는 회사의 핵심 주주나 선거인단 일원인 것처럼 내세에 대해 말하고 싶은 유혹을 크게 받는다. 우리가 투표권을 행사하지 않으면 결과가 달라질 수 있다고 생각한다. 그러나 이러한 행동은 우리가 하나님이 아니라 흙으로 지어진 육체의 몸을 입은 피조물이라는 사실을 부인하는 태도다. 죽음과 그에 뒤따르는 일들은 기어이 찾아올 테고, 묘지로 가는 길에는 투표소가 없다.

하나님이 내세의 다양한 가능성 중 하나를 선택하시는 데 우리 승인을 기다릴 거라고 지레짐작해서는 안 된다. 오히려 우리 몸의 어쩔 수 없는 현실을 직시하고 항복하는 편이 더 나을 것이다. 우리는 이미 잠들 때마다 작은 죽음, 어설픈 항복을 연습한다. 바쁜 생각, 욱신거리는 통증, 새로운 경험을 바라는 욕구는 물러나야 한다. 잠이 우리를 덮친다. 여기, 우리가 피조물로서 갖는 삶의 리듬 안에 필멸성을 주기적으로 상기시키는 요소, 우리가 우주의 통치자와 심판자가 아니라는 현실을 가리키는 요소가 있다. 잠자리에서 드리는 유명한 18세기 기도문을 보자.

> 이제 저 잠자러 누웠습니다.
> 주님, 제 영혼 지켜 주소서.
> 제가 깨어나지 못하고 죽는다면
> 주님, 제 영혼 받아 주소서.

우리는 자야 한다는 생각으로 자신을 설득해서 잠들지 않는다. 죽을 때 하나님께 우리 몸을 맡기듯 잠에 몸을 내맡긴다. 유대인들이 드리는 아침 기도문 '모데 아니'는 아침에 내게 "생명의 호흡"을 돌려주시는 하나님께 감사하는 내용으로, 잠이 작은 죽음과 같다는 견해를 반영한다.[3]

우리가 잠들 때 통제권을 포기하듯이, 사람은 죽어서 내세로 들어갈 때 자신의 계획을 포기한다. 이것은 우리가 논쟁하고 투표할 수 있는 정책 제안이 아닌 현실이다. 죽음이 우리를 덮칠 때, 우리가 호흡을 빼앗길 때 일어날 현실이다.

이렇게 죽음에 항복함은 특히 그리스도인에게 더없이 적절한 일이다. 기독교적 소망의 핵심은 하나님이 에덴동산에서, 이스라엘에서, 그리고 가장 풍성하게는 그리스도 안에서 우리와 함께 거하셨다는 것이다. 하나님이 베푸시는 이런 강력한 역사는 우리가 아직 보지 못한 여러 가지를 함축하고 있다. 우리는 하나님이 만드신 미래로 들어갈 수밖에 없다. 우리는 가망 없는 상태의 피조물로 살고 있고, 산 채로는 그 상태에서 벗어나지 못할 것이다.

그렇다면 우리 소망의 근거는 미래를 관찰하고 본 내용이 아니라, 하나님과 그분의 약속에 있는 것이다. 미래에 대한 자세한 설명이 주어지지 않다 보니 답을 모르는 질문이 많다. "천국에서 우리는 도대체 무엇을 '할까?' 천국에서는 정확히 어떤 기분이 들고 그곳은 어떤 모습일까?" 이런 질문에 대한 내 가장 기본적인 답변은 "모른다"이다. 물론 신학자인 나는 이런 질문에 대한 논의를 좋아한다. 보건 문제나 외교 문제와 관련된 최근 정책 제안 논의를 좋아하는 것과 마찬가지다. 그런 논의는 논의할 만한 가치가 있다. 그런데 그런 논의는 우리가 다가올 일에 대한 직접적인 지식이 있다고 오해하게 만드는 경우가 많다. 마르틴 루터는 이를 딱 부러지게 표현했다. "엄마의 자궁 속에 있는 아이들이 자신의 출생에 대해 알지 못하는 것처럼, 우리는 영원한 생명에 대해 잘 모른다."[4]

루터의 진술로 내세에 대한 철저한 불가지론을 정당화하는 것은 오류겠지만, 그의 비유는 우리 지식의 특성을 정확히 파악하고 있다. 우리는 그리스도와의 교제 안에 있고, 그리스도를 부분적으로만 알고, 우리의 생명이신 그리스도가 내세의 중심에 계실 것임을 안다. 그러나 우리가 영생에 관해 아는 정보는 작고 미미하다. 우리가 자신을 잠이라는 작은 죽음에 맡기는 것처럼, 우리가 할 수 있는 일이라곤 우리 힘이나 상상이 아니라 왕이신 하나님의 강력한 행하심으로 우리에게 벌어질 일을 기대하는 것 정도다. 그리스도는 부활하셨지만 그분은 몸으로 우리 곁에 계시지 않는다. 그리스도가 다시 오실 때 세상이 정확히 어떤 모습이 될지 인간인 우리 관점에서는 가늠조차 하기 힘들다.

그럼에도 불구하고 우리에게는 소망과 안내와 위로가 주어져 있다. 성경은 미래로 뻗어 가는 하나님의 약속을 구체적으로 파악하게 해 준다. 하나님이 친히 하신 말씀은 이상하고 신비스러운 성경의 증언을 통해 우리 상상력에 에너지를 불어넣을 수 있다. 이번 장에서 나는 우리가 갖고 있는 중요한 사변적 질문들에 답하려고 시도하지 않는다. 그 대신, 약속의 땅을 갈망하는 우리가 하나님이 죽을 인간들에게 말씀하신 몇 가지 사건들, 우리에게 만나를 주신 사건들에 푹 잠기게 할 것이다. 이사야 선지자가 선포한 대로, "풀은 마르고 꽃은 시드나 우리 하나님의 말씀은 영원히 서" 있을 것이기 때문이다(사 40:8).

생명의 주권자가 주시는 약속

살아 계신 주님의 위대한 나타나심과 재림으로 성취될 부활의 소망은 장엄하고 그 범위가 한없이 우주적이다. 헨델의 〈할렐루야〉 (Hallelujah) 합창 부분은 특히 대규모 합창단이 부를 때 그리스도의 재림이 얼마나 장엄할지를 떠올리게 해 준다.

할렐루야!
할렐루야!
할렐루야, 할렐루야, 할-렐-루야!

나는 벌어진 입을 다물지 못한 채, 그리스도의 통치가 가져올 승리를 기뻐하는 합창에 귀를 기울인다.

또 주가 길이 다스리시리
영원히
왕의 왕
영원히 영원히
또 주의 주
할렐루야, 할렐루야!

이 영광스러운 합창곡은 들을 때마다 매료된다. 우리는 부활하신 주 그리스도가 승리하시고 왕의 왕, 주의 주로 다스리러 다시 오신다는 선포를 향유할 수 있고 그래야 한다.

그러나 참으로 이상하게도, 이 위대한 구속의 날에 대한 증언을 다시 한 번 듣고자 성경으로 돌아가면 놀라운 사실을 발견하게 된다. 부활 소망으로 가는 길은 귀청이 터질 듯한 합창이 아니라 침묵 속에서(또는 다음 몇 쪽에 걸쳐 살펴볼 예정인, 자신의 태에 아이를 선물로 보내 달라고 절박하게 울며 기도하는 외로운 여인의 나지막한 어조 가운데) 펼쳐진다는 것이다. 부활과 새 창조라는 위대한 우주적 갱신의 배경치고는 기이하다! 그러나 놀라서는 안 될지도 모른다. 결국, 내가 기다리는 왕의 왕은 십자가에 못 박히신 어린양이 아니신가. 이분은 바울에게 "내 능력이 약한 데서 온전하여"진다고 선언하신 주님이다(고후 12:9).

하나님이 그분의 백성과 펼치신 언약 역사의 주요 지점들을 보면, 불임 이야기들에서 죽음을 이기신 하나님의 놀라운 승리가 나타난다. 그 이야기들은 뜻밖의 방향으로 전개되어 하나님의 능력으로 새 생명을 받는 결말로 끝이 난다. 오늘날 많은 이들에게 불임은 대단히 개인적인 싸움이고, 슬픔과 수치의 근원이다. 이것은 고대 이스라엘에서도 비슷했다. 그때도 지금처럼 많은 부부가 자녀를 구하며 기도했고, 수십 년간 서로에게 충실했으나 결국 아이를 얻지 못한 채 나이 들어 죽었다. 많은 부부에게 불임은 외로운 길이다. 그러나 고대 이스라엘에서는 여기에 한 가지 차원이 더 있었다. 불임은 주님이 그분의 백성에게 주시는 약속 자체를 위협했던 것이다.

그 약속을 위협하는 대표적인 사례가 아브라함과 사라 이야기다. 주님은 75세의 아브람에게 고향을 떠나라고 말씀하시면서 다음과 같이 언약하셨다. "내가 너로 큰 민족을 이루고 네게 복을 주어 네 이름을 창대하게 하리니 너는 복이 될지라"(창 12:2). 그런데 여러 해가 지나가지만 이 "큰 민족"을 이룰 조짐은 전혀 보이지 않는다. 주님이 꿈에서 아브람을 찾아오시자, 그는 이렇게 부르짖는다. "주 나의 하나님, 주님께서는 저에게 무엇을 주시렵니까? 저에게는 자식이 아직 없습니다"(창 15:2, 새번역). 주님은 아브람의 물음에 외면하지 않으시고 친히 약속하신 자손 수를 오히려 더 늘리신다. "하늘을 우러러 뭇별을 셀 수 있나 보라 …… 네 자손이 이와 같으리라"(창 15:5). 이 약속이 전혀 실현될 것 같지 않았음에도 불구하고, 이 지점에서 "아브람이 주님을 믿으니, 주님께서는 아브람의 그런 믿음을 의로 여기셨다"(창 15:6, 새번역).

하지만 여러 해가 지나가면서 불임이 주님의 약속을 가로막는 듯 보인다. 하나님의 약속은 말할 수 없이 놀랍고 영광스럽지만, 그것이 뿌리를 내리려면 불가능한 상황을 극복해야 한다. 완전히 불임 상태의 부부가 잉태하는 기적이 일어나야 한다. 사라가 아들을 낳을 거라고 주님이 구체적으로 약속하시자 아브라함은 비통하게 웃는다. 나중에 사라도 그 약속을 듣고는 비웃는다. 나이 든 그녀는 임신이 불가능하다. 그러나 주님은 웃는 그녀에게 그분이 이 불가능한 상황을 극복할 수 있다고 선언하신다. "여호와께 능하지 못한 일이 있겠느냐"(창 18:14). 여호와의 약속대로 사라는 임신하고 마침내 아들을 출산한다.

신앙의 토대를 이루는 이 성경 서사에서는 리브가, 한나, 엘리사벳 이야기처럼, 완전히 불임 상태로 보이는 태를 주님이 채우신 불가능한 일이 일어났다. 아브라함과 사라에게 불임은 하나님의 백성의 존재 자체를 위협하는 일이다. 그래서 케빈 매디건과 존 레벤슨은 하나님이 자궁을 채우신 일이 "세상의 자연적 과정을 역행하는" 그분의 회복 행위라고 말한다. 주님은 "하나님의 새로운 개입 이전에는 쪼그라든 상태로 사실상 사라졌었던 자연 속의 힘(주로 생식력)을 기적적으로 되살려 내신다."[5] 아브라함과 사라는 이미 죽었지만, 하나님은 그들과 맺으셨던 영원한 언약의 약속을 지금도 성취하고 계신다.

창세기에 나오는 하나님의 약속은 아브라함과 사라가 죽음을 지나 내세로 들어간다는 게 아니다. 이 약속은 하나님이 이 토대적 서사에서 죽음에 대응하시는 방식이 아니다. 주님은 그분의 언약적 약속을 위협하는 불임을 해결하셨고 그로 인해 죽음은 궁지에 몰렸다. 아브라함과 사라는 죽지만, 생명을 주시겠다는 하나님의 약속은 결코 죽지 않는다. 약속과 약속된 언약 백성은 계속 살아 있다. 아브라함과 사라의 불임 상태가 영구적으로 이어졌다면 그들에게 후손을 주시겠다는 하나님의 약속은 소멸되고 말았을 것이다. 하나님은 불임 부부에게 자녀를 주시는 기적으로 죽음을 뒤집어 놓으신다.[6]

어떤 이들은 생식력이 불임을 이기는 이야기들이 하나님 백성에게는 일반적인 일이라고 주장하고 싶을지 모른다. 우리는 번영 복음에 따라, 모든 질병과 쇠약함을 이기고 승리했다고 생각하고 싶을 수 있다. 어쩌면 하나님께 신실한 모든 부부는 불임을 극복할 수 있어야 하는 것 아닐까? 그러나 이 성경 이야기가 말하는 진정한 요지는 이런 결론과 더할 나위 없이 거리가 멀다. 아브라함의 언약과 그리스도 안의 새 언약 모두, 믿음이 있는 사람의 경우에는 항상 생식력이 불임을 밀어낼 거라고 약속하지 않는다. 사실, 불임의 태가 열려 아이가 생기는 일이 너무나 드물다는 사실은 곧 그 일의 근원이 하나님의 능력임을 가리킨다.

존 레벤슨은 이렇게 표현한다. "히브리 성경에서 죽음은 보편적인 일이고 뒤집히는 경우가 잘 없다. 그러나 하나님은 약속하시고 제안하시고 생명을 선호하시고 택한 백성을 소멸에서 구해 내신다."[7] 이스라엘 자손들은 절대다수의 상황에서 하나님이 불임을 극복하게 해 주시길 기대하지 않았다. 하나님이 불임 부부에게 자녀를 허락하심으로써 죽음을 뒤집으시는 사건들은 언약적 약속을 충실히 이행하여 죽음을 뒤엎으시는 그분의 특별한 능력을 증언하시는 경우다. 이런 기적은 드물고, 기적의 힘이 드러나려면 드물어야 마땅하다. 이 기적들은 불임 부부, 죽어 가는 이들, 스스로를 구원할 힘이 없는 이들에게 불변하고 신뢰할 만한 하나님의 약속을 증언한다.

이런 면에서 이 기적들은 기적 너머를 가리킨다고 할 수 있다. 불임으로 조롱당했던 한나는 주님이 주시는 아이를 선물로 받은 후 하나님을 찬양하는 노래를 부른다. 그녀의 기쁨 안에는 주님의 능력을 기리는 찬양이 있다. 이것은 하나님의 백성에게는 죽음 자체가 최종 발언권을 갖지 못할 거라는 암시다. "여호와는 죽이기도 하시고 살리기도 하시며 스올에 내리게도 하시고 거기에서 올리기도 하시는도다"(삼상 2:6). 주님은 생사 모두를 주관하는 왕이시고 죽은 자들의 장소인 스올도 그분의 다스림에서 벗어나지 못한다. 닫혔던 한나의 태가 열렸고 사무엘이 태어났다. 한나는 그를 제사장과 선지자로 주님께 바친다.

따라서 다른 구약성경의 내러티브에서 불임을 극복하는 이야기들이 죽은 자들을 되살리는 이야기들과 이어지는 것은 그다지 놀랍지 않다. 열왕기하 4장에서 엘리사는 "수넴 여인"이라고만 나와 있는 한 불임 여성에게 아이를 약속한다. 그러나 아이는 태어난 지 몇 년 후 병들어 죽는다. 수넴 여인은 사람을 보내 엘리사를 부르고, 엘리사는 와서 주님께 이 약속의 아들을 살려 달라고 기도한다. 엘리사가 "아이 위에 올라 엎드려 자기 입을 그의 입에, 자기 눈을 그의 눈에, 자기 손을 그의 손에 대고 그의 몸에 엎드리니 아이의 살이 차차 따뜻"해졌다(왕하 4:34). 신약성경의 나사로처럼 소년은 소생했다. 그러나 나사로처럼 아이의 새 생명 역시 일시적인 것이었다. 그는 계속 나이가 들었고 결국에는 죽었다. 그럼에도 불구하고 이 이야기는 주님의 능력과 그분이 언약 백성에게 생명 주기를 기뻐하신다는 것을 보여 준다.

우리에게는 이 모든 것이 비현실적으로 들릴 수 있다. 자신의 불임이 극복될 거라든지 죽은 우리 자녀가 되살아날 거라는 약속을 받지 않는다면, 이런 기적 이야기가 다 무슨 소용이란 말인가? 그런데 이렇게 말하면 이상하게 들릴지 모르지만, 그 이야기들의 핵심은 바로 그 이야기가 내 이야기가 아니라는 사실이다. C. S. 루이스는 그의 책 《기적》(*Miracles*)에서 이와 같이 진술한다. "만일 그것들이 정말 일어났다면, 그 기적들이 이 우주적 이야기의 핵심에 해당하기에 일어난 것입니다. 기적은 (물론 지극히 드물게 일어나는 일들이지만) 예외적인 사건이 아니고 아무 의미 없는 일도 아닙니다. 이 기적들은 바로 이 우주적 이야기에서 플롯이 반전되는 장입니다. 죽음과 부활은 이 우주적 이야기의 주제 그 자체입니다."[8]

달리 표현하면, 기적적인 출생과 죽은 자들이 살아나는 이야기들은 기적의 정의상 매우 드문 사건일 수밖에 없다. 그러나 이 기적들은 규칙의 예외가 아니라 죽음이 최종 결정권을 쥐지 못할 거라는 하나님의 약속이 진리임을 가리키는 표지판이다.

과연 사라, 한나, 수넴 여인으로부터 많은 세대가 지난 후, 한 천사가 마리아라는 처녀에게 나타나 그녀가 불가능한 출산으로 언약에 따라 약속된 아들을 얻을 거라고 설명한다. 주님이 아브라함에게 주신 위대한 약속(그의 후손을 통해 모든 민족에게 복 주시겠다는 약속)은 사라부터 마리아까지 죽 이어지는 예상 밖의 수단으로 성취된다. 닫혔던 태가 열려 생명을 품는 불가능한 일이 일어난다. 죽음이 뒤집힌다. 그리고 마리아에게 약속된 아들이 불의한 죽음을 당하자, 성부 하나님이 그를 일으키신다. 엘리사가 수넴 여인에게 약속한 아들을 살려 냈던 것처럼 말이다. 메시아 예수님이 하나님의 능력과 영광으로 충만하여 다시는 죽음이 건드릴 수 없는 생명으로 부활하심으로써 언약을 완성하신다. 이 모든 일 내내, 사적이고 어수선하고 고통스러운 출산 과정은 하나님이 그분의 약속을 신실하게 지키신다는 주된 표지가 되고, 하나님이 뭇 민족과 창조 세계 전체를 복 주시는 수단이 된다.

나는 우리 일상생활에서 불임과 새 생명 사이의 이런 상호작용이 진정한 기독교적 소망에 정말로 중요한지가 궁금하다. 즐거운 부분으로 바로 넘어가 "한 아기가 우리를 위해 났고"라는 선율을 따라 흥얼거리고 일어서서는 "할렐루야" 합창을 부를 준비만 할 순 없을까?

우리는 참으로 기뻐한다. 기뻐해야 마땅하다. 그리스도가 처녀의 몸에서 나셨고 죽은 자들 가운데서 부활하셨기 때문이다! 그러나 번영 복음을 다룬 장에서 살펴본 것처럼, 기적적 진리들이 십자가의 복음과 약함으로 온전해지는 하나님의 능력과 분리되면 왜곡될 가능성이 있다. 그리스도의 출생과 부활이 절망스럽고 무력한 장소에서 이루어졌다는 사실을 솔직히 인정하지 않는 한, 우리는 그 의미를 이해했다고 보기 어렵다. 우리는 스스로 새 생명을 만들어 낼 능력이 없기에, 하나님이 하신 생명의 약속이 불임의 눈물 한복판에서 주어진다는 사실을 받아들이기 전까지는 그리스도의 출생과 부활에 대한 기쁨이 추상적인 관념에 그칠 것이다.

수년 전, 아내 레이첼과 나는 우리와 동갑인 친구 부부와 저녁 식사를 했다. 그때 기억이 지금도 생생하다. 식사를 하다 어느 순간이 되니 주위가 고요해지면서 샐러드 볼에 부딪치는 포크 소리만 들렸다. 마치 가장 목소리 큰 대화 상대가 포크인 것만 같았다. 친구 부부가 약함을 드러내며 그들이 얼마나 자녀를 원하고 바라는지 소상하게 털어놓은 뒤였다. 이제 그 이야기를 들은 우리 부부가 생각을 정리해 뭔가를 이야기해야 할 차례였다. 그러나 어색한 침묵의 순간은 꽤 오랜 시간 이어졌다.

레이첼이 말했다. "서둘러서 아이를 낳아 기르고 싶진 않아. 다른 사람의 아이들을 돌보는 데 이미 많은 시간을 보냈거든." 대가족의 큰딸이었던 아내는 어린 동생들을 돌보고 책임져야 할 때가 많았다. 그녀는 이미 지쳐 있었다.

내가 물었다. "하지만 우리가 나이가 들면 어쩌지? 일흔이나 일흔다섯이 된 당신을 생각해 봐. 인생을 어떻게 돌아보게 될까? 찾아가 볼 자녀들이 있으면 좋지 않겠어? 손주들도 그렇고."

"글쎄, 어쩌면 그럴 수도 있겠네. 하지만 우리가 자녀들을 보러 연방 교도소로 가게 될 수도 있잖아." 우리 모두 레이첼을 멀뚱히 쳐다봤다. "내가 어릴 때 살던 동네에 아주 친절한 노부인이 계셨는데, 그분 아들이 연방 교도소에 수감돼 있었어. 그분은 그리로 아들 면회를 가곤 하셨지."

자녀들이 장성하여 교도소에 수감된다는 이야기는 보통 중산층 사람들의 대화에서 등장할 만한 화젯거리가 아니다. 그러나 나는 감성적인 면을 찾아보기 힘든 아내의 답변이 놀라우면서도 신선하게 느껴졌다. 물론 아기들은 귀엽다. 눈이 크고 머리는 우스꽝스럽다. 웃으면 또 깜짝 놀랄 만큼 예쁘다. 그러나 자녀를 갖는 것은 죽음과 만나는 일이기도 하다. 아이를 낳고 기르는 일은 부모에게 시간의 개념을 알게 한다. 부모는 아이가 자라는 것을 보며 자신의 나이 드는 궤적을 기억하게 되고, 아이가 독립적으로 자기 길을 갈 때가 오면 부모는 자신의 죽음을 떠올리게 된다.

그날 저녁 식사 이후 아내와 나는 많은 대화를 나누었다. 그 대화들의 변함없는 동력은 우리에게 있는 필멸의 한계에 대한 인식이었다. 우리는 자녀들의 미래는 물론이고 나 자신의 미래도 통제하지 못함을 알았다. 나이가 들고 죽어 가는 존재인 우리가 자녀를 낳겠다는 결정을 무한히 고민만 할 수는 없다는 것도 알았다. 나는 자녀가 없는 우리의 미래에 대한 다양한 시나리오를 생각해 보았지만, 그 시나리오들은 우리의 몸, 결혼, 세상의 빛과 소금이 되라는 소명과 동떨어진 것처럼 보였다.

그리고 우리는 자녀를 낳겠다는 결정이 궁극적으로 우리의 통제권 안에 있지 않음을 점차 알게 되었다. 물론 우리가 할 수 있는 일이 있었다. 우리는 자연가족계획법과 임신 가능 시기에 대해 배웠다. 그러나 임신 테스트 결과는 계속 음성이었다. 임신임을 알리는 선은 나타나지 않았다. 우리는 과하지 않은 불임 치료를 몇 가지 시작했지만 바라는 결과는 나오지 않았다.

그 과정에서 우리는 몇 년 과정으로 이루어진 입양 절차에 들어갔다. 아이를 얻으려는 방법인 동시에 우리가 한 아이와 다른 가족에게 복이 될 수 있기를 바라는 마음에서 시작한 일이었다. 아이러니하게도, 딸 네티를 입양하고 불임 치료를 중단한 후 아내는 마침내 임신 테스트에서 양성 결과를 얻었다. 아내는 아들 너새니얼을 낳았다(하지만 주님이 태를 채우시는 구약성경 이야기들을 생각하면 이것은 전혀 아이러니가 아닐지도 모른다). 입양과 임신 과정에서 우리가 필멸의 한계를 인정한 것은 기쁨과 상처에 마음을 열어 헌신을 약속한다는 의미였다. 우리는 언제까지나 이 아이들의 아버지, 어머니일 것이기 때문이었다.

여기서 요점은 우리의 필멸성에 직면한 우리 부부가 자손을 통해 삶을 이어 가고 싶었다는 것이 아니다. 우리는 계속 살아간다는 생각이 망상임을 인정하고, 우리의 죽을 몸을 하나님께 바치라는 강한 권면 또는 초청을 받았다. 우리 부부는 아이들을 목사에게 데려가 세례를 받게 했다. 세례는 하나님의 언약적 약속의 증표다. 우리

아이들을 그리스도 안에만 있는 죽음에 관한 약속 그리고 새 생명의 약속에 맡긴 것이다. 우리는 아이들에게 세례를 줌으로써, 그들이 우리 소유가 아니라 무엇보다 아브라함과 사라의 주님, 약속된 성자 예수 그리스도(홀로 생명을 주실 수 있고 보존하실 수 있는 살아 계신 하나님)의 소유임을 인정했다.

아내와 나는 우리 아이들이 그리스도의 길을 따라가고 하나님 나라의 증인으로 살아가기를 간절히 바란다. 그러나 그 바람은 성령의 역사의 열매요, 그리스도와 함께 죽고 부활하는 세례의 드라마의 일부일 것이다. 일종의 '불멸'을 통해 생존을 이어 가기를 바라는 것은 아브라함과 사라, 동정녀 마리아가 불임의 태, 처녀의 태 안에 생명을 만들어 낼 수 있다고 생각하는 것만큼이나 터무니없는 일일 것이다. 새 생명을 주시겠다는 하나님의 약속만이 죽을 인간들에게 신뢰받을 자격이 있다. 하나님의 약속만이 우리가 소망을 두기에 합당하다.

이와 마찬가지로, 부모가 되든 아니든 우리는 생명을 주는 하나님의 새 창조를 우리 안에 이루는 일에 완전히 속수무책이다. 그 목표 앞에서 우리는 완전히 무능하고 무기력하다. 우리는 신뢰할 수 있고 소망할 수 있지만(지금 여기서 새 생명을 슬쩍 엿보기를 바랄 수 있지만), 우리 자신과 우리의 능력, 자연적 경로는 완전히 불임 상태다. 우리는 "주 예수여, 오시옵소서!"라고 기도하고 부르짖을 수 있다. 그러나 그분이 온전히 임하시도록 강제할 수는 없다. 우리는 그리스도의 성육신, 십자가, 부활의 기적을 신뢰한다. 그리고 그분의 왕권이 완성될 날을 바라본다. 그러나 우리의 믿음도, 신실함도 그 나라가 임하게 만들지는 못할 것이다.

스올에서 성전으로, 죽음에서 생명으로

이 책 앞부분에서 우리는 자신이 스올에 있음을 아는 이들이 어떻게 현실의 가장 중요한 측면과 이어지는지를 보았다. 바로 내 안에서는 생명을 발견할 수 없고, 구원을 이끌어 낼 수 없다는 사실이다. 스올이라는 절박한 장소에서 우리는 구원을 기대하면서 우상을 바라보는 쪽을 선택할 수도 있다. 의학을 구원자로 떠받들거나 정치적 영웅 또는 대의를 왕처럼 모시는 식으로 말이다. 입안에서 느껴지는 죽음의 텁텁한 맛을 털어 내려다가 자신의 신앙 행위를 왕의 자리까지 올릴 수도 있다. 마치 특정 공식에 따라 특정한 방식으로 기도하면 하나님이 우리를 구할 의무를 지게 되는 것처럼 말이다.

이런 우상들은 우리의 욕망과 바람을 반영하는 경향이 있다. 나는 이 책에서 우리가 이런 우상들에서 눈을 떼고 하나님의 거처인 하늘로 눈길을 돌리게 하려 애써 왔다. 나는 우리가 성전을 "사모"하다 "쇠약"해진 시편 기자와 함께해야 한다고 거듭 말해 왔다. 생명과 호흡은 스올이 아니라 성전에 있다. "주의 궁정에서의 한 날이 다른 곳에서의 천 날보다" 낫기 때문이다(시 84:2, 10). 그런데 내가 생략법을 써서 줄곧 천국에 대해 말했다고 할 수 있을까?

"천국"(하늘)이 무엇을 의미하는가에 달려 있다. 성경이 말하는 천국은 어떤 곳인가? 온 우주의 주인이 온전히 거하시는 곳이다. 우리 피조물과 관련된 천국은 어떤 곳인가? 그곳은 중심을 갖춘 거처다. 하나님의 약속에 따라, 구약성경의 이스라엘에게 땅의 중심은 예루살렘이고, 예루살렘의 중심은 성전이며, 성전의 중심은 지성소다. 그리고 지성소 안에서 하늘과 땅이 합쳐진다.

지금부터 좀 더 살펴보겠지만, 신약성경은 이런 맥락에서 예수님 그분이 지성소, 성전, 예루살렘이라고 주장한다. 예수님은 이 모든 것이 상징하는 것을 구현하신다. 그분이 바로 약속의 땅이시다. 이런 이유로, 기독교 신앙에서 "마지막 일들"인 종말의 핵심은 세계와 인류의 운명에 대한 일련의 기사 같은 예언이 아니다. 종말은 오직 한 사람, 예수 그리스도의 나타나심과 재림을 향한 소망이다. 예수 그리스도가 곧 종말이다. 그분이 다가올 기독교적 소망을 구현하신다.[9] 이것이 그리스도인의 삶의 목적이자 궁극적 소망이다. 십자가에 못 박히시고 부활하신 예수 그리스도, 지금 성령으로 우리와 연합하시는 그분이 보좌로 승천하셨다. 그분이 몸으로 우리에게 다시 오실 때 죽은 자들의 몸도 일어나 심판과 영광 가운데 그분을 만날 것이고, 하나님이 줄곧 의도하신 대로 하늘과 땅이 다시 조화롭게 합쳐질 것이다.

하지만 이 모든 것이 엉성하고 딴 세상 이야기처럼 들릴 수 있다. 그래서 나는 지금까지 천국이라는 말 대신 성경에서 하나님의 거처를 가리킬 때 흔히 쓰는 "성전"이라는 용어를 사용했다. 성전은 구체적이다. 성전은 몇 가지 형태가 있지만 다 특정한 구조와 형태를 갖추고 특정 시간에 특정 장소를 차지한다. 성전은 "천국은 어떤 곳일까?"라는 질문과는 다른 생각의 출발점을 제공한다. 하지만 내가 아이들에게 천국에 대해 물어보기를 좋아한다는 것은 인정해야겠다.

한 아이는 내가 유제품을 소화하지 못한다는 사실을 알고 나서 이렇게 말했다. "천국에서는 목사님이 아이스크림을 먹을 수 있을 거예요. 원하는 만큼 많이요."

"천국에는 숙제가 없을 거예요. 집안일도 없을 거예요!"

"우리 학교 여자아이 한 명이 죽었어요. 천국에서는 사람들이 더 이상 죽지 않을 거예요."

아이들은 주위 어른들이 노골적으로 드러내진 않지만 당연하게 여기는 천국에 대한 생각을 반영하여 천국을 구체적으로 말하곤 한다.

성경에 나오는 하나님의 거처도 구체적이다. 비현실적이지 않고 물질적이며, 그 안에는 여러 상징과 냄새와 특정한 목적을 위한 공간이 가득하다. 하지만 이 땅의 성전은 다가올 천국과는 다르다. 성전은 주님의 온전한 거처가 아니라 인간의 약함에 맞추어 조성된 공간이다. 하나님은 모세에게 그분이 알려 주신 본(히브리서 8장 5절은 이것을 "하늘에 있는" 장막의 "모형과 그림자"라고 부른다)을 따라 성막을 지으라고 지시하셨다(출 26:30). 하지만 몸을 지닌 피조물인 우리가 하나님의 거처를 갈망하는 것이 무엇을 의미하는지와 예수님이 성전의 실체라는 것이 왜 중요한지 알고자 한다면, 구약성경에 나온 성전 자체의 특성과 구조를 다시 살펴보는 작업은 가치 있는 투자가 될 것이다.

성막과 성전, 하나님의 거처

시편 기자들은 여러 나라에 아름다워 보이는 "은금"으로 만든 신들이 있는 것을 지적한다. 이 신들은 "우상"이다. "입이 있어도 말하지 못하며 눈이 있어도 보지 못하며 귀가 있어도 듣지 못하며 그들의 입에는 아무 호흡도 없"다(시 135:15-17). 시편 기자의 선포에 따르면, 이스라엘의 하나님은 "하늘에 계셔서 원하시는 모든 것을 행하"신다. 이와 비교할 때, 여러 "우상들은 은과 금"으로 "사람이 손으로 만든 것"에 불과하다(시 115:3-4).

언뜻 우리는 참된 주님은 반대로 모든 은과 금을 멀리하실 것이라 생각할 수 있다. 그러나 사실 주님은 시내산에서 모세를 통해 이스라엘에게 성소를 만들 때 금과 은, 보석을 쓰라고 지시하신다. 이것은 "내가〔주님이〕 그들 중에 거할 성소를 그들이 나를〔주님을〕 위하여 짓"도록 주님이 내리신 명령의 구체적인 내용이다(출 25:8). 실제로, 출애굽기에서 주님은 이동식 "거처"인 성막의 다양한 공간을 아주 자세히 설명하시고, 그 공간들은 이후 예루살렘의 고정식 성전에도 그대로 적용된다.

성막 바깥뜰에는 지붕이 없었고 정결 예식을 위한 물이 담긴 놋대야와 번제를 위한 제단이 있었다. 두 공간으로 이루어진 안뜰은 천막으로 덮여 있었는데, 모두 제사장만 들어갈 수 있었다. 첫째 공간은 성소로, 진설병을 두는 떡 상, 금촛대가 있었다. 안뜰 두 번째 공간은 성막의 중심이었고 커다란 휘장으로 가려져 있었다. 그곳은 언약궤가 있는 지성소였다.[10] 지성소에는 대제사장만 1년에 한 번, 대속죄일에 들어갈 수 있었다. 대제사장은 주님의 임재 앞에 들어가기 전 여러 날에 걸쳐 정결 의식을 치렀고, 옷에 방울을 달고 들어갔다. 방울 소리가 멈추면, 이스라엘 자손은 대제사장이 주님의 임재 앞에서 죽었다고 생각할 수 있었다.[11] 성경학자 샌드라 리히터가 진술한 대로, 지성소와 관련된 성막 구조와 의식은 "하나님이 여기 살아 계신다. 가까이 다가오는 모든 사람은 거룩해야 한다. …… 아니면 죽는다"라고 말하고 있다.[12]

하나님의 거처에 대한 이런 묘사는 우리에게 이상하게 느껴질 수 있다. 시편 기자는 하나님의 거처로 가고 싶다고 선언하지 않았던가? 그러나 하나님의 거처가 우리에게 거룩할 것을 요구하고 거룩하지 않으면 죽는다고 경고한다면, 그곳은 우리 같은 피조물을 위한 집이 아니라 하나님을 위한 집으로 훨씬 어울릴 것 같다.

성막의 중심인 지성소 안 이미지를 보면 우리의 불편함은 더욱 커진다. 지성소 휘장에는 그룹(케루빔)이 수놓아져 있고 지성소 내부에 있는 언약궤도 장식하고 있다. 주님이 이스라엘에게 설명하신 것을 보면, 그룹은 오동통한 천사가 아니라 고대 근동 이스라엘 주변에서 "신성한 공간의 수호자"로 알려진 무시무시한 피조물이다.[13] 그룹은 주님의 영광스러운 왕권을 가리키는 피조물로서 인간과 동물의 특성을 모두 지니고 있었다. 그룹들은 에덴동산(동산-성전, 주님이 피조물들과 함께 거하셨던 성소)의 경계도 섰다(창 3:24). 그리고 이제 그들은 성막 성소를 지켰다. 언약궤 위에는 여호와의 보좌의 전령인 그룹이 새겨져 있었다. 그것은 성막이 일종의 낙원임을 암시했다. 인간을 우선으로 한 거처가 아니라, 거룩하고 영광스러운 하나님의 거처라는 것이다. 성막은 불친절하게 보일 수 있지만, 에덴과 천국을 맛보게 해 주는 장소였다. 그리고 그곳은 인간들의 희망 충족을 위한 장소가 아니라, 주님의 거처였기에 주님의 백성에게 참된 생명, 즉 하나님의 생명도 맛보게 해 주었다.

하나님이 정하신 성전의 구체적 사실들은 몇몇 부분에서 우리를 불편하게 만들 수 있다. 왜 성전과 그곳 중심인 지성소는 그리로 들어가기 원하는 사람을 누구나 환영하지 않는가? 시편 기자는 모두가 환영받는 거처를 갈망하지 않았던가? 여기서 구약성경은 우리가 잘 모르는 연결 관계 두 가지를 잇는다. 바로 성전의 중심부 지성소 안에 있는, 주님의 보좌인 언약궤와 하나님이 시내산에서 모세에게 주신 언약의 율법이다. 존 레벤슨의 말을 빌리면, 성전은 일종의 낙원이기에, 불순종의 "오물"을 물리적인 성전으로 끌고 가는 자는 "낙원의 현존에서 얻을 수 있는 유익을 기대"할 수 없다.[14] 그러니 시내산과 시온산은 뗄 수 없이 이어져 있다.

또 우리는 성전에 거하시겠다는 주님의 선택이 그분이 특정 장소에 제한된다는 의미가 아닌지 우려할 수 있다. 하지만 구약성경은 그런 오해를 거듭거듭 반박한다. 이사야는 성전 환상에서 스랍이 "거룩하다 거룩하다 거룩하다 만군의 여호와여"라고 외치는 소리를 듣는다. 그리고 그들은 바로 이렇게 덧붙인다. "그의 영광이 온 땅에 충만하도다"(사 6:3). 성전 안에 주님이 임재하신다고 해서 다른 곳에서의 임재가 희석되진 않는다. 주님은 하늘과 땅이 함께 하도록 세상을 창조하셨다. 성전은 이 교통의 통로이고, 주님의 항구적 임재를 엿보게 하는 곳이며, 주님과 우주의 지속적인 교통을 맛보는 자리다.

예수님이 당대의 성전 관행을 비판하셨을 때 그 핵심에는 성전을 거처로 삼으시겠다는 하나님의 영광스러운 약속에 저항하는 인간의 불순종이 있었다. 물리적인 성막과 성전은 하나님이 정하신 장소요, 사랑의 교제를 위해 그분의 언약 백성에게 주신 선물이었다. 하지만 인간은 그런 물리적인 성전조차 하늘과 땅 사이의 통로로 쓰시겠다는 하나님의 목적과 다르게 쓸 수 있었다. 마태복음은 이 상황을 생생하게 묘사하고 있다. "예수께서 성전에 들어가사 성전 안에서 매매하는 모든 사람들을 내쫓으시며 돈 바꾸는 사람들의 상과 비둘기 파는 사람들의 의자를 둘러엎으시고 그들에게 이르시되 기록된 바 내 집은 기도하는 집이라 일컬음을 받으리라 하였거늘 너희는 강도의 소굴을 만드는도다 하시니라"(마 21:12-13).

요한복음에서 예수님은 상을 엎으신 후, 자신이 죽음과 부활 가운데 친히 성전이 될 거라고 담대하게 선언하신다. "이 성전을 헐라 내가 사흘 동안에 일으키리라"(요 2:19). 죄로 인한 소외와 죽음의 오염이 성육신과 십자가를 통해 완전히 해결된다. 인간의 죄(그로 인한 소외 및 반역) 때문에 대제사장을 제외한 그 누구도 지성소에 들어갈 수 없었다. 그러나 제사장이자 새 성전이신 그리스도 안에서 이 배제가 극복되었다. 예수님이 숨을 거두셨을 때 "성소 휘장이 위로부터 아래까지 찢어져 둘이 되"었다(마 27:51). 그 즉시, 물리적인 성전을 향한 하나님의 뜻이 이루어졌다. 그리고 그리스도의 몸이 하늘과 땅이 결합할 진정한 장소가 되면서 물리적인 성전은 그 역할을 다했다는 판단을 받았다.[15] 십자가에 못 박혀 죽었다가 부활하신 그리스도의 몸은 "모든 사람이" 지성소에 있는 "하나님의 임재 안으로 새롭고 담대하게 제한 없이 다가갈 수 있게" 한다.[16]

그래서 바울은, 하나님이 성전 안에서처럼 그리스도 안에 "모든 충만함을 머무르게 하시기를 기뻐하"셨고 "그분의 십자가의 피로 평화를 이루셔서, 그분으로 말미암아 만물을, 곧 땅에 있는 것들이나 하늘에 있는 것들이나 다, 자기와 기꺼이 화해시"키셨다고 말한다(골 1:19-20, 새번역). 정확히 예수 그리스도가 성전이시기에, 그분에 대한 소망은 온 우주적이다. 그분이 바로 지성소이시기에 그분의 속죄 제사는 화해를 만든다. 그리고 십자가에 못 박혀 죽었다가 부활하신 예수님이 하늘로 올라가셨기에, 우리는 하늘(천국)이 어떤 곳인지 약간의 실마리를 얻었다.

하늘은 하나님이 온전히 거하시는 곳이다. 하늘은 친히 지성소가 되신 예수님이 계시는 곳이다. 주기도문으로 아버지의 "나라가 임하시오며 뜻이 하늘에서 이루어진 것같이 땅에서도 이루어지이다"라고 청원할 때(마 6:10), 우리는 그 마지막 날을 바라며 기도하고 갈망하는 것이다. 자신의 몸으로 하늘과 땅을 이으시는 승천하신 주님이 다시 오셔서 이 땅에서 그분의 왕권을 완성하실 그 날을 말이다. 분명, 그분의 나라는 이미 오기 시작했고, 예수님은 말씀과 성령으로 지금도 임재하신다. 그러나 주기도문의 이 청원은 그 궁극적 성취를 갈망한다는 점에서 그리스도인의 탄식과 소망의 외침인 "주 예수여 오시옵소서!"와 다를 바 없다(계 22:20; 고전 16:22 참조).[17]

천국을 향한 체화된 소망

그럼 죽음 이후의 천국은 어떨까? 내세에 대한 기독교적 소망은 모세와 다윗에게 주신 성전 약속과 새로워진 미래의 성전을 고대했던 이사야, 에스겔 및 기타 선지자들의 환상을 기반으로 한다. 그 성전은 하늘과 땅을 결합시키고 거룩하신 하나님과 제멋대로지만 용서받은 백성을 화해시켜 창조의 원래 목적이 성취될 수 있게, 참으로 더욱 영광스러워지게 할 수 있다. 그래서 밧모섬의 요한은 그리스도의 영광스러운 재림을 말할 때 성전 이미지를 사용한다. "하나님의 집〔문자적으로, "장막"〕이 사람들 가운데 있다. 하나님이 그들과 함께 계실〔문자적으로, "장막을 치고 거하실"〕 것이요, 그들은 하나님의 백성이 될 것이다. 하나님이 친히 그들과 함께 계시고, 그들의 눈에서 모든 눈물을 닦아 주실 것이니, 다시는 죽음이 없고, 슬픔도 울부짖음도 고통도 없을 것이다. 이전 것들이 다 사라져 버렸기 때문이다"(계 21:3-4, 새번역).

최후의 기독교적 소망, 그리스도인의 삶의 목표는 생명 연장이나 자아실현이 아니라 하나님이 그분의 백성 가운데 "장막을 치고 거하시는" 것이다. 에덴동산에서처럼, 이스라엘 백성 사이에 계셨던 것처럼 말이다. 그분의 백성은 교회 안에서 성령으로 그리스도와 연합하여 내세에서 온전함을 완성하게 될 이들이다. 우리 자신만 놓고 보면 내세에 들어갈 권리도, 자격도 없다. 우리는 내세를 누릴 만한 자들이 아니다. 이 모든 것은 그저 선물이다.

하지만 선물이라고 표현하면 추상적으로 느껴질 수 있다. 그래서 나는 성경이 성전을 말할 때 언약적 약속을 구체적으로 제시하는 것이 참 좋다. 사회학자들은 많은 미국인의 내세관을 "착한 사람들은 죽어서 천국에 간다"라는 명제로 요약했다.[18] 이것이 적어도 우리에게는 논리적으로 보인다. 그러나 착한 사람들은 죽어서 천국에 간다는 가정은 이스라엘 백성을 밤에는 불기둥, 낮에는 구름 기둥으로 이끈 성막보다는 수학 공식과 비슷해 보인다. 어떤 착한 사람들이 죽어서 천국에 가게 되는지 컴퓨터가 계산할 수는 없을까?

아닌 게 아니라, 인기 있는 드라마 〈굿 플레이스〉(The Good Place)는 정확히 이런 식으로 가정하여 유쾌하게 이야기를 펼쳐 간다. 각 개인이 이 땅에서의 삶에서 점수를 획득하고 그 점수로 영원한 보상(좋은 곳) 또는 처벌(안 좋은 곳)을 받는 것이다.[19] 이런 시나리오에서 인간은 구출이 필요한 스올 구덩이에 빠져 있는 상태가 아니라 스스로를 만들어 가는 길에 있다. '다른 사람에게 폐를 끼치지 않고 기본적으로 착하게 살면, 우리가 받을 자격이 있는 것 즉 천국이라는 보상을 받을 것이다.'

그러나 신구약에 나온 성전 약속들은 이런 추상적인 관념과 달리 우리의 상상력을 끌어내고 갈망을 일깨우고 오감을 자극한다. 기독교적 소망은 하나님의 약속에만 근거한 선물이다. 하지만 그것은 추상적인 약속이 아니라 질감과 구체성을 가지고 우리에게 다가온다. 성전에서 흘러나오는 생명의 강과(겔 47:1-12) 첨벙이는 세례의 물, 모세가 시내산에서 받은 주님과 이웃을 사랑하라는 계명과 갈릴리 어느 산에서 예수님이 주신 "너희 원수를 사랑하며 너희를 박해하는 자를 위하여 기도하라"는 놀라운 명령(마 5:44), 유월절의 쓴 나물과 주님의 상에 오른 얼얼하고 달콤한 포도주, 춤추고 노래하며 다 함께 성전으로 나아감과(시 149:3) 하나님이 거하시는 백성인 교회 안 남녀노소 모두에게 "평화를 전하는" 기쁨. 손에 잡힐 듯한 이 모든 구체적인 방식으로, 우리는 내세의 소망을 맛보고 그 소망으로 빚어진다. 삼위일체 하나님과 얼굴과 얼굴을 맞대고 교제할 날을 기대하며 즐겁게 예배하면서.

필멸의 몸, 그분의 임재라는 보물을 담은 성전

최근에 나는 한 암 환자와 만나 커피를 마셨다. 그리스도 안에서 형제인 그는 과거에 자주 내게 위로를 구하곤 했다. 그러다 어느 날 암 진단을 받아 치료를 받게 되었다. 커피숍 카운터에서 테이블까지 겨우 3미터 정도 걸었는데도 그는 금방 숨이 찼다. 커피잔을 잡는 손도 떨렸다. 그러나 그 순간, 나는 여러 해 동안 보았던 그만의 특유의 미소를 다시금 보았다. 죽어 가고 말라 가는 그 형제의 몸도 그보다 40년 젊은 올림픽 선수 못지않게 성전이며 하나님의 거처였다.

이것은 참으로 기적이다. 신약성경에서 그리스도는 성전이시다. 그리고 몸과 영혼이 그리스도께 속한 사람들도 성전이다. 신자의 살과 피는 하나님의 거처가 된다. 바울은 고린도 교회 교인들에게 "너희 몸은 …… 성령의 전"이라고 말한다(고전 6:19). 그리고 교회, 곧 하나님이 아브라함, 모세, 다윗에게 주신 약속을 소망하는 불완전한 백성도 성전이다. 바울은 복수형 "너희"를 써서 고린도 교회 교인들에게 묻는다. "너희는 너희가 하나님의 성전인 것과 하나님의 성령이 너희 안에 계시는 것을 알지 못하느냐"(고전 3:16).

인간의 몸도, 함께 교제하는 몸들의 모임도 전능자의 거처가 될 수 있다는 사실이 그저 놀라울 뿐이다. 주님은 그분의 거처인 언약궤를 아름답고 무시무시한 그룹들을 조각하여 장식하도록 모세에게 세세하게 지시하셨다. 그런데 그리스도 안에서는 빛나는 금으로 만든 조형물 대신에 사람 몸의 형체와 모양이 주님의 거처 역할을 한다. 솔로몬 성전에는 "조각된 그룹, 사자, 야자나무, 화관으로 장식된 청동 기둥"이 있었다.[20] 주님은 이런 장식물 대신, 신자 개개인의 몸과 신자들 모임을 그분의 거처로 조각하시는데, 우리는 일상생활 속에서 그것을 기뻐했다가 어색해했다가 부끄러워하기를 반복한다.

탁월한 인체는 그 섬세하면서도 날렵한 실루엣으로 조각가들과 화가들을 매료시켜 왔다. 넓은 이마와 오똑 솟은 코부터 배설물을 배출하는 직장과 항문까지도. 우리 몸은 전쟁으로 상함을 입었든 운동으로 힘을 얻었든, 활기가 있든 녹초가 되었든, 주님의 성전이 될 수 있다.

우리 교회에서는 토요일에 나이 든 교인이 돌아가시어 주님께 맡겨지고 다음 날 주일에는 어린아이가 세례를 받으며 교회의 일원으로 환영받는 일이 자주 있다. 이것은 참으로 놀라운 일이다. 우주를 지으신 왕은 나이가 많든 적든 가리지 않고 사람 몸에 거하기로 선택하신다. "우리가 이 보배를 질그릇에 가졌으니 이는 심히 큰 능력은 하나님께 있고 우리에게 있지 아니함을 알게 하려 함이라"(고후 4:7). 물리적인 성전이 수 세기 동안 서 있는 일은 가능하다. 그에 반해, 우리 몸은 깨지기 쉬운 "질그릇"이다. 그러나 (인체처럼) 쇠퇴하는 성전은 거대한 건물보다 십자가에 못 박히신 왕을 알현하는 장소로 더 적합할 수 있다.

바울이 한 말을 들어 보자. "우리 살아 있는 자가 항상 예수를 위하여 죽음에 넘겨짐은 예수의 생명이 또한 우리 죽을 육체에 나타나게 하려 함이라"(고후 4:11). 바울에게 "넘겨짐"(또는 내맡겨짐)은 지속되는 박해를 의미하지만, 잘 부스러지는 이 질그릇 즉 우리 삶의 필멸성도 가리킨다. 장 칼뱅은 우리 죽을 몸의 아픔과 고통이 우리를 자극하여 "현세의 종결을 묵상"하게 하고 "죽음을 끊임없이 눈앞에 두게" 만들 수 있다고 말했다. 놀랍게도 "그리스도의 죽음이 생명의 문이" 되기에, 죽음을 맞닥뜨리는 필멸의 성전인 우리는 그리스도의 임재가 담길 그릇으로 적절하다. "이 세상에서 그분과 함께 죽는 것을 받아들인다면," 그때 우리는 "복된 부활" 안에서 "그분의 생명에 참여하게 될 것이다."[21] 왕이신 그리스도가 허물어지는 필멸의 성전들을 그분의 임재라는 보물이 거하는 장소로 사용하신다.

우리 몸이 성전이고, 교회 역시 성전이다. 참으로, 온 우주의 왕은 창조 세계 전체를 성소이자 성전으로 만드셨는데, 이것은 창세기 1장에 나온 에덴동산 장면이 전달하는 의미와도 동일하다. 그러나 또 다른 의미에서, 이 모든 것은 하나님이 온전히 거하시는 성전은 아니다. 광야에 있는 성막과 예루살렘 성전이 그렇듯, 이 성전들은 우리 소유가 아니고 하나님의 임재를 보장하지 못한다.

바울은 신자들에게 부도덕과 죄를 피하라고 촉구하면서 이렇게 썼다. "너희 몸은 너희가 하나님께로부터 받은 바 너희 가운데 계신 성령의 전인 줄을 알지 못하느냐 너희는 너희 자신의 것이 아니라 값으로 산 것이 되었으니 그런즉 너희 몸으로 하나님께 영광을 돌리라"(고전 6:19-20). 우리 몸은 하나님의 것이다. 그러므로 우리 몸을 감사의 제물로, 하나님의 거처로 그분께 돌려 드리자. 우리 몸은 나 자신의 것이 아니라 그리스도의 것이기 때문이다. "둘이 한 몸이 될" 것이라는 말처럼(막 10:8), 신자들은 예수 그리스도와 연합하여 그분과 "한 영"이 되었다(고전 6:17). "성전"이라고 해서 하나님이 우리 소유가 된다는 말은 아니다. 오히려 이 말은 내가 내 소유가 아님을 기억하게 한다.

물론, 이것은 문제가 된다.

하나님의 거처인 성전 중심부에 있을 수 있는 사람의 상태는 둘 중 하나다. 거룩하든지 죽었든지. 나는 어느 쪽도 아니다. 하나님의 백성인 교회도 마찬가지다. 선하지만 부패한 창조 세계인 우주도 그렇다.

시편 기자는 시온산의 성전을 두고 이렇게 묻는다.

> 여호와의 산에 오를 자가 누구며 그의 거룩한 곳에 설 자가 누구인가 곧 손이 깨끗하며 마음이 청결〔한〕 …… 자로다.
>
> 시편 24편 3-4절

우리가 90세 불임 부부의 태에 건강한 아기가 들어서게 할 수 없는 것처럼 우리 힘으로는 지성소에 들어갈 수 없다. 처녀가 아들을 낳을 수 없는 것처럼 우리는 온전해진 성전으로 들어갈 수 없다.

우주, 하나님의 백성, 한 사람. 하나님이 성전으로 의도하신 이 모두는 뒤흔들릴 필요가 있다.

미국인의 종교적 신념에 대한 조사를 보면, 내세를 믿는 사람의 비율은 높지만, 하나님의 심판에 대해 물으면 믿는 사람 수가 뚝 떨어진다. 미국 그리스도인의 확고한 다수는 그리스도가 "살아 있는 자와 죽은 자를 심판"하러 오신다는 사도신경과 신약성경의 가르침대로 하나님의 심판이 진리임을 인정한다(딤후 4:1). 그런데 우리는 이 심판을 개인적인 관점에서 생각하는 경향이 있다. 이런 경향은 우리가 내세에 대해 말하는 방식과 내세가 할머니, 우리 이웃, 우리가 아는 죽은 사람들에게 의미하는 바를 말하는 방식에서 드러난다. 성경이 심판을 말할 때는 분명히 개인도 포함된다. 그러나 개인은 심판의 중심이 아니다. 가장 기본적인 차원에서, 하나님은 우주적인 범위에서 심판하신다.

헨델의 〈메시아〉(Messiah)는 이런 상황을 제대로 드러낸다. 합창단은 많은 이들에게 친숙하면서도 즐거운 곡조로 이사야가 예언한 다가올 신의 현현을 노래한다. "여호와의 영광이 나타나고 모든 육체가 그것을 함께 보리라 이는 여호와의 입이 말씀하셨느니라"(사 40:5). 그리고 바로 이어서 대부분 덜 친숙한 학개 말씀 내용으로 베이스 레치타티보〔대사를 노래하듯 말하는 형식-옮긴이〕가 나온다.

> 만군의 여호와가 이렇게 말한다. 이제 조금 있으면 내가 다시 한 번 하늘과 땅과 바다와 육지를 뒤흔들 것이다. 또 내가 모든 민족들을 흔들 터인즉 모든 민족들의 바라는 바가 이르리니.
>
> 학개 2장 6-7절, KJV

베이스 솔리스트는 "흔들다"라는 가사로 거듭 돌아온다. 그는 한 음에서 다른 음으로 미끄러지듯 오르내리며 '진동하는' 목소리로 주님의 흔드심을 노래한다. 학개 선지자는 주님이 오실 날을 고대한다. 그분의 오심은 지진, 하늘과 땅의 흔들림, 모든 민족의 흔들림을 가져올 텐데, 이러한 진동은 주님이 그분의 성전으로 돌아오시기 위함이다(학 2:6-9). 주님의 오심과 주님의 심판(거룩하신 하나님의 임재에 부적합한 모든 것을 흔들어 떨쳐 냄)은 하나의 동일한 사건이다. 왕이신 하나님은 하늘과 땅을 흔드시고, 그분에게 속한 '성전-창조 세계' 안에 거하시려고 하늘과 땅을 자신의 소유로 되찾으신다.

학개에서 이 부분은 신의 현현(하나님이 나타나심)과 주님 오실 날을 모두 언급하는 구약성경의 수십 개 본문과 더불어 우주적 정화, 궁극적으로는 성전 정화의 시간을 가리킨다. 신약성경에서 자주 등장하는 문구인 "주의 날"과 "마지막 날"도 이와 비슷하게 주님의 나타나심과 심판을 가리킨다. 하지만 신약성경에서 이것은 구약성경에서는 잘 언급되지 않는, 마지막 날의 부활과 분명하게 이어져 있다.[22] 물론 패턴은 충분히 선명하다. 마지막 날에 주 하나님이 돌아오셔서 땅을 흔들고 심판하여 정화하실 것이다. 그러면 하늘과 땅이 다시 입 맞추고 함께 모여 교제하게 되고, 주님은 그분의 백성과 함께 거하실 것이다.

요한계시록은 환상적이고 묵시록적인 언어로 이 심판을 묘사한다. "바벨론"은 주님께 패배하여 무너질 것이다. 바벨론은 "귀신의 처소[가] …… 되었"고 "땅의 왕들이 그와 더불어 음행하였으며 땅의 상인들도 그 사치의 세력으로 치부하였"기 때문이다(계 18:2-3). 집단적인 하강 나선을 그리는 탐욕스럽고 사악한 세력들이 펼치는 인간 반역이 이 세상 정사와 권세와 함께 정복될 것이다. 그리하여 한 천사가 이렇게 부르짖는다. "무너졌도다 무너졌도다 큰 성 바벨론이여"(계 18:2).

성전은 작은 낙원이었고 우주의 축소판이었으며 그리로 들어가는 사람들에게 정화를 요구했다. 이제, 거침없이 확장된 새 성전에서 요한은 우리에게 새 하늘과 새 땅은 “무엇이든지 속된 것이나 가증한 일 또는 거짓말하는 자는 결코 그리로 들어가지 못하되 오직 어린양의 생명책에 기록된 자들만 들어가리라”라고 말한다(계 21:27). 그 날, 창조 세계 자체가 정화될 것이다. 그리고 주님은 창조 세계에 다시 한 번 온전히 거하실 것이다.

많은 이들과 마찬가지로, 내게도 그리스도의 재림과 최후의 심판에 관한, 답을 모르는 질문들이 있다. 어쩌면 이 또한 예상할 법한 일일 것이다. 이 시대의 사법제도는 인간의 적대감과 죄에 대한 대응으로 나타났지만, 우리가 창조된 목적이 온전한 삶임을 생각하면 최선의 상황에서도 사법제도의 결과는 부분적이고 불완전하며 종종 불만족스럽다. 그리고 우리의 재판소는 예수님을 재판한 그때처럼 ‘정의’라는 용어 자체를 조롱하는 엉터리 판결을 내리기도 한다.

어쩌면 어떤 심판도 없는 내세를 소망하는 것이 한 가지 해결책이 될지도 모르겠다. 모든 사람이 모종의 ‘천국’에 간다면, 그것이 바로 심판 없는 내세가 되지 않을까? 이런 ‘천국’의 가설적 시나리오를 생각해 보자. 헤롯과 그가 살해한 유아들이 해변에 나란히 앉아 햇볕을 쬐며 시원한 음료수를 홀짝인다고 말이다. 이것이 심판 없는 내세의 삶일까? 아니다. 삶이 내세로 이어진다는 것 자체가 일종의 심판이다. 이 경우의 평화로운 공존은 헤롯에게 그의 끔찍한 악행을 상기시키며 "이것이 제대로 된 세상의 모습이다"라고 선언하는 심판일 수 있다. 또 한 가지 가능성은 이 '천국'이 헤롯의 악행에 대한 보응은 아니지만 모종의 사후 화해가 이루어질 수 있을 만큼 헤롯이 죽음 이후 철저한 변화를 겪는 곳이라는 것이다. 이 시나리오에도 역시 주님의 흔드심과 심판이 필요할 것이다. 사후 세계를 우리의 이 땅의 이야기와 연결시키는 모든 견해는 무엇이 지금 당장 참되고 아름답고 거짓되고 끔찍한 것인지에 대한 주장을 펼친다. 어떤 심판도 없는 내세는 가능하지 않다.

성경은 마지막 날, 왕이신 하나님이 그분의 선한 창조 세계를 부패시키고 왜곡한 악의 권세와 죄를 심판하신다고 내다본다. 창조 세계라는 성전이 하나님과 그분의 백성의 거처가 되려면 정화되어야 한다. 하지만 죄, 악의 권세, 심판을 거론하는 일은 서구 문화의 정서를 거스른다. 일상적 폭력이 진짜 현실이기보다는 먼 구경거리처럼 보일 수 있는 중산층 문화에서는 특히 그렇다. P. D. 제임스 소설에서 한 탐정은 현대인의 흔한 감정을 드러내며 이렇게 말한다. "죄, 고난, 심판을 강조하는 이 모든 말이 맘에 안 들어요. 만약 신이 있다면 그가 지적이고 유쾌하고 재미있으면 좋겠군요." 그 말에 그녀의 유대인 동료가 말한다. "사람들이 당신을 가스실로 몰아넣을 때 그런 신이 위로가 될지 의심스럽군요. 그보다는 복수의 신을 선호하게 될 겁니다."[23]

진노하지 않는 신은 악을 못 본 척하고 무력한 자들의 울부짖음에 귀를 닫는 신이다. 갱단이 지배하는 문화에서 자라면서 사랑하는 이들을 상당수 폭력으로 잃은 내 학생은 "하나님이 복수하시지 않는다면, 내가 복수하고 싶은 유혹을 받을 것"이라고 말했다. 하나님은 사랑의 신이기에 또한 거룩한 진노의 신이기도 하다. 참으로, 하나님의 심판은 그분이 사랑을 표현하는 방식이고 그분이 창조 세계와 언약적 교제를 나눌 또 다른 방편이다. 플레밍 러틀리지는 이렇게 비유했다. "유독한 오염 물질이 공기와 물에 배출되었다면 그 오염 물질이 영구히 제거되어야 한다. 그래야 하나님의 새 피조물들이 호흡하고 영생을 누릴 수 있다."[24]

그래도 내가 품는 의문들은 상당수 대답 없이 여전히 남아 있다. 나는 거울을 놓고 희미하게 바라본다. 그러나 성경적 소망이 말하는 아주 분명한 한 가지 측면이 있는데, 하나님의 최후 심판은 우리 손안에 있지 않다는 것이다. 내겐 심판할 능력(또는 자격)이 없다. 주님이 세상을 흔드시는 데는 내 승인 같은 건 필요 없다. 정치가들과 달리, 주님은 여론조사 결과를 토대로 계획을 진행하지 않으신다.

내 경우, 피조물로서의 한계와 치명적인 마지막을 숙고할수록 최후의 심판에 대한 내 대답 없는 질문들이 조금씩 편안해졌다. 세상의 상처는 깊고 복잡하며 다루기 힘들다. 나는 내가 이 아름답고도 끔찍한 세상에서 무엇을 흔들어 떨쳐 내야 하는지 결정하는 심판자가 아니라 일개 피조물임을 깨닫고 안도한다. 나는 시편 기자와 함께 우주가 뒤흔들리는 날을 고대할 수 있다. 심판자가 독재자가 아니라 자비로 임하시는 왕, 하나님이실 것이기 때문이다.

> 모든 나라 가운데서 이르기를 여호와께서 다스리시니 세계가 굳게 서고 흔들리지 않으리라 그가 만민을 공평하게 심판하시리라 할지로다 하늘은 기뻐하고 땅은 즐거워하며 바다와 거기에 충만한 것이 외치고 밭과 그 가운데에 있는 모든 것은 즐거워할지로다 그 때 숲의 모든 나무들이 여호와 앞에서 즐거이 노래하리니 그가 임하시되 땅을 심판하러 임하실 것임이라 그가 의로 세계를 심판하시며 그의 진실하심으로 백성을 심판하시리로다.
>
> 시편 96편 10-13절

창조 세계는 왕의 오심, 그분의 흔드심, 그분의 정결케 하심으로 기뻐하고 그분을 찬양할 것이다.

다시 오셔서 우주를 깨끗하게 하시고 다스리실 이 왕이 누구신가? 바로 십자가에 못 박혀 죽으셨다가 부활하신 예수 그리스도시다. 그분은 주(主)요, 육신으로는 우리의 형제시다. 그분 안에서 우리는 생명과 미래를 발견한다. 바울은 이렇게 묻는다. “누가 정죄하리요 죽으실 뿐 아니라 다시 살아나신 이는 그리스도 예수시니 그는 하나님 우편에 계신 자요 우리를 위하여 간구하시는 자시니라”(롬 8:34). 이 동일한 그리스도로 말미암아 하나님은 “그의 십자가의 피로 화평을 이루사 만물 곧 땅에 있는 것들이 …… 자기와 화목하게 되기를 기뻐하"셨다(골 1:20). 마지막 날에 하늘이 기뻐하고 땅이 즐거워하고 숲의 나무들이 즐거이 노래할 것이다.

그리스도로 옷 입기

이 거대한 우주적 흔들림의 맥락에서, 한 사람의 삶과 죽음은 어떤 의미가 있을까? 내세에 접근할 때, 우리는 데이비드 포스터 월리스가 비판한 망상에 쉽사리 빠질 수 있다. "내가 우주의 절대적 중심이고, 존재하는 가장 실질적이고 가장 생생하며 중요한 사람"이라는 망상 말이다. 그러나 주의 날, 하나님의 심판, 회복, 완성의 날에 대한 이 우주적 전망은 우리의 자기중심적 전망을 몰아낸다. 매일 전 세계에서 수천 명의 사람이 죽는다. 문화, 신조, 시대를 막론하고, 인간에게 죽음보다 더 예측 가능한 일이 무엇이겠는가? 광활한 우주에서 내 죽음은 대양에 떨어지는 한 방울의 비와도 같을 것이다. 작디작고 확실히 예상되는 일이요, 세상을 바꾸는 것과는 웃음이 나올 만큼 거리가 먼 일이 아닌가.

하지만 광대한 하나님의 언약적 약속은 창조 세계 전체를 위한 것인 동시에, 그 소망은 죽어 가는 개인의 이야기에도 적용된다. 나는 죽음을 앞둔 한 친구의 침상 옆에 서 있었던 적이 있다. 그 친구는 아버지가 돌아가시기 직전 아버지에게 뱉었던 성난 말로 괴로워했다. 수십 년 전 일이다. 그러나 내 친구는 자신이 용서받을 수 있을지 계속해서 염려했다. "난 그 일을 바로잡을 수 없어!" 그는 내게 울부짖었다. 그의 아버지는 떠나고 없었다. 그래서 그는 아버지와 화해할 수도 없었다. 아버지에게서 용서한다는 말을 들을 수 없었다. 그는 자신이 "창조주를 만날" 준비가 되지 않았다고 염려했다.

사도 바울은 감옥에서 빌립보 교회 교인들에게 아주 인간미 넘치는 편지 한 통을 썼다. 마틴 루터 킹 2세나 데즈먼드 투투를 비롯해 감옥에서 편지를 쓴 다른 이들과 마찬가지로, 그의 마음에는 허세가 없었고 해야 할 말을 똑바로 하도록 벼려져 있었다. 편지 서두에서 바울은 그리스도가 재림하시는 다가올 주의 날에 우리가 "진실하여 허물 없"기를 기도한다(빌 1:10). 하지만 바울은 자신 역시 심판을 스스로 감당할 수 있는 "진실하여 허물 없"는 주님의 성전이 아니라는 것을 안다. 그는 자기 방식으로 의로워지려는 노력을 "오물"로, 문자 그대로 옮기면 "쓰레기" 또는 "배설물, 거름"으로까지 여긴다(빌 3:8).[25]

그는 그리스도 안에서 자신의 정체성을 발견하기에, 그의 소망은 "그리스도를 얻고 그 안에서 발견되"는 것이었다. "내가 가진 의는 율법에서 난 것이 아니요 오직 그리스도를 믿음으로 말미암은 것이니 곧 믿음으로 하나님께로부터 난 의라"(빌 3:8-9).

죽어 가는 내 친구는 용서와 새 생명을 갈망했다. 그가 갈망한 것은 궁극적으로 죽을 인간이 혼자 힘으로 얻을 수 없는 것이었다. 바울은 성전이시고 자기를 희생 제물로 바치는 제사장이시고 참된 왕이신 그리스도를 신뢰했기에, 그의 죽음은 그리스도의 왕 되심을 증언할 기회가 되었다. "지금도 전과 같이 온전히 담대하여 살든지 죽든지 내 몸에서 그리스도가 존귀하게 되게 하려 하나니 이는 내게 사는 것이 그리스도니 죽는 것도 유익함이라"(빌 1:20-21). 하나님의 거처이신 그리스도가 바울을 너무나 깊이 소유하셨기에 사는 것도 죽는 것도 하나님과 함께하는 삶, 그리스도와 함께하는 삶이 될 정도가 되었다. 참으로, 그리스도가 재림하시는 마지막 날에 그분은 "우리의 낮은 몸을 자기 영광의 몸의 형체와 같이 변하게 하"실 것이다(빌 3:21). 그 때 우리 몸은 성전의 임재에 푹 잠기고 성령으로 속속들이 생기를 얻을 것이다.

바울은 그의 서신 곳곳에서 자신이 소망하는 의와 새 생명은 자신의 능력을 완전히 벗어난 것들이라고 선언한다. 그는 완전한 성소이자 희생 제물이신 그리스도께만 소망을 둔다. 그는 그분과 세례로, 믿음으로, 성찬의 실천으로 연합되어 있다.[26] 바울은 신자들이 믿음으로 의롭다 함을 받는다(의롭다고 선언된다)고 가르친다. "너희가 다 믿음으로 말미암아 그리스도 예수 안에서 하나님의 아들이 되었으니 누구든지 그리스도와 합하기 위하여 세례를 받은 자는 그리스도로 옷 입었느니라"(갈 3:26-27).

그리스도로 옷 입고 하나님의 집에서 의롭다고 선언받았기에, 내 소망은 마지막 날, 심판의 자리까지 이어진다. 미래에 온전히 주어질 이 선물을 나는 성도의 교제 가운데 선포되고 성찬으로 주어지는 말씀 안에서 지금 일부나마 받는다. 이 선물은 그 자체를 넘어, 그리스도와 함께 고난받은 이들이 그분의 영광에도 참여하는 미래를 가리킨다. 부활하신 그리스도가 요한계시록에서 말씀하시는 대로, 심판 때에 그분은 "그 이름을 내 아버지 앞과 그의 천사들 앞에서 시인하"실 것이다. 즉, 그분은 의의 옷을 입은 이들, 생명책에 이름이 기록된 이들의 이름을 시인하실 것이다(계 3:5).

내 목소리는 힘이 없다. "면류관 가지고 보좌의 어린양께 드리세"라고 천둥처럼 우렁찬 화음으로 울려 퍼질 천상의 합창은 내 목소리가 없어도 무방할 것이다. 그러나 나는 이 작은 목소리라도 그 찬양에 합류할 수 있다는 소망을 품게 되었다. 그리스도인의 삶을 규정하는 것은 내가 그리스도의 소유라는 사실과 그분만을 통해 들어가는 미래에 속했다는 사실이기 때문이다.

망각을 기대하는가, 하나님을 기대하는가

일상의 삶에서 하나님이 종말에 우리 삶의 드라마에서 중심이 되실 거라고 기대하고 있는가? 이 종말이 실질적 방식으로 우리에게 이미 닥쳤다는 인식을 하고 사는가? 어떤 의미에서 우리는 모두 욥과 같다. 우리는 관계, 소유, 사랑하는 것을 하나둘씩 빼앗기고 있다. 그 일이 시간이 지나면서 조금씩 이루어지거나, 욥처럼 큰 상실로 한꺼번에 이루어진다는 차이만 있을 뿐이다. 질병, 사고, 재난이

닥칠 때 우리는 많은 것을 잃는다. 건강과 관계와 부의 상실, 이 모두는 죽음을 통해서든 죽기 전이든 결국 찾아오기 마련이다. 조나단 에드워즈가 욥에 대한 설교에서 밝힌 대로, "세상의 좋은 것들은 아주 불안정하고 죽음이 오기 전에 끝날 때가 많다."[27]

그리고 에드워즈는 이렇게 묻는다. "만약 사람이 늙을 때까지 오래 살고 그런 사건들이 하나도 일어나지 않는다면 어떻게 될까?" 그래도 욥의 경험은 여전히 사실인 것 같다. 참으로, "사람이 세상 즐거움을 맛볼 수 있는 시기는 이생의 극히 일부일 뿐이다." 노화 자체가 몸을 쇠약하게 하고 우리의 많은 기쁨을 앗아 갈 것이다. 노화라는 경험은 더 오랜 기간에 걸쳐 보다 서서히 이루어질 뿐 이 또한 욥의 "추락"을 닮았다. 우리는 질병에 시달린다. 몸의 균형이 무너지고, 다리가 잘 안 움직인다. 달리기, 운전, 걷기를 포기한다. 더 이상 말을 하지 못한다. 먹을 수도 없다. 조금씩 죽음이라는 치욕이 사람을 점령한다.[28]

퓰리처상 수상 작가 필립 로스는 소설 《에브리맨》(*Everyman*)에서 이 과정을 세심하고 꼼꼼히 서술한다. 이름 없는 주인공 "그"는 현재의 순간을 즐기는 방식으로 살면서 마음 내키는 대로 여자를 만나고 이익만을 추구했다. 서른네 살에 그는 이렇게 생각한다. "망각에 대한 염려는 …… 일흔다섯 살에 가서 하면 돼! 궁극적 파국으로 괴로워하는 일은 그때 가서 해도 충분하다!"[29] 그는 자신이 종교를 냉정하게 거부한다는 것과 그런 자신이 죽음에 대해 감상적이지 않다는 사실에 뿌듯해한다. "그는 죽음과 신에 관한 야바위나 천국에 대한 낡은 공상을 받아들일 수 없었다. 실재하는 것은 몸뿐이었다. 우리보다 앞서 살고 죽은 몸들이 정한 조건에 따라 살고 죽기 위해 태어난 몸 말이다."[30]

하지만 나이가 들면서 그의 가정은 파탄 나서 가족이 서로 멀어지고 그가 거둔 성취도 희미해진다. 놀랍게도, 그는 자신이 욥처럼 황폐해지는 이야기 속에 있음을 발견한다. 자기 몸의 기량과 능력에 자부심을 느끼던 그였다. 그러나 그는 그 능력들을 서서히 잃었고 "만약에 자서전을 쓰게 된다면 제목을 '남성 육체의 삶과 죽음'으로 붙일 거라고" 생각하게 된다.[31]

참으로, 그는 자신이 죽음에 대해 스스로에게 정직했다(자신은 죽어 가는 몸에 불과하고 '망각'에 대한 생각은 일흔다섯에 가서 하면 된다)고 생각했지만, 정작 자신이 그와 다른 이야기를 받아들이고 있었음을 깨닫는다. "사람이 일단 삶을 맛보고 나면, 죽음은 전혀 자연스럽게 보이지 않기 때문입니다. 나는 삶이 끝없이 계속된다고 생각했지요. 내심 그렇게 확신했습니다."[32] 하지만 그는 마침내 노인이 되어 죽음과 마주하고 있었다. "그도 점점 쪼그라드는 과정에 있었다. 종말이 올 때까지 남아 있는 목적 없는 나날이 자신의 본질임을 알아차렸다. 목적 없는 낮, 불확실한 밤, 신체적 쇠약을 무력하게 견디는 일, 말기에 이른 슬픔, 아무것도 아닌 것을 기다리고 또 기다리는 일이 그에게 남은 전부였다. '결국 이렇게 되는 거야.' 그는 생각했다. '이 거야 미리 알 도리가 없는 거지.'"[33]

욥과 달리, 필립 로스의 소설 주인공 '그'는 하나님께 얼굴을 보여 달라고 간청하지도, 하나님이 나타나시기를 기대하지도 않는다. 죽음에 대한 기독교적 접근법과 죽음에 대한 사색을 다른 날로 계속해서 미루는 세속적 접근법의 차이는 풍부(기독교적 이야기)와 상실(사실상 불가지론적 이야기)이 아니다. 두 접근법 모두 신체적 상실과 세속적 상실을 담고 있다. 차이가 있다면 한쪽은 망각을 기대하고, 다른 쪽은 하나님을 기대한다는 것이다.

기독교적 소망은 하나님이 결국 비할 데 없는 왕이시기에 죄와 마귀, 죽음까지도 파괴될 것이라고 기대한다. 사도 바울이 부활을 다룬 위대한 장에서 말한 대로, 부활하신 그리스도는 그분의 재림 때 부활할 이들의 첫 열매로서, "하나님께서 모든 원수를 그리스도의 발아래에 두실 때까지, 그리스도께서 다스리셔야" 한다. "맨 마지막으로 멸망받을 원수는 죽음"이다. 그다음 모두가 삼위일체 하나님의 통치에 굴복하여 "하나님은 만유의 주님이 되실 것"이다(고전 15:25-28, 새번역). 하나님이 그리스도 안에서 나타나셔서 악의 권세를 최종적으로 무찌르실 것이다. 하나님의 왕적 통치는 마침내 이론의 여지가 없어질 것이고, 성전에서 누리는 것 같은 교제가 모든 몸, 예배하는 모든 입술, 하나님의 도성의 모든 분자를 관통할 것이다.

밧모섬의 요한은 이렇게 말한다. "이는 주 하나님 곧 전능하신 이와 및 어린양이 그 성전이"시기 때문이다(계 21:22). 그 날엔 어떤 건물 형태의 성전도 필요하지 않을 것이다. 온 우주가 주님의 성전이 될 것이다.

소망을 품고 찬양하며 기다리자

그 날에는 성전이 없을 것이다. 그러나 그 때까지는 우리 몸이라는 허물어지는 성전과 교회라는 불완전한 성전이 있어야 하고, 그것들을 우리 주인이신 주 예수 그리스도의 거처로 매일 힘써 새롭게 드려야 한다. 일상생활 가운데 우리는 스가랴와 많이 비슷하다. 그는 주님이 주신 선물에 감사하며 성전에서 주님을 예배하는 일에 헌신했다. 그와 아내에겐 "자녀가 없었다. 엘리사벳이 임신을 하지 못하는 여자이고, 두 사람은 다 나이가 많았기 때문이다"(눅 1:7, 새번역).

스가랴는 소망 안에서 힘을 얻으면서도 슬픔의 상처를 안은 채 주님의 임재를 구했고 성소 안, 그분이 임재하시는 곳으로 들어갔다. 거기서 주님은 천사를 통해 나타나셔서 그와 엘리사벳이 새 생명을 조금 맛보게 될 거라고, 아들을 얻게 될 거라고 말씀하셨다. 그리고 더 중요하게는, 그의 아들이 훨씬 더 큰 하나님의 현현인 구세주의 오심을 예비하게 될 거라고 말씀하셨다.

처음에 스가랴는 주님이 하신 이 말씀을 믿지 않았고 이 때문에 말을 하지 못하게 되었다. 그러나 엘리사벳의 태에 새 생명이 들어서 약속된 아들이 태어났을 때 스가랴는 입술이 열려 찬양을 불렀다. 그 찬양은 예언이기도 했다. 그 내용의 실현이 도래할 하나님 약속의 완성에 달려 있었기 때문이다.

> 찬송하리로다 주 이스라엘의 하나님이여 그 백성을 돌보사
> 속량하시며 우리를 위하여 구원의 뿔을 그 종 다윗의 집에
> 일으키셨으니.
> 누가복음 1장 68-69절

스가랴의 노래는 왕이신 구원자, 다윗의 후손에 대한 소망으로 절정에 이른다. 이 노래는 물리적인 성전의 아름답지만 한시적인 모습을 넘어, 아직 도래하지 않은 하나님의 나타나심을 가리킨다.

> 이는 우리 하나님의 긍휼로 인함이라 이로써 돋는 해가 위로부터
> 우리에게 임하여 어둠과 죽음의 그늘에 앉은 자에게 비치고 우리
> 발을 평강의 길로 인도하시리로다.
> 누가복음 1장 78-79절

하나님은 그리스도 안에서 우리 가운데 거하셨다. 그러나 우리는 스가랴와 더불어 "위로부터" 임할 "돋는 해"에 대한 소망을 품고 찬양하며 여전히 기다린다. 우리는 스올의 구덩이를 아는 이들이기 때문이다. 스가랴의 찬양에 반영된 시편 기자의 말을 보라. 우리는 "흑암

과 사망의 그늘에 앉으며 곤고와 쇠사슬에 매"였다(시 107:10).

우리는 아직 약속의 땅에 도착하지 않았고, 소외와 반역의 방해를 받지 않고 주님을 예배할 온전한 구원과 자유를 구하며 기도한다. 우리는 이렇게 부르짖는다. "주 예수여, 오시옵소서!"

마치는 기도

주님, 다시 우리를 찾아와 주옵소서. 주님만 불러오실 수 있는 그 나라가 임하게 하옵소서. 우리는 주님과 교제하며 씻음을 받고 공급을 받았사오니 우리의 무너지는 몸과 흠 많은 신자들을 주님의 성령으로 채우시사 새 생명을 주옵소서.

성령의 역사로 세상이 주님의 왕 되심, 주님의 희생하신 사랑, 주님의 거룩한 기쁨과 복 되심을 깨닫게 하옵소서. 우리는 주님의 피조물이며, 창조 세계의 경이와 호흡 하나하나, 우리가 맛보는 모든 교통과 교제에 감사를 드립니다.

그 마지막 날, "돋는 해가 위로부터 우리에게 임하"고(눅 1:78) 주의 "뜻이 하늘에서 이루어진 것같이 땅에서도 이루어지"는(마 6:10) 그 날까지, "우리를 사랑하시고 영원한 위로와 좋은 소망을 은혜로 주신 하나님 우리 아버지께서 …… 〔우리〕 마음을 위로하시고 모든 선한 일과 말에 굳건하게 하시기를" 빕니다(살후 2:16-17).

이 모든 것을 예수 그리스도의 이름으로 기도합니다. 아멘.

- 내세를 향한 우리의 소망은 내가 〈면류관 가지고〉(Crown Him with Many Crowns) 같은 찬송가를 부를 때 경험하는 것처럼 자신감으로 충만할 때도 있다. 하지만 일상을 살다 보면 그 소망이 뒷전으로 밀려나기도 한다. 각자의 일상의 경험을 생각해 보고, 기독교적 소망이 어떤 식으로 밀려나는지 말해 보자. 어떤 일들이 삶에서 소망을 자주 몰아내는가?

- 몸이 뜻대로 제 기능을 발휘하지 못했던 때를 생각해 보라. 그와 같은 경험은 우리가 죽을 존재답게 살아가는 데 어떻게 도움이 될까? 우리의 궁극적 소망을 생각할 때 그것이 중요한 이유는 무엇일까?

- 구약성경에서 불임의 태가 채워진 이야기들은 우리에게 부활의 소망에 대한 어떤 그림을 제시하는가? 이와 비슷하게, 하나님의 거처로서의 하늘(천국)에 대해 설명하는 성전의 특성에는 무엇이 있는가?

- 가능하다면 헨델의 〈메시아〉 음반을 구해 보라. 그중에서도 학개에서 인용한 "만군의 여호와가 이렇게 말한다"(Thus Saith the Lord)라는 대목을 찾아 들으면서 생각해 보라. 우주적 범위로 이루어지는 하나님의 흔드심과 심판에 대해 묵상할 때 이 곡이 당신 안에서 어떤 반응을 불러일으키는가?

▼ 많은 사람이 내세에 대한 믿음은 편안하게 여기지만 최후의 심판에 대한 믿음은 거북해한다. 반면, 큰 고난과 압제를 경험한 이들은 최후의 심판에 대한 소망이 현세의 복수욕을 이길 수 있는 유일한 방편이라고 느낀다. 당신은 최후의 심판을 어떻게 생각하는가? 최후의 심판이 불편하게 느껴진다면, 그 불편함을 어떻게 설명할 수 있을까? 최후의 우주적 심판이 세상에서의 사명과 증언의 삶에 어떤 영향을 줄 수 있을까?

▼ 책이 막바지에 다다른 지금, 영원하신 주님 앞에서 자신이 피조물이자 죽을 존재임을 인정하게 된 지금, 내세에 대한 당신의 소망은 무엇인가?

나오며

덧없는 이 땅,
작게 사는 법을
배우며

우리는 모두 죽을 존재다. 세상에 없어선 안 되는 존재가 아니다. 우리 삶은 언젠가 끝날 것이다. 하지만 진정한 기독교적 소망에 비추어 볼 때, 이런 현실을 일상에서 받아들이면 도리어 우리 목마른 영혼이 생기를 되찾고, 자기를 보존할 방법들에 연연하는 대신에 너그럽게 사랑할 자유를 얻게 된다. 필멸하는 우리의 한계를 매일 상기시키는 것들을 받아들이면 병적인 절망에 빠지는 것이 아니라, 하나님의 집이 될 본향을 고대하는 지상의 순례자("외국인과 나그네")로서 슬픔과 기쁨을 경험하는 자유를 누릴 수 있다(히 11:13).

이 세상은 소외와 죄의 그늘 아래 있지만 그래도 아름답고 선하다. 시인 제라드 맨리 홉킨스가 표현한 대로 "하나님의 장엄함으로 충전되어 있다." 숲속에서 키가 큰 나무들을 올려다보며 새소리를 들을 때, 모르는 사람을 만나 친구가 될 때, 하나님의 어린양께 함께 올려 드리는 찬양에 동참할 때, 우리 스스로는 만들 수 없었을 선과 사랑을 엿본다. 이 순례 길을 걸어가다 겪는 슬픔과 기쁨 속에서 우리는 두 손을 내밀며 섬기고 또 섬김을 받을 수 있다. 삶은 순전한 선물이다.

그러나 이런 우리 삶 역시 일시적이고 사라져 간다. 만물을 새롭게 하러 오시는 분을 통해 하늘과 땅이 하나가 될 때까지, 우리는 계속해서 시편 기자와 함께 이렇게 기도한다.

내게 알려 주십시오. 오, 여호와님, 내 끝을! 내 한평생이 얼마나 될지를. 알고 싶습니다, 내 삶이 얼마나 덧없는지를. 보십시오, 주님이 내 한평생을 손 너비만큼 되게 하시니 내 생애가 주님 앞에서는 없는 것 같습니다. 사람은 누구나 입김처럼 서 있을 뿐입니다.

시편 39편 4-5절, 새한글성경

우리의 한평생은 얼마나 될까? 영원하신 주님 앞에서 인생은 덧없고 몇 차례 입김에 불과하다는 한계를 안고서 우리는 어떻게 하루하루를 살아가야 할까?

한 가지 방법은 작게 사는 법을 배우는 것이다. 암 치료로 병원에 입원했을 때 나는 이런 생각을 했다. '와. 나는 작고 우주에 꼭 필요한 존재도 아니야. 그런데도 숨을 쉴 수 있으니 이 얼마나 큰 은혜인가!' 이런 생각과 이에 따라오는 감사하는 마음은 일상적인 몸의 통증과 고통을 경험할 때도 가끔씩 떠오른다. 발에서 따끔거리는 신경통이 느껴지고 날카로운 유리 파편 위에 서 있는 것 같으니 기분이 좋을 리가 없다. 통증을 밀쳐 내고 싸워서 쫓아내거나, 피해서 숨거나, 분노를 있는 대로 마음껏 쏟아 내고 싶어진다.

그러나 나는 점차 이 통증을 이상한 형태의 감사로 대하게 되었다. 통증을 '당장에는 무엇보다 중요해 보이는 내 목표'의 달성을 방해하는 장애물에 지나지 않는 것으로 인식하는 것이다. 통증은 내가 천천히 움직이게 해 주고, 내가 작고 미약한 존재이며 매 순간의 호흡이 선물임을 떠올려 주는 자비가 될 수 있다. 내게 어떤 삶이 주어지든, 그 삶을 살아가는 동안 주위 다른 사람들의 연대기적 수명보다 길든 짧든, 그것은 위로부터 내 스올의 구덩이로 내려오는 과분하면서도 영광스러운 빛이다.

이 책에 나온 여러 지점에서, 나는 이런 의미에서 작게 사는 일의 가치와 기쁨을 탐구했다. 어둠 속에, 스올의 구덩이 속에 갇혀 있을 때 우리는 구원자처럼 행동하지 않아도 된다. 우리 스스로는 빠져나갈 길을 만들지 못한다.

새롭게 눈을 뜨자. 우리에게 슈퍼 파워가 없다는 사실을 인정하자. 그리고 빛이 있는 쪽, 성전을 바라보자. 우리는 작다. 구원이 필요하다. 하지만 우리는 스올에서조차 혼자가 아니다. 빛이신 분이 어둠의 자리로 들어가는 길을 개척하셨고, 이미 그곳을 경험하셨다. 우리는 여전히 구덩이 속에 있지만 혼자가 아니며, 이 구덩이까지도 성전 교제의 환한 빛으로 뒤덮일 날을 기대할 수 있다.

구덩이에 갇혀 있는 느낌이 들지 않을 때도 있다. 삶이 분주하고 바삐 움직이면 그 소리에 묻혀 다른 소리가 들리지 않는다. 그런 날에는 전화기 전원을 끄고, 발걸음을 멈추고 발아래를 바라보자. 도토리를 주의 깊게 살피자. 그 거칠고 오돌토돌한 깍지에 드러난 아름다움을 보자. 하나를 집어서 매끈한 표면을 만져 보자. 거대한 참나무로 자라나는 무한한 잠재력의 경이로움을 느껴 보자. 이런 것들은 우리가 온전히 알아차리기 힘든 현실이다. 이런 것들은 우리 삶의 노래에 귀를 기울이지 않는다. 대신에 다른 노래, 창조주께 바치는 감사의 노래에 귀를 기울인다.

손으로 도토리를 매만지면서 이미 죽은 이들을 기억하자. 그들 중 상당수도 생전에 소소한 도토리가 주는 아름다움에 감탄했다. 자신이 크고 무적의 존재라도 된 것처럼 행동하기도 했다. 어떤 이들은 독재자를 영웅 삼아 떠받들었다. 의학이 죽음을 물리칠 수 있는 것처럼 의학을 절대적으로 믿은 이도 있었을 테고, 하나님이 생명 연장을 거듭 허락하실 거라는 자신의 믿음에 의지하기도 했을 것이다. 지금, 그들 모두는 죽었다. 그 사실 자체가 문제는 아니다. 세상은 여전히 이어진다. 우리는 늙어 가지만, 우주를 붙드시는 영원하신 주님은 변함이 없으시다.

이제는 사라진 그 필멸의 존재들도 어떤 순간에는 손에 쥔 도토리를 만지작거리다가 경외감에 사로잡혔다. 자신의 왜소함을 기억했다. 우리 가운데 있는 〔자연이라는〕 동산의 경이로움에서 기쁨을 맛보았다. 그들 중 일부는 내세의 동산-성전을 고대했다. 그곳에는 "수정같이 맑은 생명수의 강"이 "하나님과 및 어린양의 보좌로부터 나와서" 흐른다. 이 강 옆에는 "생명나무"가 있고 "그 나무 잎사귀들은 만국을 치료하기 위하여 있"다(계 22:1-2). 부디, 즐거워하고 감사하고 놀라워하자.

뉴스 머리기사를 보며 자신이 아무 힘도 없다고 느껴질 때는 작게 살자. 우리는 이 시대의 거대한 재앙을 바로잡을 수 없다. 이런 의미에서 우리는 무력하다. 그러나 작게 사는 존재로서 우리는 사회가 우리의 원수로 규정하는 이에게 환대를 베풀고 그와 친구가 될 수 있다. 가족과 친구를 여읜 연로한 교인들을 심방할 수 있다. 뜻밖의 죽음으로 가족을 잃고 충격에 시달리는 이들과 함께 탄식의 시편으로 기도할 수 있다. 죄책감의 부담이나 폭력의 고통으로 슬퍼하는 이웃에게 그리스도의 평화를 전할 수 있다. 우리는 작기에 작은 일을 한다. 빵 한 덩이를 건네자. 어서 찾아가자. 그리스도 안에 있는 소망을 전하자. 그 꺾이지 않는 소망은 탄식과 아픔을 견디며 즐거움과 웃음을 누리게 한다. 우리는 스올에서 다른 사람들을 만날 수 있고, 그들에게 구원자의 빛을 전할 수 있다. 그러나 구덩이를 없애지는 못한다. 우리는 우주의 통치자가 아니다. 세상에서 작은 일을 행할 때 이 사실이 주는 자유를 느끼자.

감사함으로 주고받는 작은 선물들은 우리 눈을 활짝 열어 더 온전한 그림을 보게 하고 시편 39편 말씀처럼 우리 날을 계수하도록 도울 수 있다. 시편 기자는 하나님의 영원이라는 넓고 광활한 지평에 견주어 짧은 호흡 같은 우리의 덧없는 삶을 보는데, 그 영원에 비하면 우리 삶은 아무것도 아닌 것처럼 보인다. 이 광대한 전망이 삶을 부정하는 것처럼 느껴질 수 있지만, 실제로는 생명을 안겨 준다. 이 전망은 우리의 움켜쥔 손을 풀어 하나님과 이웃을 향한 사랑이 흘러가게 한다.

우리 문화가 시행하는 예전(禮典)은 매일 수많은 방식으로 우리가 특정한 것들을 좋아하게 만들고, 우리 자신의 삶을 드높이고 스스로가 온전히 자신의 것인 양 행동하도록 가르친다. 소셜 미디어를 이끄는 알고리즘을 통해서든, 우리가 잘 의식조차 하지 못하는 실내 화장실과 자동차라는 대단한 특권을 누리는 과정에서든, 우리는 우리가 가장 중요한 존재라는 메시지를 받는다. 해야 할 일 목록, 휴대폰 화면 속 빛나는 영상들, 우리 자격에 걸맞게 인정받고 싶은 열망, 이 모든 것이 우리의 특별함을 증명한다는 것이다. 우리는 자신에겐 필멸의 한계가 적용되지 않는다고 착각한다.

그러나 시편 기자는 복된 소식을 전해 준다. 우리에게 있는 가장 강한 에너지를 일시적인 것들에 쏟는 것은 피조물로서 살아가는 삶의 참된 목적이 아니라는 것이다. 우리 목표와 애씀과 계획은 선하고 값진 수고일 수 있지만, 우리가 가장 깊은 애정을 거기에 쏟는다 해도 참된 번성에는 이르지 못할 것이다.

통찰력이 대단한 시편 주석가 피터 크레이기는 (시편 기자의 광각 렌즈에 따르면) 삶의 가치는 그 유한함에 비추어 이해해야 한다고 지적한다. 크레이기는 이렇게 썼다. “인생은 극도로 짧다. 그 의미를 찾으려 한다면 모든 생명의 수여자이신 하나님의 목적을 들여다보아야 한다.” 참으로, 우리 삶의 “한시성”을 인식하는 것은 “제멋대로 미쳐 돌아가는 세상에서 정신 차리고 순례자로 사는 일의 출발점”이다.[1] 이것은 크레이기가 1983년에 세 권으로 기획한 저명한 학술 주석 시리즈 1권에 쓴 내용이다. 2년 후, 그가 교통사고로 죽으면서 이 시리즈는 미완성으로 남겨졌고, 그때 그의 나이는 마흔일곱 살이었다.

크레이기는 그 자신과 가족이 예상한 것보다 빨리, 그가 추구하는 선하고 값진 목표를 완성하기도 전에 목숨을 잃었다. 하지만 그는 짧은 인생에서 영원이라는 놀라운 지평선의 존재를 증언했다. 그는 우리의 필멸의 한계를 받아들이는 것과 이 필멸의 몸을 생명의 주님께 바치는 일이 어떻게 연관되어 있는지 증언했다. 우리는 세상의 주인공이 아니며 많은 일을 할 수도 없다. 그러나 우리는 너그럽게 사랑할 수 있고, 생명의 근원이자 목적이신 분을 증언할 수 있다. 영원하신 주님, 알파와 오메가, 십자가에 못 박혀 죽으시고 부활하신 구세주는 우리 힘으로는 만들 수 없는 것을 성취하셨고, 이제 이리로 가져오실 것이다.

이 짧은 인생에서 우리는 무엇에, 누구에게 자신을 맡기는가? 이 시대의 전례 없는 기술혁신은 우리가 세상을 지배한다는 느낌이 들게 한다. 이 책에서 살펴본 것처럼, 죽어 가는 이들은 시설로 들어가 우리 시야에서 멀어져 있다. 혁신적인 의학 예언자들과 끝없는 의료적 선택지들은 해결 불가능한 고통과 죽음이라는 현실이 다른 사람들에게만 해당할 뿐 나와는 관련이 없다는 인상을 준다. 올바른 공식에 따라 기도하면 하나님이 건강과 재정적 번영을 약속하신다고 여기는 그리스도인도 점점 늘어나는 듯하다.

하지만 우리가 세상의 지배자요 무적의 존재라는 이런 의식과는 다른 흐름도 있다. 깊은 외로움을 토로하고, 소외감과 극도의 피로감을 호소하는 이들도 늘고 있는 것이다. 한 칼럼니스트는 대체로 개인을 삶의 중심에 두고 인간의 필멸의 한계를 주변적인 것으로 취급하는 우리 문화는 "기쁨에 반대하는 공모 세력"이 되었다고 진단한다.[2] 기쁨은 우리가 불멸의 존재인 양 사는 데서 찾을 수 없다. 우리 소원대로 모든 일이 이루어지는 우주에서도 찾을 수 없다.

기쁨은 우리가 일시적이고 부스러지기 쉬운 연약함을 인정하는 가운데서 자신을 내줄 때 나타난다. 그리스도인에게 기쁨은 "예수를 위하여 죽음에 넘겨"져서 "예수의 생명이 또한 우리 죽을 육체에 나타"날 때(고후 4:11) 받는 성령의 임재라는 선물을 즐거워하는 것이다. 필멸의 한계라는 상처를 마주하고, 살아 계신 주님 품에 뛰어들고, 우리 몸을 성전으로 하나님께 되돌려 드리고, 우리 생명이신 그리스도의 재림을 소망할 때 우리는 기쁨을 경험한다. 그분은 마지막 날에 오셔서 세상을 바로잡으실 것이다.

솟구치는 아드레날린과 정신 산만한 트윗이 지위를 향한 경쟁에서 승리의 조합을 이루는 듯 보이는 불안한 시대를 살지만, 우리에겐 복된 소식이 있다. 우리는 점점 빨라지는 심장박동을 가라앉히고 떨리는 손을 진정시킬 수 있다. 약속의 땅이 있으며 우리는 그 정결케 하시는 힘을 세례의 물로 느낄 수 있다. 우리는 성찬의 떡과 포도주를 통해 그 땅을 음미할 수 있다. 예배 시간에 선포되는 말씀 가운데서 그 메아리를 들을 수 있다. 젖과 꿀이 흐르는 땅이 있고, 우리는 그곳을 갈망할 수 있다.

약속의 땅, 시온의 성전이 정말로 우리에게 왔다. 주님의 거룩하고 자비로운 임재가 우리 가운데 있었다. 하늘과 땅이 예수 그리스도 안에서 결합했고, 그분은 친히 지성소가 되신다. 자신을 희생 제물로 드리고 우리 몸이 그분을 통해 하나님의 생명으로 들어가게 하신다.

자, 하나님이 입양하신 가족, 교회 안에 있는 형제자매들과 함께 그리스도와 나누는 교제의 달콤함을 맛보자. 우리 가운데 있는 창조 세계의 동산에서 즐거워하자.

그러나 우리가 아직 약속의 땅에 이르지 못했고, 우리의 집요한 노력으로는 그곳에 도달하지 못한다는 것을 기억하자. 우리가 지닌 위대한 유토피아적 계획들이 무너질 때 오히려 안도의 한숨을 내쉴 수 있다. 하나님 나라는 아직 온전히 임하지 않았고 우리는 그 나라를 불러올 수 없다. 우리는 도토리를 즐거워하고 그늘 속에서 잊힌 이웃을 사랑할 자유를 얻었다. 연약한 목소리를 높여 수많은 다른 이들과 더불어 힘차게 찬양을 부르도록 자유를 얻었다. 우리 목소리가 잦아들 때에도 그 노래는 계속될 것임을 믿고서 말이다.

나는 1년에 두서너 번, 아내와 아이들에게 자비로운 허락을 받고 며칠간 숲속 수도원에 들어간다. 휴대폰은 차에 남겨 둔 채로. 어차피 너무 외진 곳이라 휴대폰 신호도 잘 잡히지 않는다. 숲속을 걷다 보면 개구리와 귀뚜라미 소리가 들리고, 가끔은 풀 사이로 뱀이 지나가는 듯한 기척도 있다. 예배당에서 하루에도 몇 번씩 수도사들과 함께 시편으로 기도한다. 그늘이 길게 드리운 어두운 예배당에서는 작은 등불에 의지해야만 예배용 시편집의 활자가 보인다. 그러나 구름 한 점 없는 하늘 사이로 환하게 해가 솟은 날에는 높다란 창으로 햇빛이 그늘진 어둠을 뚫고 레이저 같은 광선을 비춘다.

예배당에서 우리는 시편에 나오는 분노와 기쁨, 감사와 복수, 고마움과 좌절하는 말들을 가지고 한목소리로 기도한다. 절절한 탄식이든 벅찬 찬양이든 시 한 편이 끝나면 모두 일어나서 살짝 고개를 숙이고는 다음 송영으로 기도한다. "성부 성자 성령께 찬송과 영광 돌려보내세. 태초로 지금까지, 또 영원무궁토록, 성삼위께 영광 영광."

예배당 바깥의 나무 없는 구역에는 묘지가 있다. 그리고 거기에 소박한 무덤 수십 개가 가지런히 있다. 무덤마다 수도사 이름과 생몰 연도가 새겨진 하얀 십자가가 있다. 나는 비교적 최근에 만들어진 무덤의 십자가 옆에 서서 그 수도사가 얼마 전까지만 해도 고작 몇 백 미터 떨어진 곳에서 시편으로 기도하며 삼위일체께 영광을 돌렸음을 생각했다. 기도할 때 그는 자신이 마지막 숨을 거둔 후 자신의 육신을 멀리까지 옮길 필요가 없다는 걸 알았을 것이다. 그러나 그에게 그보다 더 중요한 것은 자신의 목소리가 사라진 후에도 예배당 안에서 시편과 기도가 이어질 거라는 신뢰였으리라.

숲을 지나 예배당으로 돌아온 나는 깨달았다. 집으로 돌아가 다시 바쁜 삶을 산다 해도, 내 목소리가 이들과 함께하지 못해도, 이 시편과 찬양의 기도는 계속되리라는 것을. 내 목소리가 완전히 사라져도 이 송영이 계속 이어질 거라고 생각하니 움츠린 몸에 긴장이 풀리고 여유가 생겼다. 하지만 그때까지는 새와 나무와 나머지 창조 세계가 영원하신 주님께 바치는 위대한 경배의 노래에 동참하고 싶다. 나는 몸의 허약함과 쇠퇴가 내 인생의 마지막 척도가 아닐 것이라는 소망, 마지막 날에 내 새로워진 몸이 목소리를 높여 많은 무리와 함께 찬양의 노래를 부를 것이라는 소망을 안고 살아간다. 지금 나는 "생명이 그리스도와 함께 하나님 안에 감추어"진 사람으로서 노래한다(골 3:3). 생명이 감추어진 그 자리에서 나는 마지막을 고대한다.

> 우리 생명이신 그리스도께서 나타나실 그 때에 너희도 그와 함께 영광 중에 나타나리라.
> 골로새서 3장 4절

성부 성자 성령께 찬송과 영광 돌려보내세. 태초로 지금까지, 또 영원무궁토록, 성삼위께 영광 영광!

감사의 말

모든 호흡은 선물입니다. 이 책에 생명을 불어넣는 데 도움을 주신 분들의 통찰과 수고에 많은 빚을 졌습니다. 그분들께 감사를 드립니다.

집필을 위한 자료 조사 과정 초기에 트리니티복음주의신학교(Trinity Evangelical Divinity School)에서 죽음과 죽어 감에 대한 강연 초청을 해 주셔서 이 주제를 사회학적·신학적으로 탐구할 기회를 얻었습니다. 그러다 2016년 루이빌연구소(Louisville Institute)에서 연구 지원금을 받아 목사들과 학자들이 참여하는 "회중의 삶과 죽어 감: 의료화 시대에 부활의 소망 기르기"라는 제목으로 일련의 자유토론을 개최했습니다. 폭넓은 학자들이 이 대담에 참여하여 귀중한 기여를 했습니다만, 그중에서도 제 생각을 형성하는 데 특히 도움이 된 핵심 목회자 그룹 멤버인 앤 콘클린, 캐틀린 드브리스, 트레비스 엘스, 타일러 존슨, 필 레티비아, 노아와 크리스틴 리빙스턴을 따로 언급하고 싶습니다. 현대 교회의 중요한 사안에 대한 여러분의 통찰은 제 생각의 방향을 잡는 데 도움이 되었습니다. 또 여러분 가운데 상당수는 나중에 이 책의 원고를 읽고 의견도 제시해 주셨지요. 감사합니다!

저는 몇 년에 걸쳐 광범위하게 죽음과 죽어 감을 탐구한 후, 이 책에서 해당 주제를 펼쳐 나갈 전략을 세웠습니다. 그것은 의료적 돌봄과 생의 마지막뿐 아니라, 하나님이 그리스도인의 삶에서 사용하시는 현실인 '모든 그리스도인의 필멸성'에도 초점을 맞추는 것입니다. 이 전략을 펼치려니 관련 문헌에 나온 개념들을 표현하고 분석하는 통상적인 학술적 접근법을 넘어서야 했습니다. 제 목표는 죽음과 죽어 감의 서사적·사회학적·신학적 측면들을 보다 유기적 방식으로 엮어 내는 것이었습니다. 브라조스출판사(Brazos Press)는 이 과정에서 아리카 튤-밴덤과 팀 웨스트뿐 아니라 밥 호색과 짐 키니의 수고로 귀한 도움을 주었습니다.

각 장에 담긴 많은 원고를 읽은 학생들과 목회자들의 예리한 피드백이 없었다면 앞으로 나아가지 못했을 것입니다. 제이크 칩카, 앤 엘징가, 애나 에릭슨, 로스 훅스트라, 케이티 존슨, 네이선 롱필드, 캐시 넬슨-로갈스키, 사라 산체스-티머, 제임스 세텔릭, 브랜든과 스테파니 스미스에게 감사를 전합니다. 캐틀린 드브리스와 에밀리 홀러핸에게 특별히 감사를 드립니다. 두 사람은 엄청나게 중요한 의견을 피력해 주었고 대담 토의에 필수인 행정적 지원도 맡아 주었습니다.

감사를 전해야 할 동료 학자들과 작가들이 많습니다. 시카고신학이니셔티브(Chicago Theological Initiative)의 2016년 대담 토의에 저를 초청해 준 매튜 레버링과 데이비드 루이에게 감사합니다. 이 대담 토의는 죽음과 죽어 감에 대한 여러 기독교적 접근법에 초점을 맞추었습니다. 토의에 참여한 기라성 같은 역사가들과 신학자 그룹 덕분에 제 생각이 더욱 깊은 수준으로 들어설 수 있었습니다. 그분들에게 신세를 졌습니다.

이 책을 구성하는 다양한 장의 원고에 대해 유용한 의견을 들려준 마이클 앨런, 사라 아서, 수잔 맥도널드, 디나 톰슨에게도 고마움을 전합니다. 심리학 교수 대릴 반 탱그런은 제게 공포관리이론 내용을 소개해 주었고, 어니스트 베커의 놀라운 책 《죽음의 부정》을 대단하게 여긴다는 점에서 저와 뜻을 같이했습니다.

두 명의 성서학자의 결정적 통찰에 힘입어 '스올에서 성전으로'라는 이 책의 전반적인 흐름이 나왔습니다. 바로 제 아내 레이첼 빌링스와 그녀의 박사 학위 지도 교수였던 하버드대학교의 존 레벤슨입니다.

끝으로, 저와 수많은 대화를 나눈 암 환자 및 보호자께 감사를 드립니다. 그 대화들에서 자료 조사와 집필 과정 내내 지혜와 통찰을 얻었습니다. 여러분 모두를 허락하신 하나님께 감사합니다.

이 책을 부모님(톰 빌링스와 낸시 빌링스)께 바칩니다. 제 몸과 영혼에 두루 미치는 한결같은 사랑에 감사합니다. 두 분의 사랑에 힘입어 저는 삶뿐만 아니라 죽음도 준비할 수 있었습니다. 사랑합니다.

주

들어가며

1. Benedict, *The Rule of Saint Benedict*, trans. Leonard Doyle (Collegeville, MN: Liturgical Press, 2001), 35.
2. "SENS Research Foundation: Our Research," https://www.sens.org/our-research/.
3. Aubrey de Grey, "Aubrey de Grey, Fully Aubrey David Nicholas Jasper de Grey: Great Thoughts Treasury," http://www.greatthoughtstreasury.com/author/aubrey-de-grey-fully-aubrey-david-nicholas-jasper-de-grey. (2020년 4월 9일 검색)
4. Jonathan Edwards, *Letters and Personal Writings*, vol. 16 of *The Works of Jonathan Edwards*, ed. George S. Claghorn (New Haven: Yale University Press, 1998), 753.
5. 여기서 '말기'(terminal) 암이라는 말은, (뭔가 다른 방식으로 죽음이 찾아오지 않는다면) 죽음에 이르게 할 불치성 암을 의미한다. 나는 이런 의미에서 말기 암이다. '말기'라는 단어는 죽음이 몇 달 안 남은 질병을 가리키는 데 쓰이기도 한다. 그러나 감사하게도, 최근 치료들은 내 암의 진행 속도를 늦추는 데 도움이 되었다.
6. Nabih Bulos, "For Former U.S. Special Forces Operative Turned Aid Worker, a Dramatic Rescue in Mosul," *Los Angeles Times*, June 16, 2017, https://www.latimes.com/world/la-fg-iraq-mosul-eubank-20170616-story.html.
7. J. Todd Billings, *Rejoicing in Lament: Wrestling with Incurable Cancer and Life in Christ* (Grand Rapids: Brazos, 2015). 토드 빌링스, 《슬픔 중에 기뻐하다》(복있는사람 역간).
8. 양쪽에서 압박받는 정체성 안에서 나타나는 이런 상호 시달림에 대한 통찰력 있는 묘사로는 다음을 보라. James K. A. Smith, *How (Not) to Be Secular: Reading Charles Taylor* (Grand Rapids: Eerdmans, 2014), 3-17.
9. Charles Taylor, *A Secular Age* (Cambridge, MA: Belknap, 2007), 302.
10. Augustine, Sermon 52, in *The Cambridge Edition of Early Christian Writings*, vol. 1, God, ed. Andrew Radde-Gallwitz, trans. Mark DelCogliano (Cambridge: Cambridge University Press, 2017), 321.

11. Franciscus Junius, *A Treatise on True Theology with the Life of Franciscus Junius*, trans. David C. Noe (Grand Rapids: Reformation Heritage Books, 2014), 119-120.

12. *The 1979 Book of Common Prayer* (Oxford: Oxford University Press, 2005), 184.

13. Joel Osteen, *Your Best Life Now: 7 Steps to Living at Your Full Potential*, rev. and exp. ed. (New York: FaithWords, 2015). 조엘 오스틴, 《긍정의 힘》(긍정의힘 역간).

PART 1

1. '스올'에 오신 것을 환영합니다

1. Jon D. Levenson, *Resurrection and the Restoration of Israel: The Ultimate Victory of the God of Life* (New Haven: Yale University Press, 2008), 94-97.

2. Levenson, *Resurrection and the Restoration of Israel*, 95.

3. Sheryl Sandberg and Adam Grant, *Option B: Facing Adversity, Building Resilience, and Finding Joy* (New York: Knopf, 2017), 6. 셰릴 샌드버그, 애덤 그랜트, 《옵션 B》(라즈베리 역간).

4. Heidelberg Catechism, Question and Answer 44, in *Our Faith: Ecumenical Creeds, Reformed Confessions, and Other Resources* (Grand Rapids: Faith Alive Christian Resources, 2013), 83. 하이델베르크 교리문답은 이것을 사도신경의 "지옥 강하" 구절에 대한 해설로 삼고 있다. 이 구절을 그런 의미로 받아들이는 여부와 무관하게, 나는 그 해설이 십자가를 지는 그리스도 고난의 의미에 대한 심오한 성찰이라고 생각한다. 사도신경의 "지옥 강하"를 "죽은 자들에게 내려가심"으로 보는 통찰력 있는 해석으로는 다음 책을 추천한다. Matthew Y. Emerson, *"He Descended to the Dead": An Evangelical Theology of Holy Saturday* (Downers Grove, IL: IVP Academic, 2019).

5. Thomas Lynch, *The Undertaking: Life Studies from the Dismal Trade* (New York: Norton, 2009), 36. 토마스 린치, 《죽음을 묻는 자, 삶을 묻다》(테오리아 역간).

6. Atul Gawande, *Being Mortal: Medicine and What Matters in the End* (New York: Picador, 2017), 6. 아툴 가완디, 《어떻게 죽을 것인가》(부키 역간).

7. Ludwig Wittgenstein, *Tractatus Logico-Philosophicus*, trans. D. F. Pears and B. F. McGuinness (London: Routledge, 1961), 72. 루트비히 비트겐슈타인, 《논리철학론》(서광사 역간).

8. Douglas J. Moo and Jonathan A. Moo, *Creation Care: A Biblical Theology of the Natural World* (Grand Rapids: Zondervan Academic, 2018), 73-76. 더글러스 J. 무, 조너선 무, 《창조 세계 돌봄》(죠이북스 역간).

9. Charles Duhigg, *Smarter Faster Better: The Transformative Power of Real Productivity* (New York: Random House, 2017), 24. 찰스 두히그, 《1등의 습관》(알프레드 역간).

10. Duhigg, *Smarter Faster Better*, 20. 찰스 두히그, 《1등의 습관》(알프레드 역간).

11. C. S. Lewis, *A Grief Observed* (San Francisco: HarperOne, 2001), 3. C. S. 루이스, 《헤아려 본 슬픔》(홍성사 역간).

12. Joan Didion, *The Year of Magical Thinking* (New York: Vintage, 2007), 28. 조앤 디디온, 《상실》(시공사 역간).

13. Didion, *Year of Magical Thinking*, 30. 조앤 디디온, 《상실》(시공사 역간).

14. Geoffrey Gorer, *Death, Grief, and Mourning* (Garden City, NY: Doubleday, 1965), xiii.

15. Gorer, *Death, Grief, and Mourning*, quoted in Didion, *Year of Magical Thinking*, 60.

16. Emily Post, *Etiquette in Society, in Business, in Politics and at Home* (New York: Funk & Wagnalls, 1922), 388.

17. Christian Wiman, *My Bright Abyss: Meditation of a Modern Believer* (New York: Farrar, Straus & Giroux, 2014), 56.

18. Jonathan Haidt, *The Happiness Hypothesis: Finding Modern Truth in Ancient Wisdom* (New York: Basic Books, 2005), 82. 조너선 하이트, 《행복의 가설》(물푸레 역간).

19. Gawande, *Being Mortal*, 8. 아툴 가완디, 《어떻게 죽을 것인가》(부키 역간).

2. 죽음, 친구인가 원수인가

1. J. R. R. Tolkien, *The Silmarillion* (Boston: Houghton Mifflin Harcourt, 2012), xiv-xv. J. R. R. 톨킨, 《실마릴리온》(아르테 역간).

2. Ephraim Radner, *A Time to Keep: Theology, Mortality, and the Shape of a Human Life* (Waco: Baylor University Press, 2017), 128.

3. Radner, *Time to Keep*, 128.

4. John C. Cavadini, "Two Ancient Christian Views on Suffering and Death," in *Christian Dying: Witnesses from the Tradition*, ed. George Kalantzis and Matthew Levering (Eugene, OR: Cascade Books, 2018), 99. 나는 이 은유도 카바디니에게서 가져왔고, 그가 죽음에 대한 이레나이우스와 아우구스티누스의 생각을 통찰력 있게 비교한 내용도 내 설명의 기본적인 틀로 삼았다.

5. Irenaeus, *Against Heresies* 3.19.3. Kalantzis and Levering, *Christian Dying*, 102에서 재인용.

6. Irenaeus, *Against Heresies* 4.38.1. Kalantzis and Levering, *Christian Dying*, 100에서 재인용.

7. *The Martyrdom of Polycarp*, in *The Ante-Nicene Fathers: Translations of the Writings of the Fathers down to A.D. 325*, ed. Alexander Roberts and James Donaldson (Buffalo, 1887), 1:39-44의 기록을 따름.

8. Augustine, *Augustine: Earlier Writings*, ed. and trans. J. H. S. Burleigh (Louisville: Westminster John Knox, 1953), 58.
9. Augustine, *City of God* 13.15, trans. Henry Bettenson (New York: Penguin, 2004), 524. 아우구스티누스, 《하나님의 도성》(CH북스 역간).
10. Helmut Thielicke, *Death and Life* (Philadelphia: Fortress, 1970), 105(강조 추가).
11. Augustine, *City of God* 13.11, trans. Henry Bettenson (New York: Penguin, 2004), 520. 아우구스티누스, 《하나님의 도성》(CH북스 역간).
12. Augustine, *Confessions* 2.4, trans. R. S. Pine-Coffin (Harmondsworth, UK: Penguin, 1961), 47. 아우구스티누스, 《고백록》.
13. Augustine, *City of God* 13.15 (trans. Bettenson, 524). 아우구스티누스, 《하나님의 도성》(CH북스 역간).
14. Augustine, *Homilies on the Gospel of St. John* 36.4, in *The Nicene and PostNicene Fathers*, ed. Philip Schaff, trans. John Gibb and James Innes (Grand Rapids: Eerdmans, 1978), 7:209.
15. Augustine, *Homilies on the Gospel of St. John* 36.4, in The Nicene and PostNicene Fathers, 7:209.
16. Augustine, *Sermon* 317. Arthur A. Just Jr., ed., *Luke*, Ancient Christian Commentary on Scripture: New Testament 3 (Downers Grove, IL: InterVarsity, 2003), 361에서 재인용.
17. P. D. James, *A Certain Justice* (New York: Knopf, 1997), 247-248.

3. '죽을 존재'임을 부정하는 인간들

1. Thomas Dekker, *Four Birds of Noah's Ark: A Prayer Book from the Time of Shakespeare*, ed. Robert Hudson (Grand Rapids: Eerdmans, 2017), 150에서 인용.
2. Sander L. Koole, Tom Pyszczynski, and Sheldon Solomon, "The Cultural Animal: Twenty Years of Terror Management Theory and Research," in *Handbook of Experimental Existential Psychology*, ed. Jeff Greenberg, Sander L. Koole, and Tom Pyszczynski (New York: Guilford, 2004), 16.
3. Peter Brown, *Augustine of Hippo: A Biography* (Berkeley: University of California Press, 2013), 39. 피터 브라운, 《아우구스티누스》(새물결 역간).
4. John Calvin, *Commentary on the Psalms*, 1845-1849, trans. James Anderson (Edinburgh: Calvin Translation Society, 1847), 464.
5. Ernest Becker, *The Denial of Death* (New York: Free Press, 1997), 16. 어니스트 베커, 《죽음의 부정》(한빛비즈 역간).
6. Becker, *Denial of Death*, 17. 어니스트 베커, 《죽음의 부정》(한빛비즈 역간).

7. Becker, *Denial of Death*, xvii. 어니스트 베커, 《죽음의 부정》(한빛비즈 역간).

8. Becker, *Denial of Death*, 86. 어니스트 베커, 《죽음의 부정》(한빛비즈 역간).

9. Michael S. Roth, "Why Freud Still Haunts Us," World.edu, September 23, 2014, https://world.edu/why-freud-still-haunts-us/.

10. Becker, *Denial of Death*, 99. 어니스트 베커, 《죽음의 부정》(한빛비즈 역간).

11. Otto Rank, "Will Therapy" and "Truth and Reality" (New York: Knopf, 1968), 121-122, 155. Becker, *Denial of Death*, 100에 인용. 어니스트 베커, 《죽음의 부정》(한빛비즈 역간).

12. Gregory Zilboorg, *Psychoanalysis and Religion* (New York: Farrar, Straus and Cudahy, 1962), 255. Becker, *Denial of Death*, 122-123에 인용. 어니스트 베커, 《죽음의 부정》(한빛비즈 역간).

13. Koole, Pyszczynski, and Solomon, "Cultural Animal," 23.

14. Leonard L. Martin, W. Keith Campbell, and Christopher D. Henry, "The Road of Awakening: Mortality Acknowledgment as a Call to Authentic Living," in *Handbook of Experimental Existential Psychology*, ed. Jeff Greenberg, Sander L. Koole, and Tom Pyszczynski (New York: The Guilford Press, 2004), 436.

15. Becker, *Denial of Death*, 159. 어니스트 베커, 《죽음의 부정》(한빛비즈 역간).

16. Becker, *Denial of Death*, 182-188. 어니스트 베커, 《죽음의 부정》(한빛비즈 역간).

17. Becker, *Denial of Death*, 177-178. 어니스트 베커, 《죽음의 부정》(한빛비즈 역간).

18. Paul Kalanithi, *When Breath Becomes Air* (New York: Random House, 2016), 161-162. 폴 칼라니티, 《숨결이 바람이 될 때》(흐름출판 역간).

19. Becker, *Denial of Death*, 166. 어니스트 베커, 《죽음의 부정》(한빛비즈 역간).

20. 베커의 저작의 관점에 따라 이 주제가 어떻게 전개되었는지 궁금하다면 다음을 보라. Richard Beck, *The Slavery of Death* (Eugene, OR: Cascade Books, 2013), 44-58.

4. '현대 의학'이라는 생경한 행성을 탐사하며

1. Kate Bowler, "What to Say When You Meet the Angel of Death at a Party," *New York Times*, January 26, 2018, https://www.nytimes.com/2018/01/26/opinion/sunday/cancer-what-to-say.html.

2. National Center for Health Statistics, Vital Statistics of the United States, 1994, preprint of vol. 2, Mortality, part A, § 6 life tables, Centers for Disease Control and Prevention, March 1998, https://www.cdc.gov/nchs/data/lifetables/life94_2.pdf; "Uganda—Life Expectancy at Birth [1994]," Countryeconomy.com, https://countryeconomy.com/demography/life-expectancy/uganda?year=1994.

3. 이 대목은 1995년 내가 우간다에서 돌아온 지 얼마 후에 쓴 논픽션 에세이, "A Stumbling

Block"이라는 미출간 원고에서 가져왔다.

4. Ephraim Radner, "Whistling Past the Grave," *First Things*, November 2016, 39-44, https://www.firstthings.com/article/2016/11/whistling-past-the-grave. 나는 "보건의 대전환"이라는 문구를 래드너에게서 빌려왔다. 나는 이 기사와 그의 뛰어난 책 *A Time to Keep: Theology, Mortality, and the Shape of a Human Life* (Waco: Baylor University Press, 2017)에서 보여 준 그의 분석에 큰 빚을 졌다.
5. US Department of Health and Human Services에서 가져온 자료. 2017 Profile of Older Americans (Administration for Community Living and Administration on Aging, April 2018), 3, https://acl.gov/sites/default/files/Aging%20and%20Disability%20in%20America/2017OlderAmericansProfile.pdf를 보라.
6. John Calvin, *Treatises against the Anabaptists and against the Libertines*, trans. and ed. Benjamin Wirt Farley (Grand Rapids: Baker Academic, 2001), 322.
7. Mark Scarlata, *The Abiding Presence: A Theological Commentary on Exodus* (London: SCM, 2018), 190. 스칼라타가 지적하는 대로, 성막과 금송아지 우상의 근본적인 차이는 금송아지가 주님께 주도적으로, 자력으로 나아가려는 시도라는 데 있다.
8. Radner, *Time to Keep*, 25.
9. James K. A. Smith, *You Are What You Love: The Spiritual Power of Habit* (Grand Rapids: Brazos, 2016), 46. 제임스 K. A. 스미스, 《습관이 영성이다》(비아토르 역간).
10. Smith, *You Are What You Love*, 44, 강조 원문. 제임스 K. A. 스미스, 《습관이 영성이다》(비아토르 역간).
11. Smith, *You Are What You Love*, 46. 제임스 K. A. 스미스, 《습관이 영성이다》(비아토르 역간).
12. Radner, *Time to Keep*, 25.
13. 이 부분에 대해 보탤 말이 있다. 아주 유용한 저항의 예전을 제공하는 호스피스 병동이 많다는 것이다. 호스피스에서는 가족들이 죽어 가는 이들과 함께 있을 수 있도록 의료적 개입이 최소한으로 이루어진다. 환자가 죽은 후 가족들이 고인의 시신을 만지고 함께 시간을 보내도록 허용된다. 시신을 감염병처럼 취급하지 않는 것이다.
14. James K. A. Smith, "The Cultural Liturgy of Dying" (2016년 10월 13일, 미시간 주 홀랜드 소재 웨스턴신학교의 루이빌연구소가 후원하는 대담 토의 "Congregational Life and the Dying: Renewing Resurrection Hope in a Medical Age"에서 발표한 강의).
15. 이 부분에 대한 내 생각은 다음 책에 나오는 토마스 G. 롱(Thomas G. Long)의 예리한 분석에서 영향을 받았다. *The Christian Funeral: Accompany Them with Singing* (Louisville: Westminster John Knox, 2009). 토마스 G. 롱, 《기독교 장례: 찬송하며 동행하라》(CLC 역간).
16. Caitlin Doughty, *Smoke Gets in Your Eyes: And Other Lessons from the Crematory* (New York: Norton, 2015), 234. 케이틀린 도티, 《잘해 봐야 시체가 되겠지만》(반비 역간).
17. Atul Gawande, *Being Mortal: Medicine and What Matters in the End* (New York: Picador, 2017), 156. 아툴 가완디, 《어떻게 죽을 것인가》(부키 역간).

18. Gawande, *Being Mortal*, 9. 아툴 가완디, 《어떻게 죽을 것인가》(부키 역간).

19. Gawande, *Being Mortal*, 9. 아툴 가완디, 《어떻게 죽을 것인가》(부키 역간).

20. Martin Luther, *Luther's Works*, vol. 42, *Devotional Writings I*, ed. Helmut T. Lehmann and Martin O. Dietrich (Philadelphia: Fortress, 1969), 101-102.

21. Luther, *Luther's Works*, 42:99.

22. Martin Luther, "The Holy and Blessed Sacrament of Baptism, 1519," in *The Annotated Luther*, vol. 1, *The Roots of Reform*, ed. Timothy J. Wengert, trans. Dirk G. Lange (Minneapolis: Fortress, 2015), 209. David Luy, "Dying for the Last Time: Martin Luther on Christian Death," in *Christian Dying: Witnesses from the Tradition*, ed. George Kalantzis and Matthew Levering (Eugene, OR: Cascade Books, 2018), 158에서 인용. 이 부분의 루터에 대한 설명에서 나는 루이(Luy)의 통찰력 있는 에세이의 신세를 졌다.

23. Luy, "Dying for the Last Time," 142에서 인용.

24. Martin Luther, *Treatise on Good Works*, 1520, ed. Timothy J. Wengert, The Annotated Luther Study Edition (Minneapolis: Fortress, 2016), 156.

25. "자신의 죄를 고침받고 싶다면, 하나님에게서 물러나선 안 되고 그 어느 때보다 큰 확신을 갖고 하나님께 달려가야 한다. 그리고 육체의 질병에 갑자기 걸린 것처럼 하나님께 간청해야 한다." Luther, *Treatise on Good Works*, 313.

26. Luther, *Treatise on Good Works*, 328.

27. Kelly M. Kapic, "Faith, Hope and Love: A Theological Meditation on Suffering and Sanctification," in *Sanctification: Explorations in Theology and Practice*, ed. Kelly M. Kapic (Downers Grove, IL: IVP Academic, 2014), 220. 이 부분의 루터에 대한 내 설명은 카픽의 탁월한 논문을 활용했다.

28. Kapic, "Faith, Hope and Love," 228에 실린 루터의 "Fourteen Consolations"에서 인용.

PART 2

5. 그리스도인의 삶에서 '번영'이란 무엇인가

1. Jim Bakker, *Eight Keys to Success* (Charlotte: PTL Television Network, 1980), 30.

2. 이 대목에서 나는 Rankin Wilbourne과 Brian Gregor의 탁월한 책 *The Cross before Me: Reimagining the Way to the Good Life* (Colorado Springs: David C. Cook, 2019), 28의 논지를 달리 표현한 것이다.

3. Gerard A. Silvestri et al., "Importance of Faith on Medical Decisions regarding Cancer Care," *Journal of Clinical Oncology* 21, no. 7 (April 1, 2003): 1379-1382.

4. Tracy A. Balboni et al., "Religiousness and Spiritual Support among Advanced

Cancer Patients and Associations with End-of-Life Treatment Preferences and Quality of Life," *Journal of Clinical Oncology* 25, no. 5 (February 10, 2007): 555-560.

5. Lee Caplan et al., "Religiosity after a Diagnosis of Cancer among Older Adults," *Journal of Religion, Spirituality and Aging* 26, no. 4 (January 1, 2014): 357-369.

6. Clay Routledge, *Supernatural: Death, Meaning, and the Power of the Invisible World* (New York: Oxford University Press, 2018), 123-146.

7. Christian Wiman, *My Bright Abyss: Meditation of a Modern Believer* (New York: Farrar, Straus & Giroux, 2014), 143에 인용.

8. Atul Gawande, *Being Mortal: Medicine and What Matters in the End* (New York: Picador, 2017), 174. 아툴 가완디, 《어떻게 죽을 것인가》(부키 역간).

9. Gawande, *Being Mortal*, 171-172. 아툴 가완디, 《어떻게 죽을 것인가》(부키 역간).

10. Holly Prigerson et al., "Religious Coping and Use of Intensive Life-Prolonging Care Near Death in Patients with Advanced Cancer," *Journal of the American Medical Association* 301, no. 11 (March 18, 2009): 1140-1147. "Our study sample was predominantly Christian" (1146).

11. Balboni et al., "Religiousness and Spiritual Support among Advanced Cancer Patients"를 보라.

12. Joseph Brownstein, "Finding Religion at the End of Life: Patients of Faith Seek Lifesaving Care," ABC News, March 17, 2009, https://abcnews.go.com/Health/MindMoodNews/story?id=7105959&page=1.

13. Atul Gawande, "What Should Medicine Do When It Can't Save You?," *The New Yorker*, July 26, 2010, https://www.newyorker.com/magazine/2010/08/02/letting-go-2.

14. "Spirit and Power—A 10-Country Survey of Pentecostals," Pew Research Center's Religion and Public Life Project, October 5, 2006, https://www.pewresearch.org/wp-content/uploads/sites/7/2006/10/pentecostals-08.pdf, p. 30.

15. "Spirit and Power—A 10-Country Survey of Pentecostals."

16. Joseph Prince, "God's Promises," Joseph Prince Ministries, https://www.josephprince.org/blog/gods-promises.

17. Prince, "God's Promises."

18. Ralph P. Martin, *2 Corinthians*, Word Biblical Commentary 40 (Waco: Nelson, 1985), 412. 랄프 마틴, 《고린도후서: WBC 성경주석 40》(솔로몬 역간).

19. Martin, *2 Corinthians*, 412. 랄프 마틴, 《고린도후서: WBC 성경주석 40》(솔로몬 역간). "신적 수동태" 개념과 악이 제기하는 더 넓은 성경적 신앙적 이슈들을 탐구한 글로는 다음을 보라. J. Todd Billings, *Rejoicing in Lament: Wrestling with Incurable Cancer and Life in Christ* (Grand Rapids: Brazos, 2015), chaps. 3-4. 토드 빌링스, 《슬픔 중에 기뻐

하다》(복있는사람 역간).

20. Prince, "God's Promises."

21. Victor Paul Furnish, *II Corinthians* (Garden City, NY: Doubleday, 1984), 550.

22. Martin Luther, *Luther's Works*, ed. Jaroslav Pelikan (St. Louis: Concordia, 1955), 30:126.

23. 크럼프에 따르면, "복음서 기자들은 믿음 자체가 기적의 원인이 아니라고 신중하게 주장한다." 종종 예수님은 "제자들이 믿음이 없는데도 불구하고" 기적을 행하시고, 다른 기적들의 경우 "그 어떤 눈에 보이는 믿음과 별도로" 행하신다. Crump, *Knocking on Heaven's Door: A New Testament Theology of Petitionary Prayer* (Grand Rapids: Baker Academic, 2006), 42-45.

24. 케이트 보울러는 이 둘을 연결시키면서 이 운동의 이런 면모를 보여 준다. Bowler, *Blessed: A History of the American Prosperity Gospel* (New York: Oxford University Press, 2018), 18-20.

25. Bowler, *Blessed*, 329.

26. Bowler, *Blessed*, 18.

27. Marianne Meye Thompson, *Colossians and Philemon*, The Two Horizons New Testament Commentary (Grand Rapids: Eerdmans, 2005), 73.

28. Heidelberg Catechism, Question and Answer 1, in *Our Faith: Ecumenical Creeds, Reformed Confessions, and Other Resources* (Grand Rapids: Faith Alive Christian Resources, 2013), 69.

6장. 끊어진 우리의 이야기, 희미하게 볼 뿐인 사후 세계

1. 제레미 벡비(Jeremy Begbie)는 다음 책에서 바로 이 주장을 유창하게 제시한다. *Resounding Truth: Christian Wisdom in the World of Music* (Grand Rapids: Baker Academic, 2007), 277-294.

2. James L. Kugel, *In the Valley of the Shadow: On the Foundations of Religious Belief* (New York: Free Press, 2011), 2.

3. 신약학자들은 바울이 "사망을 삼키고 이기리라"라고 쓸 때 이사야 25장 8절의 히브리어 원문을 가져온 것인지 헬라어 역본을 쓴 것인지 확신하지 못한다. 하지만 그의 헬라어 시제는 이 성취된 승리를 미래에 도래할 부활에서 받게 될 것임을 분명히 하고 있다.

4. Gerald L. Bray, ed., *1-2 Corinthians*, Ancient Christian Commentary on Scripture: New Testament 7, 2nd ed. (Downers Grove, IL: IVP Academic, 2006), 182.

5. The Apostles' Creed, in *Our Faith: Ecumenical Creeds, Reformed Confessions, and Other Resources* (Grand Rapids: Faith Alive Christian Resources, 2013), 13.

6. 특히 암 환자들이 어떻게 자신의 인생 이야기에서 충격적 단절을 경험하는지와 그리

스도인들이 이 지속되는 충격을 자신의 신앙과 어떻게 연결시킬 수 있는지에 대한 통찰력 있는 설명을 원한다면 다음 책을 적극 추천한다. Deanna Thompson, *Glimpsing Resurrection: Cancer, Trauma, and Ministry* (Louisville: Westminster John Knox, 2018).

7. Maggie Fox, "Fewer Americans Believe in God—Yet They Still Believe in Afterlife," NBC News, March 21, 2016, https://www.nbcnews.com/better/wellness/fewer-americans-believe-god-yet-they-still-believe-afterlife-n542966.
8. Fox, "Fewer Americans Believe in God."
9. Robert Green, *George Bush: Business Executive and U.S. President* (Chicago: Ferguson, 2000), 39.
10. Michael Brice-Saddler and Steve Hendrix, "George and Barbara Bush Never Stopped Agonizing over the Death of Their 3-Year-Old, Robin," *Washington Post*, December 6, 2018, https://www.washingtonpost.com/history/2018/12/06/george-barbara-bush-never-stopped-agonizing-over-death-their-year-old-robin/.
11. Brice-Saddler and Hendrix, "George and Barbara Bush."
12. 다음 책에서, 데살로니가전서 4-5장이 "주의 날"을 영광 가운데 이루어질 그리스도의 재림과 죽은 자들의 부활을 포함하는 단일하고 거대한 우주적 사건으로 어떻게 바라보는지를 통찰력 있게 설명했다. Anthony Hoekema, *The Bible and the Future* (Grand Rapids: Eerdmans, 1979), 164-172. 앤서니 후크마, 《개혁주의 종말론》(부흥과개혁사 역간).
13. 일부 기독교 학자들이 중간 상태의 존재 방식과 가능성에 의문을 제기하는 것은 그들이 인간의 정체성은 물리적 몸과 결코 분리될 수 없다는 인간론(물리주의)을 받아들이기 때문이다. 이 주장은 내가 여기서 다룰 수 없는 일련의 신학적 쟁점들을 제기하지만, 프린스턴신학교(Princeton Seminary)의 데일 앨리슨은 신약성경의 내용이 이 의문과 어떤 관련이 있는지 중요한 견해를 제시하고 "신약성경은 물리주의를 선취하지 않는다"고 밝힌다. "마태와 마가, 누가-사도행전 기자, 요한, 바울뿐 아니라 히브리서, 야고보서, 베드로전후서, 요한계시록 기자 모두가 자아 또는 자아의 일부가 몸을 떠날 수 있고 심지어 몸 없이도 생존할 수 있다고 믿었다." Dale Allison Jr., *Night Comes: Death, Imagination, and the Last Things* (Grand Rapids: Eerdmans, 2016), 33.
14. Sigmund Freud, *Reflections on War and Death* (New York: Moffat, Yard and Co., 1918), 41. 지그문트 프로이트, 《문명 속의 불만》(열린책들 역간), "전쟁과 죽음에 대한 고찰."
15. Anthony C. Thiselton, *Life after Death: A New Approach to the Last Things* (Grand Rapids: Eerdmans, 2011), 20.
16. Thiselton, *Life after Death*, 21.
17. Karl Barth, *Church Dogmatics* (Edinburgh: T&T Clark, 1956), III/2, 589. Barth gives a probing exploration of these Old Testament themes about death in Church Dogmatics III/2, 587-595. 칼 바르트, 《교회교의학》(대한기독교서회 역간).
18. Carol Zaleski, *The Life of the World to Come: Near-Death Experience and Christian Hope* (New York: Oxford University Press, 1996), 14.

19. Joshua J. Mark, "Ramesses II," Ancient History Encyclopedia, September 2, 2009, https://www.ancient.eu/Ramesses_II/.

20. 중간 상태가 의식이 있는 상태로 그리스도의 임재 안으로 들어감을 포함한다고 시사하는 성경 본문에 대한 개요로는 Hoekema, The Bible and the Future, 94-108을 보라.

21. "Give Me Jesus (First Version)," NegroSpirituals.com, https://www.negrospirituals.com/songs/give_me_jesus1.htm.

22. Raymond Moody, *Life after Life: The Bestselling Original Investigation That Revealed "Near-Death Experiences,"* special anniversary ed. (New York: HarperOne, 2015), 17, 19. 레이먼드 A. 무디 주니어, 《다시 산다는 것》(행간 역간).

23. Moody, *Life after Life*, 21-26. 레이먼드 A. 무디 주니어, 《다시 산다는 것》(행간 역간).

24. Moody, *Life after Life*, 47. 레이먼드 A. 무디 주니어, 《다시 산다는 것》(행간 역간).

25. Moody, *Life after Life*, 52-53. 레이먼드 A. 무디 주니어, 《다시 산다는 것》(행간 역간).

26. Moody, *Life after Life*, 58. 레이먼드 A. 무디 주니어, 《다시 산다는 것》(행간 역간).

27. Moody, *Life after Life*, 72-73. 레이먼드 A. 무디 주니어, 《다시 산다는 것》(행간 역간).

28. Moody, *Life after Life*, 8. 레이먼드 A. 무디 주니어, 《다시 산다는 것》(행간 역간).

29. Moody, *Life after Life*, 7. 레이먼드 A. 무디 주니어, 《다시 산다는 것》(행간 역간).

30. Moody, *Life after Life*, 176. 레이먼드 A. 무디 주니어, 《다시 산다는 것》(행간 역간).

31. Moody, *Life after Life*, xix. 레이먼드 A. 무디 주니어, 《다시 산다는 것》(행간 역간).

32. "Heaven Is for Real among Amazon's All-Time Best Sellers," Alive Literary Agency (blog), October 8, 2015, https://aliveliterary.com/heaven-is-for-real-among-amazons-all-time-best-sellers/.

33. 과연, 우리가 사는 "과학 시대"에 사람들이 이런 이야기들에 큰 관심이 있다 보니 닐 박사의 책과 이븐 알렉산더(Eben Alexander)의 2012년 책 *Proof of Heaven: A Neurosurgeon's Journey into the Afterlife* (New York: Simon & Schuster, 2012)가 큰 인기를 누리는 것이다. 이븐 알렉산더, 《나는 천국을 보았다》(김영사 역간).

34. Maud Newton, "My Son Went to Heaven, and All I Got Was a No. 1 Best Seller," *New York Times*, April 27, 2012, https://www.nytimes.com/2012/04/29/magazine/my-son-went-to-heaven-and-all-i-got-was-a-no-1-best-seller.html.

35. Todd Burpo with Lynn Vincent, *Heaven Is for Real: A Little Boy's Astounding Story of His Trip to Heaven and Back* (Nashville: Nelson, 2010), 63. 토드 버포, 《3분》(크리스천석세스 역간).

36. 예를 들면 Karlis Osis and Erlendur Haraldsson, *At the Hour of Death: A New Look at Evidence for Life after Death*, 3rd ed. (Norwalk, CT: Hastings House, 1997), 40, 69, 73을 보라.

37. Eben Alexander, "My Experience in Coma," http://ebenalexander.com/about/my-

experience-in-coma/.

38. Carol Zaleski, *Otherworld Journeys: Accounts of Near-Death Experience in Medieval and Modern Times* (New York: Oxford University Press, 1988)와 Zaleski, *The Life of the World to Come: Near-Death Experience and Christian Hope* (New York: Oxford University Press, 1996)를 보라.

39. Zaleski, *Otherworld Journeys*, 89.

40. Gregory I, *Dialogues*. Zaleski, *Otherworld Journeys*, 89에 인용.

41. Zaleski, *Otherworld Journeys*, 88-89.

42. Jonathan Merritt, "Heaven and Near-Death Experiences: Separating Fact from Fiction," Religion News Service, January 1, 2016, https://religionnews.com/2016/01/01/heaven-and-near-death-experiences-separating-fact-from-fiction/.

43. 이 부분에 대해서는 Alvin Plantinga, *Warrant and Proper Function* (New York: Oxford University Press, 1993), 특히 1장을 보라.

44. John Calvin, *Institutes of the Christian Religion*, ed. John T. McNeill, trans. Ford Lewis Battles (Philadelphia: Westminster John Knox, 1960), 1.4.1, 1.5.8을 보라.

45. Clay Routledge, *Supernatural: Death, Meaning, and the Power of the Invisible World* (New York: Oxford University Press, 2018), 36.

46. Routledge, *Supernatural*, 37.

47. Routledge, *Supernatural*, 40.

48. Routledge, *Supernatural*, 171.

49. Routledge, *Supernatural*, 122.

50. Routledge, *Supernatural*, 29.

51. C. S. Lewis, *God in the Dock* (Grand Rapids: Eerdmans, 2014), 58. C. S. 루이스, 《피고석의 하나님》(홍성사 역간).

52. Lewis, *God in the Dock*, 59. C. S. 루이스, 《피고석의 하나님》(홍성사 역간).

53. Lewis, *God in the Dock*, 60. C. S. 루이스, 《피고석의 하나님》(홍성사 역간).

7. '다가올 세상 끝 날'을 죽을 존재답게 소망하다

1. "Crown Him with Many Crowns," lyrics by Matthew Bridges (1851)를 보라. Hymnary.org, https://hymnary.org/text/crown_him_with_many_crowns를 보라.

2. David Foster Wallace, "This Is Water" (Kenyon College 취임 연설, May 21, 2005). 이 인용문은 다음 기사에 실린 각색된 원고에서 가져왔다. "David Foster Wallace on Life and Work," *Wall Street Journal*, September 19, 2008, https://www.wsj.com/articles/

SB122178211966454607.

3. 이 부분에 대해서는 에밀리 홀한(Emily Holehan)에게 감사를 전한다. 모데 아니(Modeh Ani)에 대해서는 다음을 보라. Tzvi Freeman, "Modeh Ani," Chabad.org, https://www.chabad.org/library/article_cdo/aid/1466224/jewish/Modeh-Ani.htm.

4. Martin Luther, *D. Martin Luthers Werke: Kritische Gesamtausgabe*, 3:276.26-27 (no. 3339). Hans Schwarz, *Eschatology* (Grand Rapids: Eerdmans, 2000), 403에서 인용.

5. Kevin J. Madigan and Jon D. Levenson, *Resurrection: The Power of God for Christians and Jews* (New Haven: Yale University Press, 2009), 146.

6. Jon D. Levenson, *Resurrection and the Restoration of Israel: The Ultimate Victory of the God of Life* (New Haven: Yale University Press, 2006), 110, 124-127.

7. Levenson, *Resurrection and the Restoration of Israel*, 180.

8. C. S. Lewis, *Miracles* (San Francisco: HarperOne, 2015), 157. C. S. 루이스, 《기적》(홍성사 역간).

9. 이 내용은 다음 책에 잘 분석되어 있다. Adrio König, *The Eclipse of Christ in Eschatology: Toward a Christ-Centered Approach* (Grand Rapids: Eerdmans, 1989).

10. 여기서 나는 다음 책에 나온 용어와 묘사를 활용했다. Sandra L. Richter, *The Epic of Eden: A Christian Entry into the Old Testament* (Downers Grove, IL: IVP Academic, 2008), 120-121. 샌드라 리히터, 《에덴에서 새 에덴까지》(부흥과개혁사 역간)..

11. Richter, *Epic of Eden*, 181. 샌드라 리히터, 《에덴에서 새 에덴까지》(부흥과개혁사 역간).

12. Richter, *Epic of Eden*, 181. 샌드라 리히터, 《에덴에서 새 에덴까지》(부흥과개혁사 역간).

13. Richter, *Epic of Eden*, 255. 샌드라 리히터, 《에덴에서 새 에덴까지》(부흥과개혁사 역간).

14. Jon D. Levenson, *Sinai and Zion* (New York: HarperSanFrancisco, 1987), 168. 존 D. 레벤슨, 《시내산과 시온》(대한기독교서회 역간).

15. 당대의 신전 오용에 대한 그리스도의 판단과 자신이 성전을 구현한 존재라는 그분의 주장에 대해서는 Nicholas Perrin, *Jesus the Temple* (Grand Rapids: Baker Academic, 2010), 80-113을 보라.

16. Donald A. Hagner, *Matthew 14-28*, Word Biblical Commentary 33B (Nashville: Nelson, 1995). 도날드 헤그너, 《마태복음 14-28: WBC 성경주석 33》(솔로몬 역간). 히브리서 10장 19-20절도 보라.

17. 주기도문을 이렇게 읽어 낸 것은 니콜라스 페린(Nicholas Perrin)의 연구에 힘입었다. 그는 주기도문에 대해 성전이 제공하는 맥락과 함의를 다음 책에서 통찰력 있고 훨씬 폭넓게 설명한다. *Jesus the Priest* (Grand Rapids: Baker Academic, 2018), 28-53.

18. Christian Smith with Melinda Lundquist Denton, *Soul Searching: The Religious and Spiritual Lives of American Teenagers* (New York: Oxford University Press, 2009), 162-163.

19. 이 드라마를 소개해 준 에밀리 홀한에게 감사를 전한다.

20. L. K. Crocker, "Temple, Solomon's," in *The Lexham Bible Dictionary*, ed. John D. Barry et al. (Bellingham, WA: Lexham, 2016).

21. John Calvin, *Commentary on the Epistles of Paul the Apostle to the Corinthians*, trans. John Pringle (Edinburgh: Calvin Translation Society, 1849), 2:205-206.

22. 관련 구약성경 본문들의 의미와 사도 바울이 그 본문들을 자신의 신학에서 활용하는 방식에 대한 유용한 탐구서로는 다음을 보라. Matthew D. Aernie and Donald E. Hartley, *The Righteous and Merciful Judge: The Day of the Lord in the Life and Theology of Paul* (Bellingham, WA: Lexham, 2018), 25-54, 104-205.

23. P. D. James, *Original Sin* (New York: Knopf, 1995), 232.

24. Fleming Rutledge, *The Crucifixion: Understanding the Death of Jesus Christ* (Grand Rapids: Eerdmans, 2017), 322. 플레밍 러틀리지, 《예수와 십자가 처형》(새물결플러스 역간).

25. "바울은 육체에서 자신의 장점들을 재평가하면서 과격하게 한 걸음 더 나아가 그것들을 쓰레기로 여긴다고 선언한다. 쓰레기라는 단어는 '배설물, 거름, …… 음식 찌꺼기'를 의미한다." G. Walter Hansen, *The Letter to the Philippians* (Grand Rapids: Eerdmans, 2009), 236.

26. 칭의와 성화 안에서 이루어지는 그리스도와의 연합이 어떻게 그리스도인의 삶과 소망에 대한 바울 신학의 중심이 되는지 간결하게 설명한 책으로는 Grant Macaskill, *Living in Union with Christ: Paul's Gospel and Christian Moral Identity* (Grand Rapids: Baker Academic, 2019)를 보라.

27. Jonathan Edwards, *Sermons and Discourses, 1720-1723*, ed. Wilson H. Kimnach, The Works of Jonathan Edwards (New Haven: Yale University Press, 1992), 10:313.

28. Edwards, *Sermons and Discourses*, 10:313-316.

29. Philip Roth, *Everyman* (New York: Vintage, 2007), 32. 필립 로스, 《에브리맨》(문학동네 역간).

30. Roth, *Everyman*, 51. 필립 로스, 《에브리맨》(문학동네 역간).

31. Roth, *Everyman*, 52. 필립 로스, 《에브리맨》(문학동네 역간).

32. Roth, *Everyman*, 169. 필립 로스, 《에브리맨》(문학동네 역간).

33. Roth, *Everyman*, 161. 필립 로스, 《에브리맨》(문학동네 역간).

나오며

1. Peter C. Craigie, *Psalms 1-50*, Word Biblical Commentary 19 (Waco: Word, 1983), 310-311. 피터 크레이기, 《시편 1-50: WBC 성경주석 19》(솔로몬 역간).

2. David Brooks, *The Second Mountain: The Quest for a Moral Life* (New York: Random House, 2019), xxii. 데이비드 브룩스, 《두 번째 산》(부키 역간).